LA FRANCE, L'ALLEMAGNE
ET LEURS IMMIGRÉS :
Négocier l'identité

Dans la même collection

Riva Kastoryano

LA FRANCE, L'ALLEMAGNE ET LEURS IMMIGRÉS :
Négocier l'identité

ARMAND COLIN

Ce logo a pour objet d'alerter le lecteur sur la menace que représente pour l'avenir de l'écrit, tout particulièrement dans le domaine universitaire, le développement massif du « photocopillage ». Cette pratique qui s'est généralisée, notamment dans les établissements d'enseignement, provoque une baisse brutale des achats de livres, au point que la possibilité même pour les auteurs de créer des œuvres nouvelles et de les faire éditer correctement est aujourd'hui menacée.
Nous rappelons donc que la reproduction et la vente sans autorisation, ainsi que le recel, sont passibles de poursuites. Les demandes d'autorisation de photocopier doivent être adressées à l'éditeur ou au Centre français d'exploitation du droit de copie : 3, rue Hautefeuille, 75006 Paris. Tél. : 01 43 26 95 35.

Collection Références, série « Science politique »
sous la direction de Guy Hermet

© Armand Colin/Masson, Paris, 1996
ISBN : 2-200-01477-5

Masson & Armand Colin Éditeurs - 34, rue de l'Université - 75007 Paris

À Viktor, mon frère…

Remerciements

Cet ouvrage constitue la synthèse de recherches collectives et individuelles sur la France réalisées dans le cadre du Centre d'études et de recherches internationales (CERI) : *Attitudes politiques des populations de culture musulmane dans le paysage politique français* (MIRE, Mission pour la recherche expérimentale, ministère des Affaires sociales); *Les Minorités en Europe* (MRT, ministère de la Recherche et de la Technologie); *Les Associations islamiques en Île-de-France* (DPM, Département des populations et migrations, ministère des Affaires sociales), *Les Réseaux de solidarité transnationales en Europe* (MRT). Ma recherche en Allemagne a pu être réalisée grâce aux missions accordées par le CERI, dont je remercie les directeurs successifs, Jean-Luc Domenach et Jean-François Leguil-Bayart, pour leur soutien, ainsi que la Commission franco-allemande du CNRS et son directeur, Hinnerk Bruhns. Pour la partie américaine, j'ai profité d'un séjour prolongé au Centre d'études européennes (CES) de l'université de Harvard (États-Unis) en tant que chercheur associé. J'exprime ma gratitude à Stanley Hoffmann, son directeur.

Il m'est impossible de mentionner ici tous les noms des amis et collègues en France, en Allemagne, aux États-Unis qui m'ont aidée lors de l'élaboration de ce travail. Mais je tiens à remercier chaleureusement David Landes pour son soutien amical et intellectuel de tout instant. Ma gratitude va également à Rémy Leveau et Pierre Rolle pour leurs remarques et suggestions et à Guy Hermet dont la lecture minutieuse a donné sa forme finale à l'ouvrage. Je n'oublie pas Beate Collet pour son assistance linguistique de la documentation en allemand.

Enfin, je voudrais aussi remercier les acteurs politiques impliqués dans les questions d'immigrations et d'intégration, ainsi que les représentants d'associations sociales ou islamiques, locales ou nationales, en France et en Allemagne qui m'ont reçue avec courtoisie, m'ont livré leur pensée et m'ont fait participer à leurs réunions. J'espère que les interprétations et analyses exposées dans cet ouvrage ne trahiront pas leur pensée, mais au contraire apporteront des éléments qui enrichiront le débat.

Introduction

Violence urbaine, violence politique, violence linguistique… toutes se réfèrent à la présence des immigrés et suscitent la peur collective, la méfiance et les rejets réciproques entre États et immigrés. C'est précisément avec ces thèmes que l'immigration se trouve placée au cœur des débats et constitue un enjeu important dans les pays occidentaux, et que les actes politiques qu'elle suscite apparaissent surtout comme des *réactions* où s'entremêlent la raison et la passion, les intérêts économiques et les idéologies nationales, la morale démocratique et le poids des traditions.

Cela a pour conséquence la difficulté des choix politiques à la fois dans le domaine du contrôle des flux migratoires et dans la gestion de l'intégration ou de l'assimilation des populations issues de l'immigration des années 1960. Les États s'emploient tous à restreindre les droits d'entrée des nouveaux demandeurs, qu'ils soient travailleurs ou demandeurs d'asile, et partout les politiques se cristallisent autour des travailleurs dits « clandestins ». Les pays européens se protègent derrière la « forteresse » dressée par les accords de Schengen à l'encontre des populations extra-communautaires. Aux États-Unis, la lutte contre l'immigration clandestine débouche sur des dispositifs qui limitent les droits sociaux des étrangers en situation illégale : tel est le cas, par exemple, en Californie, de la fameuse proposition de loi 187 visant à empêcher leur accès aux services publics. Plus encore, en 1995, un projet de loi vient d'y préconiser l'arrêt de l'octroi automatique aux enfants nés sur le sol américain de parents qui n'ont pas de statut de résidents permanents ou ne sont pas eux-mêmes citoyens des États-Unis (*Citizenship Reform Act* de 1995). Or, on voit maintenant que la France elle-même fait référence de façon explicite au débat américain quant au statut des travailleurs clandestins et à leurs droits dans le cadre de la polémique causée par les mesures d'expulsions gouvernementales.

À l'intérieur des frontières nationales, le débat prend une allure de conflit de cultures : en Europe, il évoque les «nouvelles croisades»; aux États-Unis il revêt un caractère racial. L'organisation de plus en plus communautaire des populations immigrées venues des pays du Maghreb ou de Turquie, donc musulmanes, ainsi que leurs revendications identitaires sont perçues comme un défi à la nature assimilationniste des États-nations européens et accroissent la méfiance d'une partie de la classe politique et de l'opinion à leur égard. De même, aux États-Unis, les dernières vagues venues du sud du continent, de souche non européenne, conduisent à une remise en cause de l'histoire de la nation américaine formée d'immigrants. À cela s'ajoute la mobilisation des Noirs qui suggère l'idée d'une revanche du passé et de l'esclavage sur le présent et la «démocratie en Amérique». Guerre des religions d'un côté de l'Atlantique, guerre raciale de l'autre, l'immigration et les relations dites «interethniques» se trouvent à l'origine d'une remise en cause de l'État-nation ainsi que des doutes sur les valeurs d'universalité et de démocratie qu'il incarne.

Ces interrogations renvoient aux relations entre États et immigrés comme à un champ d'affrontement où rivalisent les communautés ethniques ou religieuses — perçues par une partie de l'opinion et de la classe politique comme des communautés «dissidentes» — et la communauté nationale. Sans nul doute, l'émergence de ces modes d'organisation dans les sociétés modernes fait apparaître les contradictions entre la réalité sociale et l'idéologie de l'État-nation unitaire. En effet, le concept de communauté met en évidence des formes d'appartenance objectives ou subjectives et surtout un sentiment d'allégeance particulariste de ses membres. Cela s'oppose à l'idée moderne de nation, la seule ayant, d'après Max Weber, une légitimité politique, parce que universaliste. Par conséquent, les analyses sur la formation des communautés issues de l'immigration et de leur politisation posent le problème de la loyauté des individus qui les composent vis-à-vis de la communauté nationale, d'une part, et de leur communauté constituée ou imaginée à partir d'éléments identitaires qu'ils cherchent à distinguer de l'identité nationale, de l'autre.

La France, l'Allemagne, les États-Unis :
un jeu de miroir complexe

Cet ouvrage a pour objet de comparer l'attitude de la France et de l'Allemagne face à leurs «immigrés» ou «étrangers», selon la terminologie de chacun des deux pays. Il porte plus spécifiquement sur les interactions entre les États et les immigrés. Dans cette perspective, l'État n'est pas envisagé seulement comme une force administrative et juridique dont le rôle en matière d'immigration se limiterait au contrôle des flux et, par conséquent, à la protection des frontières nationales. Par État, il faut entendre aussi une réalité institutionnelle qui, bien qu'influencée par des forces externes, a sa propre logique interne née de l'histoire et nourrie d'idéologie, qui, de plus, agit directement sur la société civile au point de donner sa forme à la vie politique[1].

La question qui se pose dès lors consiste à savoir dans quelle mesure les États français et allemand contribuent directement ou indirectement, par leur influence sur l'environnement culturel, social et politique, à l'élaboration des identités collectives des populations d'origine musulmane installées dans les deux pays. Inversement, elle est aussi d'examiner comment l'expression identitaire et le refuge communautaire des immigrés conduisent à une redéfinition du noyau dur des identités nationales, voire au renforcement d'un sentiment national dont les États continuent d'être les gardiens dans le cadre pourtant inédit de la construction européenne. L'analyse de ces relations est fondée sur des entretiens approfondis avec des acteurs politiques impliqués dans les questions d'immigration et celles dites d'«intégration», avec des dirigeants et membres d'associations et de militants, ainsi que sur la participation à leurs réunions. En outre, tout au long de l'ouvrage, la comparaison avec les États-Unis est introduite non seulement pour sa valeur heuristique, liée à l'expérience de l'État américain dans la gestion de l'immigration et de ses relations avec des communautés ethniques, mais aussi et surtout parce que la France aussi bien que l'Allemagne prennent les États-Unis comme exemple ou comme contre-exemple des relations dites «interethniques» lorsqu'il s'agit pour elles d'ajuster leur discours ou leurs actions.

Les études comparatives sur la France et l'Allemagne mettent systématiquement en évidence une approche dichotomique donnant lieu au développement de «modèles» nationaux «idéal-typiques»[2]. Dans cette perspective, la France serait l'exemple même d'un État-nation qui se conçoit comme universaliste et égalitaire. Le «modèle français», fondé sur l'individualisme républicain, adopterait comme «doctrine» l'assimilation des individus devenus citoyens par choix politique. Les États-Unis se trouvent alors désignés comme un «antimodèle», comme un pays qui reconnaît

---

1. *Cf.* T. Skocpol, *States and Social Revolutions*, Cambridge University Press, 1979 ; P.B. Evans, D. Rueschemeyer & T. Skocpol, *Bringing the State Back In,* Cambridge University Press, 1985 ; W. Sewell Jr., «Ideologies and Social Revolutions. Reflections on the French Case», *The Journal of Modern History*, vol. 57, n° 1, 1985.

2. *Cf.* W.R. Brubaker, *Citizenship and Nationhood in France and Germany*, Cambridge (MA), Harvard University Press, 1992 ; L. Dumont, *L'Idéologie allemande. France, Allemagne et retour*, Gallimard, Paris 1991 ; D. Schnapper, *La France de l'intégration. Sociologie de la nation en 1990*, Paris, Gallimard, 1991.

des communautés culturelles, nationales, religieuses, linguistiques, voire sexuelles dans la vie publique, pour déboucher de la sorte, au regard du «modèle français», sur une division de la nation en «nations»[3]. Parallèlement, le modèle français s'oppose également au «modèle allemand» par sa conception élective et politique de la nation face à une conception germanique qui serait culturelle et ethnique en ce qu'elle privilégie les «ancêtres communs». Mais l'Allemagne, de son côté, perçoit la France comme une République dont l'identité citoyenne implique un dessein d'assimilation de ses membres, par-delà toute autre identité ethnique ou religieuse, qui concerne aussi bien les individus que les groupes. Elle se réfère plutôt au «modèle américain» comme exemple même d'agencement démocratique où peuvent s'organiser et s'exprimer différentes cultures inscrites dans des communautés ethniques.

Ce sont ces références multilatérales qui guident la comparaison établie ici entre la France, l'Allemagne et les États-Unis, qui en elle-même n'est pas innocente. Cette comparaison permet d'éclairer la genèse des nouvelles identités à la lumière des conditions très distinctes de leur expression dans les trois pays. Tous les trois sont des pays d'immigration de fait, même si le discours officiel en Allemagne refuse cette réalité. Au-delà, une convergence semble même se dessiner désormais entre l'Allemagne et la France en ce qui concerne les politiques de contrôle des flux d'immigration et, de façon plus marquée encore, les politiques d'intégration. C'est que les deux pays vivent la même transition : le passage d'une immigration économique et transitoire à une présence permanente des immigrés, ainsi que l'émergence d'acteurs nouveaux qui lui donnent une force politique. De plus, la France et l'Allemagne éprouvent également les mêmes malaises que les États-Unis : banlieues, enclaves ethniques, ghettos, ces espaces où coexistent étrangers et pauvreté et qui sont présentés comme les lieux de conflit entre les cultures, entre la société civile et les forces de l'ordre ou entre les institutions nationales et les institutions communautaires.

Ces faits parallèles conduisent à des questionnements similaires. La France, l'Allemagne, les États-Unis, trois Républiques marquées pourtant par des histoires différentes, se trouvent affectées par les mêmes préoccupations identitaires, propres d'une part aux immigrés et, d'autre part, à ce qu'ils deviennent eux-mêmes en tant que nation. Les trois sociétés se posent par conséquent une même question : comment articuler les «différences» qui surgissent dans la vie publique tout en conservant

---

3. Non seulement au regard du modèle français, mais au regard républicain tout court. *Cf.* A.M. Schleisenger Jr, *The Disuniting of America. Reflections on a Multicultural Society*, New York, W.W. Norton & Company, 1992.

l'intégrité de la nation[4]? De leur côté, les réactions politiques se révèlent non moins analogues. Toutes s'appuient sur la démocratie comme méthode et s'inspirent d'un certain «libéralisme» dans le domaine de l'expression des identités lorsqu'il s'agit d'élaborer des programmes spéciaux pour les populations «exclues de l'assimilation», et toutes aussi visent de cette manière à réduire des inégalités sociales en sachant que celles-ci renvoient en même temps à une différence culturelle. Les trois pays se rapprochent également en ce qui touche à leurs tactiques, aux discours, aux mots et aux concepts lancés dans tous les «sens», d'un groupe à l'autre, d'un parti politique à l'autre, d'un pays à l'autre; tous trois désignent et représentent l'immigré ou l'étranger de la même façon, établissant ainsi une sorte de programmation standardisée du débat public sur l'immigration entre droite et gauche, à partir des mêmes termes, en dépit, il est vrai, de sa charge idéologique qui leur donne un contenu différent dans chaque famille politique et chaque langue.

LA FRANCE ET L'ALLEMAGNE FACE À LEURS IMMIGRÉS

Pourtant, cette espèce d'alignement n'empêche pas que la réalité propre à chaque société transparaît à travers les interactions et rend chaque cas spécifique. Cela représente l'un des paradoxes soulignés dans ces pages. Les États s'accrochent à des «modèles» nationaux, élaborés d'ailleurs en réaction à l'immigration, en cherchant par là à mettre en évidence leurs particularités. Malgré la convergence apparente des actions politiques, les divergences sur la représentation de l'idée nationale qui resurgissent dans le discours tendent à les différencier en fin de compte.

Les politiques se déforment de la sorte dans les pratiques, et les «modèles» puisés dans la sociologie historique de chacune des trois nations ne s'appliquent qu'approximativement. La France oscille entre un concept républicain d'unité nationale et un certain pragmatisme qui s'accommode des motivations politiques de groupes de plus en plus structurés autour des particularités religieuses ou ethniques. De fait, l'«indifférence politique» à l'égard des identités a cédé la place, dans les années 1980, à une politique du droit à la différence. L'Allemagne hésite, quant à elle, entre le maintien d'une conception nationale fondée sur des critères ethniques et les exigences différentes d'un État démocratique, ce qui la conduit à une valorisation verbale de société multiculturelle. C'est

4. *Cf.* D.L. Horowitz, G. Noiriel, *Immigrants in two Democracies. France and the United States*, New York, New York University Press, 1991.

11

dans cette lumière que la politique de compensation en vigueur aux États-Unis, l'*Affirmative Action*, trouve un écho dans les deux pays avec la mise en place de dispositifs de plus en plus ciblés sur les populations immigrées ou issues de l'immigration des années 1960.

Ainsi, dans les faits, les relations que les États entretiennent aujourd'hui avec leurs immigrés deviennent chaque jour plus complexes et plus éloignées des représentations nationales traditionnelles. Bien que les « modèles » nationaux servent encore de recours aux États qui sollicitent le passé pour justifier leurs actions présentes et se réassurer de leur propre identité nationale et de leur souveraineté, une évolution commune aux trois pays se dessine. Cette évolution porte sur la *négociation des identités*.

Ces négociations apparaissent comme la seule voie dont dispose un État démocratique pour faire face aux conséquences inattendues de l'immigration. En effet, les « travailleurs invités » (*Gastarbeiter*) sont aujourd'hui installés en Allemagne et revendiquent le droit d'être citoyens à part entière. En France, les jeunes issus de l'immigration, de nationalité française en grande majorité, expriment parallèlement leur appartenance à une société dite d'« origine » et défient l'universalisme fondé sur l'assimilation à un État-nation unitaire. Ainsi, contrairement aux idées telles que la République, l'unité, l'égalité qui ont fait l'histoire des États-nations, du moins dans sa représentation édifiante, donnant lieu à la formulation des « modèles nationaux », la tendance générale s'inscrit aujourd'hui dans des négociations identitaires. Celles-ci résultent des expériences des États dans une « gestion des identités » qui s'applique aussi bien à celle de la nation qu'à celle des immigrés… Ce ne sont donc plus nécessairement les idées qui font l'Histoire, mais plutôt l'expérience qui lui donnerait forme.

Reste que les identités ne sont pas des marchandises négociables. Abstraites, fluides et changeantes, elles relèvent des émotions profondes des individus, des peuples, des nations. Mais elles s'affirment en même temps dans des relations multiples et variées, prennent des formes différentes lors des transactions avec l'environnement social, économique et politique, et cela parce que le concept même d'identité est un concept dynamique. Les groupes dits « minoritaires » — ethniques ou religieux — naissent eux-mêmes des interactions entre les différentes collectivités sociales, se distinguent de la société globale par la langue, la culture, la religion ou l'histoire, et se définissent également par rapport aux autres groupes immigrés et, plus encore, par rapport à la société environnante. De même, si la nation est une construction historique reposant sur l'idée d'un passé commun, l'identité nationale se redéfinit elle aussi au regard des attentes des groupes sociaux qui la constituent, comme par rapport aux autres nations.

Ces identités, qui s'affrontent et s'affirment, se négocient principalement, lorsqu'elles s'expriment, en termes d'intérêts et de droit et se situent, par ce fait, face au pouvoir politique. En France et en Allemagne, la prolifération des associations d'immigrés enregistrées depuis les années 1980 laisse penser que les populations musulmanes s'organisent non pas autour d'une identité définie nécessairement comme « primordiale » mais, surtout, d'une identité ou d'identités qui prennent une ou leur forme politique dans l'action collective et dans leurs relations avec les États respectifs. La demande de reconnaissance qui pousse aux négociations constitue la suite logique de la politisation des identités qui se structurent dans les associations afin de gagner une légitimité et d'aboutir. Ainsi se manifestent des engagements réciproques qui accroissent les interactions entre États et immigrés, aussi bien en France, en Allemagne qu'aux États-Unis. Ainsi se développent également des pratiques gouvernementales qui interfèrent de plus en plus dans le domaine de la vie privée et dans les questions identitaires, en créant un espace de transaction, un « marché » où rivalisent pour la captation des ressources publiques des acteurs politiques issus de l'immigration qui expriment publiquement une ou des différences culturelles et religieuses.

De leur côté, les États conçoivent de plus en plus ces *négociations identitaires* comme un nouveau mode de gestion des différences culturelles en quête de reconnaissance au sein des États-nations. Il s'agit, pour eux, de trouver de nouvelles politiques susceptibles d'articuler le passé et le présent, les représentations et la réalité, et d'harmoniser les différences qui surgissent dans l'espace public des sociétés modernes.

On mesure là l'ampleur de la question, aussi bien que la complexité des choix politiques à effectuer de part et d'autre. Cela est mis en évidence par la multiplicité des travaux sur l'immigration, par l'abondance des faits rapportés quotidiennement par les médias, par la passion que suscite le sujet dans l'opinion publique, par le ton dans les débats parlementaires et dans les entretiens sur lesquels est fondé cet ouvrage. Une telle approche révèle l'importance, avant tout, du langage. En effet, les *mots* constituent un outil important dans l'analyse du débat sur l'immigration et de son évolution, dans la mesure où le langage politique accompagne, prépare ou travestit les actions. Plus encore, et de façon paradoxale, les relations verbales s'apparentent à une forme de « guerre » ouverte ou larvée; elles unifient l'action de divers acteurs, groupes ou communautés en présence et font, par conséquent, partie des négociations. Les mots ne peuvent donc être laissés en dehors des événements, des actions, des mobilisations ainsi que des stratégies politiques concernant l'immigration. Leur contenu sera dès lors défini tout au long de l'ouvrage dans le contexte tant national qu'international de leur utilisation et, bien entendu, du point de vue de leur influence sur les identifications respectives.

1

La guerre des mots

« Les mots sont toujours interrogés à partir de leurs valeurs représentatives
comme des éléments virtuels du discours
qui leur prescrit à tous un même mode d'être. »

(Michel FOUCAULT.)

L'ampleur de l'enjeu politique de l'immigration se manifeste avant tout par la guerre verbale à laquelle elle donne lieu. Les mots et les concepts concernant l'immigration ou la présence des immigrés sont plus que jamais à l'origine des controverses. Tantôt ils engendrent des conflits, tantôt ils y participent. Immigrés, étrangers, islam, islamisme, intégrisme, ghettos, groupes ethniques, communautés sont autant de termes et de concepts qui se déplacent dans le temps et dans l'espace sans se soucier, selon l'expression de Michel Foucault, « des marques de leur mémoire ancestrale ».

Ces mots désignent ainsi l'Autre et sa représentation ; ils font surgir les identités et les différences, dépassent la rationalité, remplacent même à certains égards la raison. Enfin, ces mêmes mots, comme agents de persuasion et d'influence, font l'opinion et justifient les orientations politiques concernant l'immigration. Lorsque, en France, Michel Rocard, premier ministre, annonce en 1990 que celle-ci « ne peut accueillir toute la misère du monde » et que, de l'autre côté du Rhin, depuis trente ans le débat public sur les populations étrangères est dominé par le thème : « *Wir sind kein Einwanderungsland* » (« nous ne sommes pas un pays d'immigration »), l'opinion se trouve face à un dilemme : choisir entre le sentiment national et une morale politique, sans mentionner les intérêts économiques.

Des discours souvent contradictoires occupent la « une » de l'actualité. La surenchère des « prénotions » fait du sujet un lieu commun, un thème « supposé connu », tel qu'il est exprimé dans le langage journalistique où tout le monde a son mot à dire. Le vocabulaire se rapportant à l'immigration et à la présence des immigrés aboutit ainsi à un automatisme linguistique dans les trois pays et fait partie du conflit.

Ainsi, au-delà d'une simple terminologie, les mots constituent des outils stratégiques que la classe politique, les militants associatifs, les travailleurs sociaux, les intellectuels prennent chacun à leur compte et auxquels ils donnent un nouveau contenu qu'ils définissent en fonction des actions et des réactions. Les intellectuels, dont le discours se veut autonome, « dénoncent » ou « corrigent » les propos de plus en plus exclusifs, reproduits et amplifiés par la presse. Loin de la terreur semée par le « politiquement correct » (*politically correct*) qui, aux États-Unis, impose un code linguistique, chacun ajoute du sien pour former l'opinion.

Une comparaison de la terminologie se rapportant à l'immigration ou à la présence des étrangers en France et en Allemagne montre une similitude dans l'expression ainsi que dans l'évolution des termes. Même si la récupération d'un terme développé dans un autre contexte historique et national sert à des fins de stratégie politique, nous savons que les mots et les concepts voyagent mal. Le même mot, histoire, *history*, *Geschichte*, en français, en anglais, en allemand, écrit Raymond Aron, « s'applique à la réalité historique et à la connaissance que nous en prenons »[1]. De plus, chacun de ces mots étant lourdement chargé d'idéologie, leur déplacement pose le problème de leur adaptabilité. À cela s'ajoute le voyage des mots à travers les frontières existantes entre différents langages : langage politique, langage médiatique, langage scientifique…, chacun usant du poids symbolique des mots dans l'interprétation de la réalité sociale et dans la recherche d'une légitimité. La multiplicité des termes liés à l'immigration et leur utilisation avec des définitions différentes à des moments différents donnent lieu à un chaos linguistique dans lequel s'inscrit le sujet même de l'immigration au-delà des disputes partisanes.

Autour de l'immigré

En France, vingt ans après la décision d'arrêter l'immigration, on parle toujours de l'« immigré ». L'article 6 de l'ordonnance du 2 décembre 1945

---

1. R. Aron, *Dimensions de la conscience historique*, Paris, 1961 (1ʳᵉ éd.), chap. I.

définit l'immigré comme «l'étranger qui s'installe sur le territoire national au-delà d'une durée de trois mois, de façon continue pour une période indéterminée»[2]. Cette définition ne mentionne pas son statut social, mais par une entente tacite, tout le monde sait qu'il s'agit d'un travailleur. En Allemagne le travailleur est invité, c'est un *Gastarbeiter*. Cette appellation, qui lui donne un statut légal, met en évidence non seulement la durée limitée du séjour mais aussi la raison de l'invitation. Aujourd'hui, le terme «immigré» est en France de plus en plus utilisé pour souligner l'aspect conflictuel de la présence étrangère. Sa traduction en allemand, *Einwanderer*, introduite récemment dans le vocabulaire consacré à l'immigration à la place de *Gastarbeiter*, apparaît plutôt comme une résignation à la présence durable des invités.

En France, l'immigré ne semble plus avoir une nationalité précise. Le terme renvoie surtout à une représentation et non pas nécessairement à la réalité sociale; il se réfère désormais automatiquement à la personne appartenant au groupe le plus «visible», nord-africain — d'origine ou conservant l'une des nationalités maghrébines, peu importe. En Allemagne, il est turc et reste un étranger — *Ausländer* — installé en Allemagne, et non plus un *Gastarbeiter*. Aux États-Unis, le *migrant* est celui qui appartient à la dernière vague, venue s'ajouter aux vagues précédentes qui, depuis deux siècles, peuplent le continent.

Les immigrés qui arrivent aujourd'hui sont qualifiés par la classe politique et l'opinion de «clandestins» ou d'«illégaux», ou encore de «sans papiers», et cela aussi bien en Europe qu'aux États-Unis. Il en est de même des réfugiés, assimilés de plus en plus aux immigrés. En Europe, ils arrivent bien après la fermeture des frontières. Aux États-Unis, ils sont hors quota. Ils sont définis comme de «faux immigrés» par les politiques et perçus comme tels par l'opinion publique. Ils sont considérés aussi comme des individus qui se réfugient derrière un statut de demandeur d'asile pour trouver un certain bien-être que peuvent leur offrir les pays industrialisés. Ce sont donc des «faux demandeurs d'asile» (*Schein-Asylanten*). La situation donne lieu à l'expression de «réfugiés économiques» (*economic refugees*) aux États-Unis et de *Wirtschaftsasylanten* en Allemagne. Non pas à cause de leur nombre, difficile à déterminer, mais à cause de leur représentation dans l'imaginaire collectif, ils sont repérés par la classe politique comme les responsables du «problème de l'immigration», problème spécifiquement turc en Allemagne : *Türkenproblem*.

---

2. Cité par P. Weil, *La France et ses étrangers. L'aventure d'une politique d'immigration, 1938-1991*, Paris, Calmann-Lévy, 1991, p. 62.

Ainsi, l'usage même du terme « immigré » et ses connotations découlent des multiples définitions que les discours lui attribuent. Cela montre le glissement d'un débat général vers un débat qui vise plus particulièrement une population, faisant de cette population la cible des médias et de l'opinion, et de l'immigration un champ de bataille où les mots entrent en guerre.

En effet, en France et en Allemagne, depuis que les partis d'extrême droite bâtissent leur campagne sur le « problème » de l'immigration, c'est la guerre des mots. Mais leur usage dépasse les limites du Front national et donnent lieu à un espace commun de débats et d'affrontements à restituer à tout moment. D'abord entre l'opposition et le pouvoir en France : Michel Poniatowski se réfère à l'immigration en évoquant l'« occupation » et Valéry Giscard d'Estaing, l'« invasion »[3]. L'occupation fait de l'immigré un « ennemi » et l'invasion un « barbare ». En choisissant deux termes chargés de souvenirs proches ou lointains, dans le temps ou dans l'espace, tous les deux cherchent, à leur façon, à attaquer le pouvoir sur son incapacité à contrôler les frontières, limite territoriale de l'identité, et à défendre les intérêts nationaux, en concurrençant ainsi le Front national sur le champ de bataille.

Si l'Occupation se réfère à un contexte précis dans l'histoire de la France, une allusion aux « invasions » n'est pas nouvelle. Le mot apparaît en référence à l'immigration, mais plutôt en termes « pacifistes » comme le souligne Jean-Baptiste Duroselle[4]. Tel était d'ailleurs le titre d'un long reportage publié par le quotidien *L'Aurore* le 27 février 1963 : « L'invasion pacifique : l'arrivée des Noirs ». L'expression est reprise par l'historien Yves Lequin comme titre d'un article qui rend compte des différentes vagues d'immigrants arrivés et installés en France entre 1850 et 1930, ainsi que de leurs trajectoires professionnelles et géographiques[5]. L'auteur attire cependant l'attention sur l'évolution de l'immigration et l'atmosphère qui règne dans les villes lorsqu'il écrit : « Plus que tout autre espace, la grande ville résume une "invasion" que d'aucuns commencent à ne plus juger pacifique. »

Effectivement, vers la fin des années 1960, l'immigration qui brise cette atmosphère paisible est qualifiée publiquement de « sauvage ». Colette Guillaumin, dans un article de la revue *Mots*, se pose la question de savoir quel sens on peut donner au terme « immigrationsauvage » (en un seul mot).

---

3. V. Giscard d'Estaing, « Invasion ou immigration », *Figaro-Magazine*, sept. 1991.

4. J.-B. Duroselle, *« L'Invasion »*. *Les migrations humaines, chance ou fatalité ?*, Paris, Plon, 1992.

5. Y. Lequin, « L'invasion pacifique », *La Mosaïque France,* Paris, Librairie Larousse, 1988, p. 335-352.

S'agit-il d'une immigration non contrôlée, ou bien le mot «sauvage» se rapporte-t-il à l'immigration tout simplement, ou encore est-il utilisé dans le sens de l'exotique[6]? Aujourd'hui, sous la pression de l'opinion publique influencée par de tels propos, les gouvernements définissent les mesures à prendre pour lutter contre une «immigration sauvage».

Des propos similaires se retrouvent dans la presse allemande. Plus que le contrôle des passages à la frontière de «faux travailleurs», la République fédérale craint l'utilisation abusive du droit de séjour des demandeurs d'asile ou la manipulation du statut de *Aussiedler* (personnes d'origine allemande naturalisées de fait) qui consiste à prouver une ascendance allemande : «20 % sont soupçonnés de ne pas être de nationalité allemande», écrit le *Spiegel* dans un dossier sur les étrangers publié le 6 mars 1989. Mais en réalité «les demandeurs d'asile sont des paratonnerres» déclare un député SPD en réaction aux propos d'un député CDU qui affirme que «90 % des réfugiés usurpent ce titre», soulignant ainsi l'utilisation de la politique d'asile politique pour arrêter l'immigration.

Ainsi, peu importent la provenance et l'origine du demandeur d'asile; il est confondu, une fois encore, avec le *Gastarbeiter*, car, ensemble, ils constituent la catégorie d'étrangers qui fait réapparaître un vieux concept : *Überfremdung* (la surpopulation étrangère). La société allemande serait donc «submergée d'éléments extérieurs». C'est Max Weber qui utilisa ces termes dans sa première *Enquête empirique* en 1892-1983 sur l'évolution socio-économique du Nord-Est prussien, en référence aux Polonais «ethniques» installés dans la Prusse orientale. Aujourd'hui, cette image gravée dans la mémoire collective réapparaît avec l'arrivée massive des demandeurs d'asile (*Asylant*), comme elle était apparue dans les années 1970 en réaction à l'accroissement du nombre d'étrangers (*Ausländer*), dont la présence avait été imaginée davantage comme un flot : *Ausländersschwemme* (que l'on peut traduire comme le «flot» ou la «marée» des étrangers). L'Allemagne avait alors été décrite comme un navire bondé : *Das Boot ist voll*.

Des deux côtés du Rhin, l'immigré arrivé ou invité pour la reconstruction économique des pays est perçu aujourd'hui comme encombrant. Le souvenir de la croissance économique et des Trente Glorieuses étant trop récent, c'est dans un passé plus lointain, notamment dans les crises politiques nationales, que l'imagination semble puiser ses ressources.

---

6. C. Guillaumin, *Mots*, n° 8, 1984, p. 43-51.

Limites de l'identité ou « seuil de tolérance »

Les métaphores utilisées attirent l'attention de l'opinion publique sur des limites de l'acceptabilité : les frontières et au-delà, le seuil à ne pas franchir, le « seuil de tolérance ». Cette expression, née de la plume d'un expert dans la rédaction d'un rapport sur la politique de relogement à Nanterre en 1964, avait d'abord une fonction de « repérage ». Simple résultat d'une enquête locale sur les habitants des bidonvilles, elle sous-entendait une proportion entre étrangers et autochtones au-delà de laquelle apparaissent des tensions, puis des conflits dans un espace donné. Une fois reprise par la classe politique, elle cède sa « fonction de repérage » à sa « fonction de polémique »[7] amplifiée par les médias : « Plus de quatre millions d'immigrés » titre *Le Figaro* le 21 octobre 1980, ajoutant en gros caractères : « Au seuil de l'intolérance ». L'aspect empirique de départ prend de la sorte une forme idéologique qui met en évidence les stratégies politiques et vise à atteindre des sensibilités collectives. L'idée a été utilisée par la suite, souvent de façon indirecte, dans de multiples sondages d'opinion avec des questions telles que : « Pensez-vous qu'il y a trop d'étrangers dans votre quartier ? »

Très rapidement le « seuil » s'étend des limites d'un quartier aux frontières nationales. La « tolérance » attribuée aux habitants du quartier est projetée sur la classe politique dont le discours anticipe « l'exaspération » supposée de l'opinion publique vis-à-vis de l'immigration. À gauche ou à droite, il semble y avoir unanimité : éloigner le spectre de l'immigration. François Mitterrand se réfère au « seuil de tolérance » et Charles Pasqua annonce que « la France ne peut plus être un pays d'immigration »…

À chacun son seuil… Alors que le seuil en question n'est nullement chiffré en France, il correspond à un pourcentage précis en Allemagne, et plus exactement à Berlin. Il sert même à définir une politique de logement des étrangers dans la ville (*Zuzugssperre*) qui consiste à interdire aux nouveaux arrivants de s'installer dans des quartiers à forte population d'immigrés, le taux de population étrangère étant fixé à 12 % de personnes de même nationalité dans un quartier[8]. Une limite de 20 % est établie pour les enfants d'étrangers à l'école. Ainsi le « seuil » à Berlin se rapproche-t-il plus de l'usage américain du terme tel qu'il est défini,

---

7. Voir le même phénomène à partir du mot « racisme » analysé par P.A. Taguieff dans *La Force des préjugés. Essai sur le racisme et ses doubles*, Paris, La Découverte, 1988, p. 125.

8. R. Kastoryano, « Paris-Berlin. Politiques d'immigration et modalités d'intégration des Turcs », *in :* R. Leveau et G. Kepel (sous la dir. de), *Les Musulmans dans la société française*, Paris, Presses de la FNSP, 1988, p. 141-171.

c'est-à-dire « seuil critique », pour évaluer la cohabitation entre Noirs et Blancs[9].

Mais en Allemagne on assiste aussi à un glissement vers une conception indéfinie du « seuil de tolérance ». Celui-ci s'opère de l'échelon local à l'échelle nationale, et également d'une population à l'autre. En effet, l'arrivée massive d'*Aussiedler* (d'origine allemande), ainsi que de demandeurs d'asile dont le nombre ne cesse de croître depuis la chute du Mur, a entraîné des discussions, voire un projet de loi de la part de la CDU sur « une nécessité de limiter [les demandes d'asile] pour préserver l'harmonie ». Les parlementaires extrémistes en profitent pour battre rappel sur la présence des *Ausländer* et évoquer « une limite supportable » des étrangers (*Grenzen der Belastbarkeit*). Des débats au Sénat font allusion à l'intégration, au droit de vote des étrangers, autant de thèmes qui sont dans l'air, comme pour souligner ce qui est politiquement (in)acceptable en plus de ce qui est économiquement (in)supportable du fait de la présence des *Aussiedler* en Allemagne.

Ainsi, les termes transposés d'un contexte national à l'autre n'en suivent pas moins leur propre voie en fonction des données empiriques qui les guident.

LA BATAILLE DES CHIFFRES

La guerre des mots continue. Pour être plus convaincants, les mots s'appuient sur des chiffres qui constituent les armes de la guerre ! Comme le souligne le géographe Pierre George, « Deux données s'entrecroisent dans la prise en considération de l'immigration : la première est une donnée numérique exprimée en nombres absolus et en proportion au niveau national, régional, local ; la seconde est une donnée qualitative : la perception de la différence. C'est celle-ci qui donne à l'immigration de cette seconde moitié du siècle son originalité et qui affecte aux rapports entre populations autochtones et immigrées un nouvel écho d'incompatibilité[10]. »

Les chiffres sensibilisent et provoquent. Ils concrétisent les peurs ou, au contraire, soulagent, tout dépendant de l'analyse et de l'interprétation des résultats. En effet, les statistiques, baromètre de la réalité sociale par définition, donnent lieu à des polémiques en fonction de leur utilisation et de leur utilisateur. D'abord en ce qui concerne le nombre des étrangers ; la controverse implique les entrées non contrôlées, par

---

9. V. de Rudder, « La tolérance s'arrête au seuil », *Pluriel-Débat,* 1980, p. 3-15.
10. P. Georges, *L'Immigration en France : faits et problèmes*, Paris, A. Colin, 1986, p. 11.

conséquent un nombre « effectif » d'étrangers présents supposé plus élevé que ce que laissent apparaître les recensements officiels. Ainsi se croisent, et parfois se contredisent, les statistiques des différents ministères, ceux des organismes spécialisés et ceux du recensement national. Les médias donnent le ton : « L'immigration : les vrais chiffres » titre *Libération* du 9 septembre 1983, ou encore : « L'immigration : une augmentation de 20 % » annonce *Le Figaro* du 20 octobre 1989, avec un sous-titre qui souligne la continuité : « Forte augmentation en 1989 » et en éditorial, à côté : « Quelle société ! »

À chaque organe son interprétation, et l'enchaînement des réactions. Un débat a été lancé à la suite de la publication de statistiques sur le nombre d'étrangers par *Figaro-Magazine* le 26 octobre 1985. Alors que le recensement officiel de l'INSEE dénombrait, en 1982, 54 273 200 habitants, dont 50 600 000 Français (de naissance ou par acquisition), 1 750 000 étrangers d'origine européenne et 1 950 000 étrangers d'origine non européenne, les statistiques effectuées par l'Institut de démographie politique faisait état, pour 1985, d'une population française s'élevant à 51 400 000 personnes et d'une population étrangère non européenne de 2 600 000 personnes, soit un accroissement de 650 000 personnes non européennes en trois ans. De telles affirmations ont mobilisé sociologues et démographes qui se sont exprimés dans la presse quotidienne pour remettre en cause l'exactitude de ces chiffres par des articles tels que celui de Michèle Tribalat, chercheur à l'INED : « On a fait mentir les statistiques », paru dans *Le Quotidien de Paris* le 29 octobre 1985. Les personnalités politiques de tendances opposées ont mis en doute la bonne foi de *Figaro-Magazine*. Les médias de droite ou de gauche ont donné chacun leurs résultats en se dénonçant mutuellement. Des articles ayant comme titres « Immigration : ces chiffres qui cachent la forêt », ou « Chiffres romains ou chiffres arabes ? », ou « Démographie ou démagogie ? », ou encore « Métissage statistique » ont rempli les colonnes des quotidiens nationaux entre le 2 octobre et le 15 novembre 1985.

L'enjeu de la dispute est important, car les statistiques alimentent les discours du Front national sur la définition du Français. « Serons-nous encore français dans trente ans ? », s'écrie Le Pen au cours de l'émission *L'heure de vérité*, le 30 octobre 1985 en s'appuyant sur ces chiffres. Il fonde son argument sur l'augmentation du nombre d'étrangers entrés dans le pays, mais aussi sur leur fécondité pour exalter une crainte collective. En mettant l'accent sur la différence entre le taux de fécondité des familles étrangères et celui des familles autochtones, les statistiques touchent aux valeurs de la société globale définies comme valeurs de la modernité. La taille de la famille immigrée et, dans certains cas, sa structure supposée polygame représentent les valeurs considérées comme « archaïques », les statistiques sur le nombre d'enfants par famille immigrée renforçant la crainte d'une «invasion par l'intérieur». Les démographes interviennent à leur tour, sur la base de nouvelles recherches qui montrent que la durée de séjour des familles s'accompagne d'un rapprochement considérable des taux de natalité et que le processus de modernisation est en cours, aussi bien en France que dans le pays d'origine.

La polémique autour des statistiques conduit, au-delà, à l'examen du «coût social» de l'étranger, confirmation de sa responsabilité dans la crise économique du pays et argument privilégié des partis extrémistes. Les «étrangers sont des usagers», dit Le Pen qui estime, en 1985, à 108 milliards de francs les dépenses touchant aux allocations familiales des étrangers et à l'éducation de leurs enfants. On lit aussi : «Comment économiser 150 milliards de francs?» dans *Rivarol*, un journal d'extrême droite, le 27 mars 1986, ou encore : «Terre d'asile ou vache à lait?» dans un autre journal extrémiste, *Aspects de la France,* du 19 décembre 1985.

Le «coût social des étrangers» met ainsi en garde l'opinion publique devant les limites de l'État-providence et, par conséquent, de la solidarité nationale, surtout en période de crise où l'austérité s'impose, et la «préférence nationale» trouve une raison d'être. En Allemagne aussi l'immigration est perçue par certains comme «un fardeau pour le développement économique et industriel» du pays (*Das Parlement*, 18 janvier 1986). La responsabilité de la crise économique revient aux étrangers et aux demandeurs d'asile, mais pas aux *Aussiedler*, l'aide à ces derniers trouvant dans le discours extrémiste une priorité justifiée par la «préférence nationale» : «Ils sont allemands, un point c'est tout!», s'écrie un député CDU lors des débats parlementaires. Il déplore que le «coût social» des étrangers marque une augmentation depuis la chute du Mur, passant de 40 millions de deutschemarks en 1986 à plus de 200 millions en 1989, notamment dans le domaine de l'emploi et du logement. Les partis plus modérés et l'opinion publique condamnent quant à eux les dépenses pour l'accueil des *Aussiedler* et des *Asylant* de la même manière.

Sur un fond évident d'enjeu électoral, la bataille des chiffres alimente des arguments qui vont dans le sens des idées reçues. Ces dernières réapparaissent dans les sondages d'opinion sous forme de questions pas toujours innocentes, telle celle de la première enquête d'Alain Girard sur le sujet : «Pensez-vous qu'il y a trop d'immigrés en France?» ou : «Trouvez-vous la proportion d'étrangers (après avoir annoncé un pourcentage) élevée dans votre quartier[11]?» Plus récent, un

_____

11. A. Girard et J. Stoetzel, *Français et immigrés. L'attitude française, l'adaptation des Italiens et des Polonais*, Paris, PUF, 1953.

sondage réalisé par la SOFRES du 18 au 22 août 1990 pour FR3, *La Marche du siècle* et *Le Nouvel Observateur* pose la question du coût des immigrés de la façon suivante : « Trouvez-vous normal que les immigrés touchent des allocations familiales ou des indemnités de chômage ? »

Ainsi les chiffres et même les sondages sur l'immigration ne sont pas pris simplement pour ce qu'ils reflètent de la réalité sociale, mais ils servent aussi à construire une réalité qu'ils présentent comme un problème de société, souvent à des fins électorales.

Qui est qui ?

La bataille des chiffres entraîne avant tout un débat sur les modes de catégorisation des statistiques qui remettent en cause la définition même du national et de l'étranger. Comme le souligne Stephen Thernstrom, les statistiques sont « d'importantes sources d'information — plutôt de rationalisation — des hostilités vis-à-vis de l'invasion des étrangers »[12]. En ce qui concerne les États-Unis, l'auteur constate qu'entre 1851 et 1960, les changements dans la classification des différentes populations immigrées ou des différents groupes ethniques ou raciaux font apparaître des références tantôt au pays de naissance de l'individu, tantôt à celui de son père, en suivant l'évolution dans l'appellation des catégories : la classification des Noirs comme *colored* (personnes de couleur) a subi des changements, faisant inclure les métis et même les degrés de métissage.

En France, le recensement officiel classe la population totale sous trois catégories : Français de naissance, Français par acquisition et étranger. Ainsi, l'étranger, une fois naturalisé, passe dans la colonne de Français par acquisition ; ses enfants nés sur le sol français sont déclarés Français par naissance. Contrairement aux recensements américains qui, depuis 1980, cherchent à mettre en évidence l'*ethnic ancestry*, l'origine nationale et ethnique des citoyens, la nationalité d'origine des personnes naturalisées en France ne figure pas dans les documents officiels et, par conséquent, n'a aucune validité juridique et statistique.

Telle est du moins la forme existante jusqu'en 1990, jusqu'au dernier recensement de l'INSEE, où une nouvelle classification est introduite dans la présentation des statistiques sur les étrangers. Il s'agit de la « nationalité antérieure » des Français par acquisition, par âge, sexe, activité, style de

---

12. S. Thernstorm, « American Ethnic Statistics », *in* : D.L. Horowitz and G. Noiriel (eds), *Immigrants in Two Democracies : French and American Experiences*, New York University Press, 1992, p. 80-112.

ménage, etc. Alors qu'en 1982, une description des « caractéristiques des étrangers » précédait les résultats du recensement sur les étrangers, la préface des résultats du dernier recensement de la population étrangère en 1990 porte directement sur la mise au point des lois sur la nationalité[13].

Situations et discours rapprochent la France des États-Unis jusqu'à un certain point. En France, cependant, c'est le Code de la nationalité qui guide les catégories statistiques pour mettre en évidence leur invisibilité une fois la nationalité française acquise[14], tandis qu'aux États-Unis, les variations dans les données statistiques répondent aux exigences de l'évolution politique vis-à-vis des groupes ethniques. Depuis les politiques d'*Affirmative Action*, les individus choisissent leur propre appartenance ethnique telle qu'ils veulent la voir apparaître dans les statistiques officielles, sous la rubrique d'*ethnic ancestry*. Alors que cette pratique, rendue officielle dans le recensement de 1980 aux États-Unis, va dans le sens d'une conception de démocratie pluraliste qui y règne depuis les années 1960, en France, la « nationalité antérieure » qui figure dans les dernières statistiques de l'INSEE laisse penser à l'influence de la Commission des Sages sur le Code de la nationalité en 1987, ainsi qu'à celle des débats télévisés et des témoignages rendus publics qui ont souligné l'aspect identitaire lié à la nationalité antérieure ou à celle des parents des enfants d'étrangers nés sur le sol français.

En Allemagne, les statistiques se présentent de façon plus claire à première vue. Les principes de la nationalité fondée sur le *jus sanguinis* (droit de sang) et la naturalisation, difficile et rare dans les faits, permettent d'éviter toute ambiguïté dans la définition de l'étranger. Ce dernier étant défini par l'article 116 de la Loi fondamentale comme « tout individu qui n'est pas allemand aux termes de la Constitution », les statistiques le classent en fonction de la durée de son séjour en Allemagne et du caractère limité ou illimité de sa carte de séjour[15]. Ainsi, les statistiques officielles se réfèrent à la classification de titres de résidence ou de travail que les préfectures délivrent et qui font apparaître deux catégories d'étrangers : les résidents permanents, ceux qui possèdent des cartes de séjour et de travail permanents, non expulsables en conséquence; les étrangers, recensés d'après la nationalité, possédant un titre de séjour à échéance.

Ces catégories statistiques s'ajoutent aux discours publics pour renforcer l'identification de l'individu, du groupe, des nations. En France,

---

13. INSEE, *Étrangers*, 1992.

14. R. Silberman, « French Immigration Statistiques », *in :* D.L. Horowitz and G. Noiriel (eds), *op. cit.*, 1992, p. 112-123.

15. *Daten und Fakten zur Ausländersituation*, Juli, 1992 (Mitteilungen der Beauftragten der Bundesregierung für die Belange der Ausländer).

peu importent les raisons pour lesquelles le dernier recensement fait apparaître la nationalité antérieure; une telle évolution, en renvoyant l'individu à sa nationalité antérieure, notamment dans le cas des Maghrébins, le renvoie aussi à une appartenance religieuse (dans l'hypothèse que l'appartenance nationale et religieuse sont confondues), crée une « catégorie » ambiguë. De toute évidence, cela n'est pas sans effet sur l'identification à la nationalité « acquise », car la perception de cette identité situe les nouveaux Français ailleurs. C'est « l'origine » qui devient un critère d'identification et de perception dans le langage courant. Est-ce une façon de les séparer des « Français de souche », expression qui a fait son chemin depuis ? Le titre d'un article paru dans *L'Humanité* le 9 décembre 1985, « Ces Français qui s'appellent Mohamed ! », est assez significatif à cet égard, même rétrospectivement. L'incapacité à saisir l'origine du « mal » attribué à l'étranger conduit-elle à chercher l'origine du citoyen ?

Que l'origine se réfère à une nationalité antérieure, lorsqu'il s'agit d'un nouveau citoyen, ou bien à l'appartenance à une tradition religieuse (protestante, juive ou musulmane) pour ceux établis depuis plusieurs générations, le rappel de l'origine suggère la persistance d'une identité ethnique ou religieuse.

En Allemagne, en revanche, l'étranger, l'*Ausländer*, reste *Ausländer*. Son statut juridique se transmet d'une génération à l'autre, de sorte que ses enfants, ses petits-enfants sont étrangers tant que l'endogamie domine et qu'il n'y a pas de naturalisation, possible seulement après quinze ans de résidence à condition d'abandonner sa nationalité d'origine. En ce qui concerne les générations d'immigration, en Allemagne la référence à une deuxième génération se rapporte à la deuxième génération d'étrangers, tandis qu'en France elle porte sur la deuxième génération d'immigration, cependant qu'aux États-Unis les enfants de migrants sont des Américains de première génération ou se définissent comme une première génération d'Américains. Alors que l'Allemagne souligne l'aspect juridique de l'identité, la France désigne surtout un statut social par les termes de « deuxième génération » et, depuis les années 1980, le langage scientifique a remplacé « deuxième génération » par l'expression « les jeunes issus de l'immigration ». La terminologie concernant les jeunes, enfants d'immigrés, n'a d'intérêt que lorsqu'elle met en évidence une continuité ou discontinuité dans le statut juridique, mais aussi, notamment dans le cas français, parce qu'elle semble souligner que même s'il y a continuité dans le statut social, cela n'est pas une fatalité !

Le vocabulaire évolue à l'intérieur d'un même pays. Cette évolution est le résultat d'échanges fondés sur un va-et-vient d'identification et de perception. Comme un ballon lancé au hasard, des mots empruntés à des contextes différents sont récupérés par les militants qui se désignent comme les seuls détenteurs d'une identité qui cherche à s'affirmer et sont relancés plus haut et plus fort pour marquer leur idéologie. Dans son essai sur les noms, Harold R. Isaacs, en traçant l'histoire sociale et politique des Philippins, des Indiens et des Noirs aux États-Unis montre que les noms changent non seulement en fonction du contexte social et politique du pays, mais aussi en fonction de la représentation que les populations ont d'elles-mêmes[16].

En France, l'autodésignation des jeunes par le terme « Beur », dans les années 1980, combine à la fois une identité sociale et une identité d'origine (arabe, adapté en verlan), mais surtout en tant que « jeune » : il est difficile d'imaginer un Beur âgé! Sa vulgarisation entraîne une représentation où se trouvent confondues une idée de classe sociale, de lieu d'habitation et une certaine identité d'origine. Les médias se réfèrent aux « jeunes d'origine immigrée », quelle que soit leur nationalité, et les présentent comme une nouvelle « catégorie » susceptible de constituer un poids électoral : « Beurs : génération qui marche vers les urnes » titre *Libération* le 15 mars 1993. L'apparition du terme Beur dans le discours politique a mobilisé certains militants, les conduisant à dénoncer l'appellation de Beur en lui attribuant un rôle politique de type utilitaire, comme « Beur de service », notamment avant les élections municipales de 1989. Tout comme les Noirs américains qui dénoncent aujourd'hui le terme de « Noir » (*Black*) qu'ils avaient préféré à celui de « Nègre » (*Negro*) répandu avant les années 1960 et qui se reconnaissent aujourd'hui dans une identité afro-américaine, certains Beurs rejettent le terme de « Beur » qui se prête facilement à des jeux de mots (comme « Petits Beurres ») et correspond à une tranche d'âge, lui préférant « Franco-Maghrébin ». Cette identité à trait d'union, inspirée du modèle américain, apparaît dans le statut de nombreuses associations. Plus englobant et correspondant davantage à une identification culturelle et régionale, ce terme échappe à l'ambiguïté d'expressions telles que « Français musulmans ». Et s'il ne s'agit pas de la même population pour les pouvoirs publics, l'opinion fait difficilement la distinction.

Les différents termes utilisés à différents moments posent la question de l'identification, le choix pour les jeunes entre une identité attribuée ou une identité construite en relation avec l'environnement, certes, mais surtout avec une identité dont ils revendiquent désormais la reconnaissance… la reconnaissance d'une différence.

16. Harold R. Isaacs, *Idols of the Tribe. Group Identity and Political Change,* Harvard University Press, 1989 (1ʳᵉ éd. 1975), p. 71-93.

« LE DROIT À LA DIFFÉRENCE »
OU « L'ÉLOGE DE L'INDIFFÉRENCE »

En France, cette terminologie trouve une légitimité dans le discours politique qui, au début des années 1980, avait privilégié «le droit à la différence». La société française se trouve alors définie comme «multiraciale», «multiculturelle», «plurielle», «pluriculturelle», tandis qu'apparaissent sous ces titres une multitude d'articles et de livres. Ces mots et concepts, que la littérature américaine sur les groupes ethniques a développés depuis le mouvement des droits civils des années 1960, sont utilisés en France, *a priori*, comme un constat : une société où coexistent différentes cultures, différentes races, différentes religions. Les militants, de leur côté, se reconnaissent dans cette nouvelle tendance et paraphrasent pour leur compte des slogans américains tel que «*Beur is beautiful*» en les adoptant comme une nouvelle identité; ils l'impriment sur des T-shirts ou l'inscrivent sur les murs. Dans un souci de construire une société démocratique où doivent régner les principes de l'égalité, ces discours ont pour objectif de faire accepter à l'opinion publique la diversité comme une caractéristique inhérente à toute société moderne.

Pendant la même période, l'idée de société multiculturelle se répand en Allemagne. Dans le contexte allemand, surtout pour les militants et les porte-parole des partis d'opposition, c'est une façon d'inclure les étrangers dans le pluralisme politique caractérisé par le corporatisme, et ce faisant, de faire prendre conscience aussi bien à l'opinion publique qu'à la classe politique en général que les « étrangers sont là pour rester ». D'ailleurs, de nouveaux termes surviennent pour les désigner. Déjà, de *Gastarbeiter* ils étaient devenus vers la fin des années 1970, dans le débat public plus que dans le vocabulaire courant, des *Ausländische Arbeiter*, des travailleurs étrangers ou des *Einwanderer*, des immigrés, et non plus simplement des *Gäste*, des invités. Faut-il aussi les considérer maintenant comme immigrés, ou minorités, ou les deux : *Einwanderungsminorität*, «minorité immigrée» expression utilisée par Daniel Cohn-Bendit, conseiller municipal de Francfort et responsable des Affaires multiculturelles de la ville? Les militants du parti FDP — *Frei Demokratische Partei* (Parti liberal démocrate) — leur accordent, du moins dans le discours, un statut de citoyens, pris dans le sens d'individus qui participent à la vie de la cité, et les nomment «*Ausländische Mitbürger*», des concitoyens étrangers. Le terme est entré dans le débat officiel. En bref, l'évolution de la terminologie veut démontrer que l'Allemagne est *en fait* un pays d'immigration et *de fait*, une société multiculturelle, et propose selon cette logique de les inclure dans la société.

Aussi bien en France qu'en Allemagne les réactions sont vives. Des débats dans tous les domaines (scientifiques, politiques, médiatiques) sont organisés autour du concept de société multiculturelle qui a été systématiquement associé à une analyse de la définition de l'identité nationale, perçue par certains comme « menacée ». Désormais toute allusion à une diversité quelconque exprimée publiquement paraît entraîner une remise en cause de l'*unité de la nation,* des deux côtés du Rhin comme aux États-Unis, tout en faisant apparaître que les trois pays n'ont pas la même conception de l'unité nationale. Alors que l'Amérique déplore la « désunion » causée par le multiculturalisme, l'unité allemande est analysée par les sociologues en termes de « nationalisme ethnique » et celle de la France en termes de « nationalisme républicain ».

C'était là un des effets pervers des discours et des politiques qui prônaient le multiculturalisme. Cette fois, l'exemple des États-Unis devait être évité. Des études sur le sujet allaient en effet mettre l'accent sur la fragmentation de la société américaine, où le pluralisme de départ a cédé aujourd'hui la place à un discours idéologique de la part des groupes ethniques qui revendiquent la reconnaissance de leurs particularités dans le domaine public. Depuis une dizaine d'années, de nombreux ouvrages et articles s'attachent à montrer comment cette idéologie met en péril l'unité nationale, idéalisée par le *melting pot*, et conduit à la « désunion de l'Amérique » explicitée par le titre de l'ouvrage de Arthur Shlesinger Jr, pour attirer l'attention sur l'éclatement de la société en de multiples communautés distinctes. L'Amérique est un antimodèle pour la France.

En France, il est question d'« exclusion », de « ghettoïsation », d'« ethnicisation ». Ces termes utilisés abondamment par les scientifiques, les médias, la classe politique sont définis comme des concepts qui découlent directement de celui d'une société définie comme multiculturelle et/ou multiraciale. En Allemagne, le terme « marginalisation » leur est préféré, et cette marginalisation peut-être évitée pour certains dans une société multiculturelle. En effet, contrairement à ce qui se produit en France, les militants des Verts, d'une branche du SPD, ainsi que les militants associatifs cherchent à persuader la classe politique que seule une société multiculturelle serait capable d'accorder une place aux étrangers. Quant au milieu scientifique, il veut alerter la classe politique du danger que peuvent causer de tels propos « humanistes » et « romantiques » dans le contexte allemand. Des sociologues tentent de montrer que la logique d'une société multiculturelle conduirait les différentes populations étrangères à s'organiser autour d'identités qui renforceraient leur particularisme et que, par un effet interactif, cela risquerait de renforcer de la même façon l'exclusivité de l'identité allemande. Les réactions vis-à-vis du

29

multiculturalisme seraient-elles liées aux difficultés que les Allemands ont à affirmer une identité nationale?

Cela explique «l'éloge de l'indifférence»[17]. En France aussi, la gauche et les militants associatifs ont pris un virage vers le principe du «droit à l'indifférence» et plus encore du «droit à la ressemblance». Cette revendication s'est cristallisée notamment autour des élections municipales de 1989. Elle a correspondu au début de l'éclatement des banlieues. Aussi contradictoire que cela puisse paraître, il semble alors que les identités ne veulent plus être cantonnées dans des espaces. Du coup, le «droit à la ressemblance» s'oppose à deux identités perçues et analysées comme deux «exclusions» : sociale et ethnique. De fait, les «jeunes des banlieues» sont d'emblée définis comme «des jeunes des quartiers défavorisés» et les quartiers défavorisés décrits comme des quartiers «à forte concentration de populations immigrées»; par conséquent, les «jeunes des banlieues» sont des «jeunes d'origine immigrée». C'est ce qu'il fallait démontrer.

Ce syllogisme est à la source de la cascade de scénarios et des concepts empruntés à une vision de la réalité sociale américaine. Le terme de «Harlémisation» fait son chemin pour attirer l'attention des pouvoirs publics et de l'opinion sur les quartiers pauvres habités par les étrangers en France. Le quartier de la Goutte d'or dans le 18e arrondissement de Paris est assimilé au ghetto dans les années 1960 et à Harlem vers la fin des années 1970. Depuis les années 1980, des enquêtes donnent lieu à des interprétations évoquant Harlem tel qu'il est représenté, c'est-à-dire avec un taux élevé de délinquance, de trafic de drogue et de criminalité, lieu où «la police ne peut même pas pénétrer» (*National Hebdo*, 4 mars 1993). L'ensemble de ces phénomènes est, évidemment, relié à l'immigration et continue à nourrir des images négatives qui ne font qu'accroître la méfiance vis-à-vis des étrangers. Ces observations apportent de l'eau au moulin des partis d'extrême droite, dont les représentants déplorent l'immigration, condamnent les politiques et sensibilisent l'opinion publique sur le «mal» qui vient d'ailleurs : «Banlieues : pur produit de l'immigration», écrit Y. Briant (CNI); «Le malaise des banlieues est le fruit pur des politiques d'immigration», affirme J.Y. Le Gallou du Front national dans *Le Figaro* du 18 juin 1991.

Pourtant vers la fin des années 1980, des reportages s'étaient efforcés d'apaiser les peurs en attirant l'attention sur le caractère positif des relations

---

17. Tel est le titre d'un des articles de F.-O. Radtke : «Lob der Gleich-Gültigkeit — Zur Konstruktion des Fremden im Diskurs des Multikulturalismus», *in :* U. Bielefeld (Hg), *Das Eigene und das Fremde,* Hambourg, Junius, 1991, p. 79-96.

avec les immigrés : «Sarcelles : Babel qui se porte bien. Skin, Black, Beur» (*Le Matin*, 10 octobre 1988); «Vive le ghetto!» sur la première page d'un dossier publié par *Politis* (février 1990). D'autres présentent ces quartiers comme des sites de «rites de passage» de toute population étrangère : «le ghetto au sens propre, le *barrio* comme disent les Américains, véritable sas d'intégration dans la société française». *Le Monde* du 18 décembre 1988 souligne même une nouvelle forme de culture populaire née dans ces espaces : «Culture *en* banlieue ou culture *de* banlieue». Inspirée de la culture de ghetto américaine du point de vue technique, ainsi que dans le style et la représentation, cette nouvelle culture s'inscrit dans le *break danse* ou le *rap* qui surgissent dans le «ghetto» et font désormais partie de la culture nationale.

La France aurait-elle perdu sa spécificité? Voilà un nouveau thème d'enjeu électoral qui met l'État français en cause dans la gestion de l'immigration; pis encore, qui insinue l'américanisation de la France. Pour calmer les enchères, une nouvelle comparaison avec les États-Unis s'impose, cette fois-ci comme un état des lieux. Les responsables administratifs et les experts de la ville échangent leurs expériences afin d'acquérir un «regard américain sur la politique de la ville» et de montrer comment «L'Amérique émerveillée découvre la banlieue française» (*Libération*, le 7 décembre 1992). Le tout pour prouver que «la situation est beaucoup moins grave en France qu'aux États-Unis» (*La Croix* et *L'Événement*, le 15-16 mars 1992).

Cependant, le sociologue Alain Touraine exprime dans un article publié dans *Le Figaro* du 23 mai 1991 et repris par la revue *Esprit*, son inquiétude face à l'évolution de la société française, qui «passe d'une société de discrimination à une société de ségrégation semblable à celle des États-Unis», et alerte les politiques sur les «menaces de ghetto». Pourtant, le langage scientifique français manifestait jusqu'alors une certaine prudence quant à l'utilisation de mots tels que «ghetto» attribué au «modèle américain». Dans les années 1970 et même 1980, les recherches sur la ville s'efforçaient de montrer qu'il n'y avait «pas de ghetto en France», en remplaçant le mot par des expressions comme «quartiers réservés» ou encore «enclaves». D'ailleurs, l'argument soustend la politique de logement, qui consiste à regrouper plus par catégorie sociale que par appartenance nationale ou raciale ou encore ethnique. Le ghetto ne peut être qu'américain. Cela est dû à l'organisation des villes caractérisées par la ségrégation ethnique ou raciale, selon le modèle du ghetto de Chicago analysé par Louis Wirth dans les années 1920 et symbolisant l'isolement d'une population, en l'occurrence des juifs. Aujourd'hui le ghetto reste racial, même s'il ne se réfère plus qu'aux populations noires.

En Allemagne, les villes et le logement étaient en pleine reconstruction au moment de l'arrivée des *Gastarbeiter*. La presse sensibilise du coup l'opinion publique sur les squatters et non sur les étrangers dans la ville, notamment à Berlin. Tout au début de leur recrutement, les travailleurs invités étaient installés dans des foyers (*Heime*). Le *Spiegel*, dans un dossier sur les étrangers publié en 1964, en parle cependant en les appelant des « ghettos ». Le terme figure sous une photographie qui met en évidence la similitude entre les foyers en question et des « camps », appelés *Läger,* où l'on installait les travailleurs invités et les réfugiés. Est-ce la mémoire des « camps », assez vive dans les esprits surtout au début des années 1960, ou encore la définition traditionnelle de « ghetto » en référence aux juifs qui a empêché par la suite le mot « ghetto » de s'installer dans le langage courant ? Pourtant les travailleurs turcs, une fois rejoints par leurs familles, se sont trouvés concentrés dans des quartiers surnommés par la presse le « petit Istanbul » (*Klein Istanbul*), le plus connu étant Kreuzberg à Berlin, quartier inscrit jusqu'au milieu des années 1980 sur la liste des curiosités de la ville que l'on visite en car de tourisme, comme Harlem à New York. Le mot « ghetto » a fait son chemin surtout dans le milieu scientifique inspiré et influencé, encore une fois, par l'École de Chicago, mais a été fortement contesté. C'est l'expression utilisée pour la première fois par le sociologue Friedrich Heckmann de « colonie d'immigrés » (*Einwanderungskolonie*) qui a été plutôt adoptée pour décrire la concentration des étrangers dans la ville avec toutes ses implications sociales et économiques.

Entre l'assimilation et le retour

« Assimilation ou retour ? » Telle est la question. En France, l'assimilation conduit d'après Jacqueline Costa-Lascoux à « la disparition du caractère d'extrangéité »[18]. Ce processus, considéré comme « naturel » pour les vagues d'immigration précédentes, est devenu tabou aujourd'hui. Il est considéré comme antidémocratique, car il se définit comme la disparition totale de la culture d'origine et s'oppose au pluralisme culturel des sociétés. Aux États-Unis, d'après Philip Gleason, l'assimilation était, dans les années 1920, synonyme de *melting pot*, fondement de l'unité nationale. Il s'agissait du processus d'après lequel les individus d'origines différentes, installés sur un territoire commun, créaient des solidarités suffisantes pour entretenir une

---

18. J. Costa-Lascoux, *De l'immigré au citoyen*, Paris, La Documentation française, 1989, p. 10.

existence nationale commune[19]. Dans les années 1930, le pluralisme culturel s'affirme comme plus proche de la réalité et s'oppose idéologiquement à l'assimilation. Les différences culturelles étant préservées, le pluralisme culturel n'est, dès lors, que la coexistence de différentes cultures. Une vision libérale du terme le définit comme processus d'américanisation en mettant l'accent sur la diversité dans l'unité qui caractérise la société américaine. Il est désormais question de l'«intégration» de cette diversité dans le courant dominant ou encore de son «incorporation» dans la culture politique et nationale, et il n'est plus question d'assimilation, définie dans les années 1960 comme une «conformité anglo-saxone», ce qui n'est plus *politically correct* aujourd'hui.

Ainsi se trouve abandonné le concept même d'assimilation. En France aussi le terme est remplacé par «intégration» ou «insertion». Toujours d'après J. Costa-Lascoux, l'intégration est un «processus qui exprime une dynamique d'échange», et l'insertion «introduit une liaison entre l'idée de réciprocité et le respect des différences»[20]. Le débat politique français se réfère tantôt à l'intégration, tantôt à l'insertion, en préservant les ambiguïtés quant à leur contenu et leur portée à la fois politique et sociale. L'insertion se lie parfois à l'économique, parfois au social, et l'intégration se rapporte tantôt au culturel, tantôt au social et tantôt au national. Dans le discours officiel «l'intégration c'est la lutte contre l'exclusion», et le ministère de la Ville, créé en 1991, s'appelle désormais «ministère chargé de l'intégration et de lutte contre l'exclusion».

L'usage du concept qui s'impose dans le débat français avec la plus grande incertitude évolue ainsi en fonction des stratégies politiques. Comme le souligne, à juste titre, Françoise Gaspard, avec ces mots qui se déplacent entre la droite et la gauche, il s'agit de «nommer cette opération qui va consister à reconnaître comme Français ces étrangers qui se sont attardés en France au point d'y avoir pris racine»[21]. Parler d'intégration sert-il à dérouter l'adversaire en détournant l'attention sur des problèmes de société qui rendraient l'assimilation plus difficile ou est-ce encore un moyen de gagner la confiance des nouvelles vagues d'immigrés en voulant séparer la culture du politique et de l'économique, une intégration culturelle d'une intégration structurelle?

---

19. P. Gleason, «Pluralism and Assimilation : A Conceptual History», *in :* J. Edwards (ed.), *Linguistic Minorities : Policies and Pluralism*, Academic Press, 1984, p. 221-257.

20. J. Costa-Lascoux, *op. cit.*, 1989, p. 10-11.

21. F. Gaspard, «Assimilation, insertion, intégration : Les mots pour devenir Français», *Hommes et Migrations*, n° 1154, mai 1992, p. 14-23.

Dans tous les cas, ce changement de vocabulaire est un des résultats du « droit à la différence ». La question se pose alors de savoir si c'est le « droit à la différence » qui a modifié le vocabulaire ou, à l'inverse, si c'est la perception d'une différence entre les anciennes vagues européennes et la nouvelle, maghrébine, qui aurait donné lieu à la formulation d'un droit. Par conséquent, l'intégration serait un concept réservé à l'immigration nord-africaine « inassimilable », et l'assimilation aux populations issues de l'immigration européenne.

C'est ce que confirment les sondages et les éditoriaux où immigration et inassimilabilité vont de pair et renvoient automatiquement à l'islam. « Insaisissable Islam », titre le journal *La Croix* pour rendre compte de la « question immigrée » vue par la fondation Saint-Simon. « Intégrisme contre l'assimilation ? » s'interrogent les journalistes de *L'Express* dans le dossier sur l'immigration publié en avril 1990. L'historien Pierre Chaunu se désespère en considérant « L'impossible assimilation » dans *Le Figaro* du 31 octobre 1985. Le dossier spécial, « L'immigration : le défi maghrébin », publié par l'hebdomadaire *Le Point* en février 1986, résume l'atmosphère générale face à l'immigration, qu'il s'agisse de la classe politique ou de l'opinion publique. Des recherches et d'innombrables articles essaient de faire connaître l'islam. Des travaux scientifiques, tout aussi nombreux, tentent d'attirer l'attention sur la responsabilité de la société et de son évolution, tandis que les discours politiques extrémistes s'en prennent aux « immigrés qui ne souhaitent pas être assimilés » comme le formule F. Terré dans son éditorial (*Le Figaro* du 16 juin 1989).

En novembre 1989, l'« affaire du foulard », avec le débat qu'elle a suscité à tous les niveaux de la société française et dans tous les milieux, a jeté de l'huile sur le feu. Non seulement tout article d'information ou tout commentaire sur le sujet a paru dans la rubrique « immigration », mais aussi le foulard qualifié d'« islamique », associé au « voile », appelé même *hidjab* ou *tchador*, a provoqué une guerre ouverte entre, d'un côté, ceux qui tentent d'exploiter la situation pour accroître les peurs collectives et, de l'autre, ceux qui cherchent à calmer l'opinion. Dans cette dernière catégorie, les militants, les responsables des organismes publics engagés dans l'action sociale, les Églises, une partie de la classe politique essaient de rationaliser et d'apaiser les passions par des démonstrations scientifiques.

Ensemble, ils se mobilisent pour extraire de l'opinion publique l'amalgame islam/intégrisme. « Les intégristes, ennemis de l'Islam » écrit Arezki Dahmani, président de l'association France-Plus dans *Le Monde* du 23 janvier 1993. Même si Jean-Claude Barrault, l'ancien président de l'INED et du Fonds d'action sociale (FAS), qui, par la suite, devint le conseiller du ministre de l'Intérieur Charles Pasqua et l'auteur d'un ouvrage[22] polémique sur l'islam, déclare dans un entretien paru dans *Le Monde* du 15 mars 1991 que « La France peut favoriser la naissance d'un islam réformé ».

Il s'agit dans les faits de souligner la capacité d'assimilation de l'islam et de sa compatibilité avec la laïcité française, mais aussi de façon plus générale avec l'Occident. Pour cela, il faut porter la voix plus haut et plus loin que celle des muezzins qui prêchent sur le minaret, afin de lutter pour « l'intégration contre l'intégrisme » (article de J.-M. Colombani et J.-Y. Lhomeau dans *Le Monde* du 29 novembre 1989). Ainsi n'est-ce même plus la peine de parler d'assimilation.

« L'islam comme barrière à l'intégration » est un thème qui fait aussi couler beaucoup d'encre en Allemagne. La classe politique et scientifique s'interroge de la même façon sur la « capacité à s'intégrer » (*Integrationsfähigkeit*) des Turcs. Il n'est pas question d'assimilation, ce n'est pas le but à atteindre et elle n'est désirée ni d'un côté ni de l'autre. Lorsque le mot est mentionné, son contenu se limite au niveau culturel pris dans le sens de mode de vie. La réaction souhaitée est seulement l'« intégration ».

À partir de 1979, l'intégration se veut le fondement de l'*Ausländerpolitik* (politique vis-à-vis des étrangers). Elle consiste, pour la classe politique, à prendre des mesures afin d'éviter « une marginalisation structurelle » des étrangers dans la société allemande. Pour cela il faut agir sur les familles dans le domaine social et sur les jeunes dans le domaine professionnel. Les mesures apparaissent aussi floues que le concept lui-même, car, paradoxalement, elles se traduisent par une politique qui favorise le retour des travailleurs étrangers dans leur pays en 1985. Du coup, le contenu du concept même d'intégration (*Eingliederung*) est débattu au Parlement. Dans une déclaration officielle de 1982, le chancelier Kohl définit l'intégration comme « le fait de se placer dans la société allemande sans conflit et sans accès au droit à la citoyenneté » (*Konfliktfreies Einordnen in die deutsche Gesellschaft ohne Zugang zum Bürgerrecht*), sous-entendu sans songer à faire partie de la nation. Ainsi pour la droite allemande, l'intégration c'est « prendre part »… Cela ne signifie « ni assimilation ni naturalisation, mais assumer les droits et les devoirs d'un "citoyen" (*Staatsbürger*) allemand »… sans l'être, toutefois. Il apparaît clairement dans la déclaration d'un député de la CDU lors des débats parlementaires du 18 janvier 1986 que seule la gauche conçoit que « la pleine intégration dans la République fédérale demande aussi la pleine

---

22. J.-C. Barrault, *De l'islam en général et du monde en particulier*, Paris, éd. Le Pré aux Clercs, 1991.

responsabilité civique». Quant au débat scientifique, il oppose l'«intégration» au couple rotation-retour. La conception d'une Allemagne multiculturelle naît en fait à ce moment-là.

Le terme «intégration» est parallèlement repris et «assimilé» par les militants associatifs dans les deux pays. Il devient le mot clé de toutes les activités des associations sociales, culturelles, religieuses. En Allemagne, les associations d'étrangers et les Églises entendent l'intégration comme une égalité de droits selon le mot d'ordre : «à cultures différentes, droits égaux»[23]. En France, le mot «intégration» figure dans la première phrase des projets des associations (quelles que soient leurs activités) sous la formule : «faciliter l'intégration des immigrés et de leurs familles». En Allemagne, dans les années 1980, le conseiller municipal de Francfort, Daniel Cohn-Bendit, crée le service des Affaires multiculturelles. Il prône une «démocratie multiculturelle» qui s'inspirerait du contrat social de J.-J. Rousseau[24]. En France, en 1989, le premier ministre, Michel Rocard, crée le secrétariat général à l'Intégration. Des deux côtés du Rhin, chacun tente donc de ménager à sa façon l'aspect culturel et identitaire de l'immigration ainsi que celui de la nation.

L'ÈRE DES COMMUNAUTÉS

Le discours sur le multiculturalisme introduit les sociétés démocratiques dans l'ère des communautés ethniques ou religieuses et reconnues comme telles. En France, de vives réactions conduisent au rappel banalisé des traditions politiques républicaines qui récusent toute représentation communautaire des populations dans un État qui ne reconnaît que l'individu comme interlocuteur. L'intégration se conçoit donc «à la française» ainsi que le rappelle le titre du rapport du Haut Conseil à l'intégration en 1993. Cela revient à dire que la France, héritière de la Révolution, ne reconnaît aucune communauté ethnique ou religieuse, chacun devant comprendre qu'il s'agit là du «modèle français». Mais le paradoxe est que les mêmes hommes politiques qui prêchent la spécificité française en ces termes s'adressent de plus en plus aux «communautés» : «communauté

---

23. D. Lüderwaldt, «Integration (politisch-programmatisch)», *in :* G. Auernheimer, *Handwörterbuch Ausländerarbeit,* Basel, Weinheim, 1984, p. 177-179, cité par A. Treibel, *Migration in modernen Gesellschaften. Soziale Folgen von Einwanderung und Gastarbeit,* Munich, Juventus Verlag, 1990.

24. Ses ambitions et ses intentions sont développées dans un ouvrage qu'il a écrit en 1992; *cf.* D. Cohn-Bendit et T. Schmid, *Heimat Babylon. Das Wagnis der multikulturellen Demokratie*, Hambourg, Hoffman and Campe, 1992.

immigrée », « communauté algérienne », « communauté musulmane ». Les gouvernements successifs « remercient » ou « consultent », ou encore « donnent la parole » aux « représentants des communautés » concernées.

La référence communautaire n'est pas inhérente à l'immigration maghrébine. Elles n'est pas davantage le simple résultat des discours sur l'intégration. L'historien Yves Lequin décrit les regroupements, dans certains quartiers des grandes villes, de populations immigrées dès les années 1930, où se « confondent espace et communauté »[25]. Dans les années 1960, les médias évoquent les « colonies asiatiques de la capitale » ou les « Espagnols qui vivent en communauté avec leurs rites, leurs cafés, leur journal, leur cinéma et leur prêtre », avec, à l'appui, une photographie commentée de ladite communauté : à la porte Maillot, se trouve « la Conchita-station où tous les rêves d'évasion commencent et se terminent » (*Le Figaro*, 7 mai 1968).

Mais aujourd'hui l'usage du concept de communauté ne se limite plus à cette étape intermédiaire décrite dans les monographies qui ont fait la réputation de l'École de Chicago à partir des années 1920 aux États-Unis. Dans le débat actuel, une représentation politique lui est attribuée non plus simplement au niveau local mais, aussi, au niveau national et même transnational. Ce n'est donc pas simplement une organisation spontanée due à la proximité spatiale, mais des solidarités fondées sur des liens identitaires construits dans un but de reconnaissance dans l'espace public.

Est-ce le passage des communautés culturelles aux communautés structurelles ? Force est de constater que l'emploi du terme de « communauté » pour décrire les populations immigrées, dans le discours politique aussi bien que scientifique, en France et en Allemagne, renvoie de plus en plus à la nation en tant que communauté : une manière d'opposer communauté nationale et communautés immigrées. En 1974, Valéry Giscard d'Estaing avait affirmé que « les travailleurs immigrés font partie de notre communauté productive nationale ». Une telle affirmation explicite la place et la fonction des immigrés en France en la limitant à la communauté nationale définie en termes économiques. Mais dans les années 1980, il n'est plus uniquement question de la « communauté productive nationale », restreinte au marché du travail, mais de la « communauté nationale » tout court et de son identité. En 1985, V. Giscard d'Estaing déclare encore que « l'immigration menace l'identité française ». Plus largement, cette idée apparaît comme un *leitmotiv* dans les déclarations de Jean-Marie Le Pen et comme une interrogation déclinée

---

25. Y. Lequin, « L'étrangeté française », *op. cit.,* 1988, Paris, p. 372.

sous de multiples formes dans les journaux et les revues, les livres et les émissions. Face aux dangers qu'engendrent de tels discours, les organismes publics, notamment le Fonds d'action sociale qui finance les associations afin, précisément, que les immigrés « se constituent en communautés », d'après son bulletin d'information, rectifient le tir en déclarant que « la reconnaissance des communautés ethniques est exclue ».

En Allemagne, quelques fédérations d'associations d'immigrés reprennent, pour leur part, le terme *Gemeinde* (communauté) dans leurs noms mêmes comme la *türkische Gemeinde zu Berlin*. Le mot désigne alors systématiquement la nationalité des membres qui les constituent. Le langage scientifique, la presse, et même le discours politique ou celui des militants se réfèrent parallèlement à une communauté ethnique telle que « la communauté ethnique turque ». Cette formulation définit toujours la communauté ethnique par la nationalité, et c'est cette confusion qui conduit certains à lui préférer celle de minorité (*Minderheit*) et les militants à revendiquer le statut de « minorité turque » (*türkische Minderheit*) en Allemagne.

Communautés ethniques, ethnicités, minorités : ces concepts qui ne cessent d'être empruntés à la littérature anglo-saxonne changent pourtant de contenu dans les contextes français et allemand. L'ethnicité, concept ambigu qui se réfère à une identité tantôt nationale, tantôt religieuse (ou à une identité de classe aux États-Unis), puise sa première définition en France dans son usage anthropologique appliqué aux sociétés africaines. Mais à présent, l'usage de l'expression de « communauté ethnique » se rapproche de sa définition américaine, aussi incertaine soit-elle : des groupes organisés autour d'une identité devenue collective et revendiquant la reconnaissance publique de cette identité construite autour d'une « origine » présumée ou imaginée à partir de la nationalité ou la religion.

En France, le mot « communauté » désigne, d'après *Le Robert historique*, « un ensemble de personnes et, abstraitement, l'état de ce qui est commun à plusieurs personnes. Appliqué à des personnes en particulier, il désigne une collectivité religieuse (1538) ». Est-ce dans la continuité de cette définition que le président de la République s'est adressé « à la communauté juive et à la communauté musulmane » après la guerre du Golfe en 1991 ? Dans son usage actuel, alors que le débat sur la laïcité en France mobilise tous les antagonismes, la communauté apparaît en définitive comme l'antithèse de la laïcité de par sa référence à la religion. En Allemagne, en revanche, en désignant la nationalité, les communautés (au pluriel) prennent une définition ethnique face à l'identité collective allemande. Ainsi, communautés ethniques, religieuses ou nationales construites par les populations issues de l'immigration, toutes se définissent en fonction des critères autour desquels se conçoivent les communautés nationales.

Les discours sur la communauté nationale entraînent, dans les deux pays, un débat sur les principes d'adhésion et les mécanismes d'inclusion, c'est-à-dire la nationalité et la citoyenneté. En France, le débat sur la citoyenneté apparaît comme une réaction «rationnelle» aux propos de l'extrême droite, en Allemagne comme une mesure d'«urgence» face aux actes racistes et à l'arrivée des *Aussiedler*. La Commission des Sages sur le Code de la nationalité en France a sensibilisé l'opinion sur le fait d'«être français». En Allemagne, la loi sur les étrangers, votée en mai 1989, a facilité l'accès à la nationalité allemande des jeunes Turcs. Mais depuis les spectaculaires déchaînements survenus à partir de 1991, le débat a rebondi. Dans les cercles politiques de droite comme de gauche, dans les cercles de militants et même chez les intellectuels, il porte désormais sur la «double nationalité», sur sa portée pragmatique et sa signification idéologique : double allégeance. Privilège ou manière de maintenir les identités séparées ?

Ainsi, en France, l'étranger, perçu comme le «travailleur immigré» dans la «classe ouvrière» jusqu'aux années 1970, se reconnaît par ses composantes identitaires et sa relation avec la «communauté nationale» à partir des années 1980. En Allemagne, l'étranger, «invité pour travailler» dans les années 1960, se conçoit aujourd'hui comme membre d'une «minorité». L'évolution du vocabulaire est, comme le souligne Pierre-André Taguieff à propos du mot «racisme», «témoin et reflet, facteur et acteur de l'évolution idéologique générale »[26].

En ce qui concerne l'immigration, l'évolution du débat en France et en Allemagne dénote une tendance à l'uniformisation des discours et de la façon dont ils sont véhiculés. Est-ce par hasard que parfois des mots distincts ne soulignent aucune différence sur le fond et que des mots différents deviennent interchangeables ou encore qu'ils évoluent parfois dans le même sens et d'autres fois dans le sens opposé dans chacun des pays ? Sans conteste, malgré une certaine perméabilité des langages qui, en France, rend le débat sur l'immigration public et, en Allemagne, un relatif décalage entre le discours de la classe politique et celui des scientifiques qui le concentre davantage au niveau officiel, celui-ci s'installe de la même façon dans la quotidienneté politique ici et là.

S'agit-il d'universalisation, de contagion linguistique ou de stratégies politiques convergentes ? Le discours politique, en utilisant des concepts extraits d'autres contextes, crée non seulement un intérêt pour le sujet, mais aussi une identification, des aspirations ou des griefs. La comparaison effectuée avec d'autres pays dans les mêmes termes permet de sensibiliser

---

26. P.A. Taguieff, *op. cit.*, 1988, p. 125.

l'opinion publique sur la ressemblance, de montrer que le « mal » est général ou bien, au contraire, d'illustrer sa propre supériorité dans la gestion de ce « mal ». Quant au langage scientifique, il s'est développé en s'appuyant sur les études américaines en ce qui concerne en particulier les processus d'installation, les modes d'organisation et de mobilisation des populations en question. L'abondance et le statut heuristique de la littérature anglo-saxonne sur le sujet, liés eux-mêmes à l'expérience que les États-Unis ont de l'immigration, de par leur histoire, ont influencé la recherche française et allemande ainsi que le vocabulaire qui en découle. Les mêmes outils théoriques sont utilisés et les mêmes concepts élaborés à partir des données empiriques puisées dans le cadre américain comme pour souligner les ressemblances et les différences européennes par rapport à celui-ci.

Il importe dès lors de démêler les spécificités nationales dans les traductions d'une langue à une autre. Même si le transfert des méthodes et de la terminologie se justifient au nom de l'universalisation des concepts, les mots se rapportant à l'histoire nationale et à ses représentations demeurent souvent intraduisibles et renvoient aux traditions politiques de chaque pays.

2

Des traditions « imaginées »

*« The past is an essential element, perhaps the essential element in ideologies.
If there is no suitable past, it can be invented. Indeed, in the nature of things,
there is usually no entirely suitable past, because the phenomenon
these ideologies claim is no ancient or eternal, but historically novel. »*

« Le passé est un élément essentiel, peut-être même l'élément essentiel dans les idéologies.
S'il n'existe pas un passé qui nous convienne, on peut l'inventer.
De fait, dans la nature des choses, il n'existe pas de passé totalement convenable,
parce que ce que les idéologies réclament n'est ni ancien,
ni éternel, mais historiquement original. »

(Eric HOBSBAWM, « The New Threat to History », *The New York Review of Books.*)

Le débat sur l'immigration renvoie désormais au débat sur l'identité nationale. L'évolution du vocabulaire analysée dans le chapitre précédent montre que l'« immigré-individu » est maintenant perçu comme l'« étranger appartenant à une communauté ethnique », laquelle s'oppose ou se situe par rapport à la « communauté nationale ». Les interrogations portent dès lors sur le rôle de l'État dans le maintien de l'intégrité de la nation et de son identité.

La communauté nationale, comme toute communauté, est fondée sur des liens culturels réels ou « imaginés » ou encore « inventés » dans un cadre historique précis. Elle retrouve toute sa charge affective et émotionnelle dans la politisation des nouvelles solidarités et des nouvelles identifications que ces liens engendrent et qui s'expriment par l'appartenance nationale, l'ensemble étant légitimité par l'État. Dans ce sens, comme le souligne à juste titre Benedict Anderson, la communauté nationale est une « communauté politique imaginée », mais elle puise ses ressources dans des références culturelles, linguistiques, religieuses qui lui donnent son poids idéologique[1]. Cela transparaît dans la mise en évidence de son « unité politique » qui, selon Dominique Schnapper, est la seule idée de la nation[2]. Cette précision qui lui permet de distinguer la nation de l'ethnie exclut néanmoins la composante culturelle de la nation. Or, l'idée de la nation transparaît aussi dans la valorisation d'une homogénéité culturelle vers laquelle elle tend inévitablement lors de la recherche d'une cohésion entre tous ceux qui partagent les mêmes valeurs et qui fait de chaque État-nation une exception historique.

Aujourd'hui les États-nations s'affirment dans la comparaison. Face à une concurrence internationale fondée sur l'économie, il s'agit toujours de se positionner par rapport aux autres puissances. Cette nécessité s'accompagne d'une valorisation verbale de la différence, de l'exclusivité et de la spécificité nationale, comme par compensation. Les mythes fondateurs alimentent les discours où se mêlent l'histoire et l'idéologie, la réalité et sa représentation, celle d'un État-nation qui se définit comme l'État-nation le plus libéral, le plus démocratique, le plus adapté à l'idée de modernité, notamment concernant les relations interethniques en son sein.

La France, l'Allemagne, les États-Unis représentent trois traditions politiques différentes, trois Républiques marquées par des histoires différentes. Les relations que leurs États entretiennent avec les populations immigrées conduisent de même à la construction de trois « modèles » fondés sur les concepts de citoyenneté, de nationalité, conformément aux termes d'une identité nationale façonnée par les fondateurs de l'État-nation.

La France, exemple même d'État-nation, se conçoit comme universaliste tant elle est assimilationiste et égalitaire. Elle désigne les États-Unis comme un « antimodèle », à cause de pratiques vis-à-vis des minorités qui laisseraient apparaître une ségrégation raciale. Elle s'oppose à l'Allemagne par sa conception élective et politique de la nation contre une conception culturelle et ethnique de celle-ci qui privilégie les ancêtres communs et l'appartenance à une même communauté culturelle. En même temps, pourtant, les États-Unis situent, comme la France, la citoyenneté au cœur de la théorie et de la pratique de la formation de l'État-nation. Mais le « modèle français », fondé sur l'individualisme républicain, adopte comme « doctrine » l'assimilation des individus devenus citoyens par choix politique, tout comme les États-Unis, d'ailleurs, avec cette différence que « le modèle américain » se caractérise par la reconnaissance des communautés qui expriment leur appartenance culturelle dans la vie

---

1. B. Anderson, *Imagined Communities*, Verso, 1983 (1ʳᵉ éd.).
2. D. Schnapper, *La Communauté des citoyens*, Paris, Gallimard, 1994.

publique. Mais aucun des deux modèles ne s'est formé au regard des origines comme dans le « modèle allemand »[3].

Ces oppositions, devenues classiques aujourd'hui, constituent des références inévitables pour tous les travaux sur l'immigration et ses consé-quences dans les pays occidentaux. La réflexion sur le sujet devient presque inséparable de la « nationalisation de la pensée ». Apparaissent des « clans » qui défendent une vision « républicaniste radicale » contre une vision « ethniciste » de la nation qu'ils dénoncent. D'autres rapprochent les expériences internationales et oscillent entre une idée républicaine de l'unité et le « multiculturalisme » comme fondement d'unité nationale.

Théoriquement, les modèles spécifiques pourraient s'imaginer à l'infini sur la base d'oppositions ou de similitudes. Ils entraîneraient autant de scénarios possibles qui combineraient la réalité et l'idéologie, bien que le lien entre les deux ne soit pas toujours établi. Ces modèles, quoique déterminés par l'histoire, cristallisent une représentation de soi en tant qu'État-nation, de sa construction et de sa formation, de ses valeurs, de ses principes fondateurs, bref de son idéologie. Ils constituent un point d'ancrage qui permet d'élaborer un discours cohérent liant les représentations des traditions politiques à la gestion de la réalité actuelle. Ils établissent le rôle des institutions nationales dans le maintien et la perpétuation de ces principes. Ils soulignent aussi indirectement la place accordée aux nouveaux venus.

Dans les faits, la réalité sociale est plus complexe, les relations entre individus, groupes et États plus fluides et les modèles en question de plus en plus interchangeables. Une représentation figée dans le passé permet de justifier les décisions politiques, mais elle se heurte aux expériences qui contredisent les principes et génère des tensions, voire des conflits, dans les sociétés modernes démocratiques.

DE L'ORDRE DE LA REPRÉSENTATION : UNE « NATION IDÉALE »

La représentation est, en principe, fondée sur une réalité historique qui se veut objective. Elle s'établit cependant, notamment lors de l'élabora-tion politique d'un projet national ou étatique, telle qu'on veut bien la transmettre.

---

3. Voir, pour la construction des « modèles », L. Dumont, *France-Allemagne et retour*, Paris, Gallimard, 1991 ; D. Schnapper, *La France de l'intégration. Sociologie de la nation en 1990*, Paris, Gallimard, 1991 ; R.W. Brubaker, *Citizenship and Nationhood in France and Germany*, Cambridge (MA), Harvard University Press, 1992.

L'Intégration à la française

L'Intégration à la française, tel est le titre du rapport du Haut Conseil à l'Intégration publié au printemps 1993. Écrit en gros caractères noirs sur une couverture blanche, ce titre apparaît comme un appel à la mémoire collective. Il évoque la spécificité française et son importance dans l'assimilation des étrangers. D'après les rapporteurs, le modèle français d'intégration, «fondé sur un principe d'égalité, s'oppose à la "logique des minorités" qui confère un statut spécifique aux minorités nationales ou ethniques ». Le rapport continue sur « la vocation profonde de notre pays qui, inspirée des principes de la Déclaration des droits de l'homme, affirme l'égalité des hommes à travers la diversité de leurs cultures ».

Ainsi s'exprime l'héritage de la Révolution française. C'est la fin de la monarchie et le début de la formation de l'État-nation moderne compris à la fois comme unité territoriale et comme conscience collective, comme identification commune entre des membres qui partagent les mêmes droits et les mêmes avantages. C'est la fin des allégeances locales et régionales et le début de l'identification à un État central qui unit les différentes provinces du royaume de l'Ancien Régime, les « différentes France » en une seule nation. Telle était d'ailleurs aussi la volonté des rois de France : transcender les divisions et créer une unité. Mais c'est la République « une et indivisible » qui va la réaliser. L'État assure désormais l'unité de la nouvelle nation qu'il a créée, voire *inventée.* État et nation se confondent dès lors qu'il s'agit d'unir autour d'un même projet politique la diversité anthropologique de la nation France.

Telle est l'idée développée par Ernest Renan dans *Qu'est-ce qu'une nation ?,* extrait de sa conférence à la Sorbonne du 11 mars 1882. Renan définit la nation comme une « âme » constituée de souvenirs communs et de projets qui expriment le désir de vivre ensemble. Il s'agit d'une volonté collective partagée entre individus et groupes parlant des langues différentes ou appartenant à des régions différentes, bref ayant des références culturelles différentes, mais réunies par une seule référence politique qui porte sur la volonté générale des individus, au-delà des appartenances culturelles, linguistiques ou religieuses. Pour lui, «faire reposer la politique sur l'analyse ethnographique, c'est la faire porter sur une chimère ». Il exprime de la sorte le refus d'une représentation politique des particularismes sous forme de minorités ou de communautés qui mettraient en jeu l'intégrité de la nation. Il valorise ainsi l'émancipation traduite par la répudiation des liens communautaires et des allégeances régionales ou locales qui a accompagné l'État républicain. Le maintien de l'intégrité de la nation réside dans sa conception élective, formulée comme un « plébiscite de tous les jours ». C'est sur ces principes qu'est *inventée* la nation France.

Depuis les années 1980, la référence systématique des universitaires français au discours de Renan n'est pas un hasard. Elle relève d'une atmosphère de « crise » qui touche directement ou indirectement l'identité nationale et, par conséquent, d'une nécessité de rappel des traditions et des « souvenirs ». Renan avait développé une conception politique et juridique de la nation, en réaction aux arguments déployés par l'Allemagne pour l'annexion de l'Alsace et de la Lorraine, en termes de liens organiques. L'Histoire semble lui avoir donné raison. En 1918, après la défaite des Allemands, la région revient à la France. Ce n'est pas la langue et, par conséquent, pas une culture commune avec le peuple d'outre-Rhin qui semble avoir été déterminante, mais c'est l'expérience politique de la Révolution qui est censée rapprocher le peuple alsacien de la France. C'est donc une identification politique (subjective), pour reprendre la pensée de Max Weber, et non une identité linguistique (qui se veut objective) qui donne son origine à la conscience nationale.

Aujourd'hui, ce n'est évidemment plus la définition territoriale de la nation qui est en cause, mais son identité. La conférence de Renan est réintroduite dans le débat public et scientifique français comme une réaction aux manifestations des identités ethniques ou religieuses (en France ou ailleurs). Cela s'explique en partie par le sentiment que la nation politique est négligée et l'idée de la souveraineté de l'État affaiblie au nom des intérêts économiques.

Le discours de Renan apporte donc une réponse ou un réconfort à la conjoncture et une justification à l'« exception française ». La nation française comme nation idéale nourrit l'idéologie républicaniste et inversement. De toute évidence, les idéologies comme éléments constitutifs d'un ordre social et politique produisent un sens en période de crise. La France a toujours prétendu donner l'exemple d'une nation unie, du moins vis-à-vis de l'extérieur. Elle a surtout été l'avant-garde de l'universalité incarnée par la Déclaration des droits de l'homme. Pierre Nora, dans *Les Lieux de mémoire,* affirme que les valeurs universelles qui caractérisent la France ont su « faire d'une aventure nationale particulière l'avant-garde émancipatrice de l'humanité et introduire le critère du progrès, le progrès à réaliser dans et par l'Histoire dont la République constitue, bien évidemment, une étape essentielle ».

Le projet politique qui accompagne ces idées consiste à uniformiser la nation. Les populations qui, avant la Révolution, constituaient des « nations » sur le territoire français, à l'écart de la nation France, se sont trouvées désormais en droit et en devoir de s'identifier à la nouvelle nation, la seule communauté dotée d'une légitimité politique. La phrase qui illustre le mieux cette idéologie est prononcée par le comte de Clermont-Tonnerre lorsqu'il déclare « qu'il faut tout donner aux juifs en tant qu'individus et ne rien leur donner en tant que nation ». L'idée même d'imaginer la nation « une et indivisible » scindée en groupes ethniques, en communautés confessionnelles et même régionales — des « nations embryonnaires » en quelque sorte — constitue en ce sens un défi au long processus historique de la formation de l'État-nation. La citoyenneté, identité politique, est dès lors indissociable de la nationalité.

Ce projet commença à porter ses fruits sous la IIIᵉ République. L'armée, les écoles, le développement des réseaux routiers, qui ont facilité la mobilité géographique à l'intérieur des frontières du territoire, notamment de la campagne à la ville, ont contribué à transformer « le paysan », l'étranger ou l'immigré en Français. L'école obligatoire et l'enseignement en français (l'abandon du patois ou des langues régionales) pour tous (immigrés d'une région ou étrangers) fondé sur les principes d'égalité de chances a, bien entendu, diffusé une idéologie nationale, mais aussi suscité le sentiment d'appartenir à la France républicaine. Au-delà, la formation de l'État-nation a impliqué la création d'une mémoire et d'une conscience collectives visant à l'idéal d'une homogénéité culturelle[4]. L'intégration politique est devenue synonyme d'intégration culturelle, voire « d'assimilation » de l'individu par les soins d'institutions nationales. C'est cet effort d'uniformisation qui caractérise « l'intégration à la française » dont Dominique Schnapper écrit qu'elle constitue le « processus même de l'intégration nationale »[5].

Rêve d'unité allemande

À la citoyenneté inclusive, telle qu'elle se présente en France, s'oppose une citoyenneté exclusive, fondée sur une identité ethnique en Allemagne. Cette classification conduit à la construction d'un autre « modèle » national qui se place au cœur de la conception de la nation définie comme une « nation ethnique ». *Das Deutsche Volk* met en évidence une appartenance avant tout ethnique. Une telle conception exclut toute différence de culture : l'unité culturelle et le caractère organique de la communauté nationale se trouvent inscrits dans la définition même de la nation. Si la nation française est *inventée* à partir d'un

---

4. S. Rokkan, «The Formation of the Nation-State in Western Europe», *in :* S.N. Eisenstadt et S. Rokkan (sous la dir. de), *Bilding States and Nations*, London, Sage Publications, 1973.

5. D. Schnapper, *La France de l'intégration*, *op. cit.*, 1991, p. 100.

processus historique issu de la volonté des rois et d'un lien affectif, la nation allemande est, elle, *imaginée* à partir des liens organiques entre les individus partageant les mêmes origines, qui s'expriment par l'appartenance au peuple allemand, bien que géographiquement dispersé dans des royaumes n'ayant aucun réseau de communication entre eux. Les deux approches se rejoignent dans la mesure où elles croisent culture et politique ; une identité politique est considérée comme le fondement d'une identité culturelle en France, alors qu'une identité culturelle constitue la base d'une identité politique en Allemagne.

Le rêve d'unité nationale est fortement lié au romantisme allemand. Johann Gottlieb Fichte, dans son *Discours à la nation allemande*, insiste sur cette idée d'unité culturelle de la nation allemande. Unité culturelle, unité de la langue (que prône Johann Gottfried Herder) ont nourri le rêve allemand d'unité nationale ; elles ont circonscrit l'identité collective à tous ceux qui partageaient les mêmes ancêtres, la même langue et la même culture. Le nationalisme allemand inspiré de Fichte a été parallèlement le produit d'une résistance à la « domination » étrangère, accompagné d'élans et de passions. « Unité, droit et liberté », *Einigkeit und Recht und Freiheit*, telles deviennent les valeurs déterminantes de la nation allemande. Elles apparaissent dans le *Chant pour l'Allemagne* (*Deutschlandlied*) du poète A.H. Hoffmann von Fallersleben ; elles sont reprises, en 1952, dans l'hymne national de la République fédérale.

La Révolution française, qui a modifié le cours de l'histoire dans les pays européens et même au-delà tant elle a été à l'origine de la transformation des valeurs sociales et politiques, entraîne une réaction de repli en Allemagne. C'est le début du mouvement romantique. Le romantisme allemand naît au début du XIXᵉ siècle en réaction à la France. En privilégiant le sentiment d'appartenance à une culture et à un peuple, il se heurte à la rationalité qui a inspiré la Révolution et ses valeurs universelles, qu'il rejette. Contre le religieux rationnel qui caractérise les Lumières et dans lequel Fichte voit la cause de la défaite de la Prusse, le romantisme réévalue l'élément religieux de la cohésion sociale. Alors qu'en même temps, les réformateurs prussiens, inspirés de la Révolution française, lancent les premières ébauches de l'État de droit, les romantiques se réfèrent avec nostalgie au christianisme qui unifiait les peuples d'Europe au Moyen Âge, « la seule époque de l'histoire allemande où cette nation connut une existence brillante et glorieuse, avec le rang qui lui revient en tant que peuple-souche »[6].

---

6. *Discours à la nation allemande* de J.G. Fichte, présentation de A. Renaut, Paris, Imprimerie nationale, éd. de 1992, p. 29.

La nation, pour les romantiques, est surtout une « âme collective ». Cette expression sortie de la plume de Joseph de Maistre se réfère à la nation romantique en opposition à la nation révolutionnaire. L'auteur souligne l'« idée de totalité englobante » de celle-ci, contrairement à l'« idée de libre association » qu'implique la « nation-contrat » attribuée au cas français. C'est donc sa spécificité culturelle qui ferait l'âme du peuple allemand, alors que la référence de Renan à la nation comme une « âme » constituée de souvenirs met en évidence la démarche inverse, à savoir rassembler les différences pour construire la nation — d'où son universalité. La notion de *Volksgeist* (« esprit du peuple ») exprime la distance avec les Lumières et devient l'élément constitutif de la nation allemande[7]. Se développe ainsi l'idée de *Volksnation*, « nation du peuple », en opposition à *Staats(bürger)nation*, « nation des citoyens », qui serait le modèle français.

Une telle conception de la nation allemande nourrit la crainte d'une perte d'identité et exprime un repli dans le temps, tant elle reste enracinée dans le passé. Le passé, c'est le Saint-Empire romain, ce sont les ancêtres, c'est le sentiment d'appartenir à une communauté d'origine « imaginée »; la Révolution c'est le futur, l'espoir d'une nouvelle société, la mise en marche de nouvelles institutions destinées à créer une nouvelle conscience... en même temps que l'incertitude de l'avenir.

Le mouvement des idées nationalistes date de la période révolutionnaire, l'État allemand de 1871. L'idée de nation, d'abord culturelle, a donc précédé la naissance de l'État. Sa création visait avant tout à définir un territoire. La conscience nationale s'est ainsi élaborée avant l'organisation politique. L'instabilité territoriale a entraîné une redéfinition des frontières politiques et des frontières nationales. Par ailleurs, l'absence de centre, qui se traduit par la faiblesse des institutions, n'a pas produit une identification politique. L'identité allemande, qui dépassait par conséquent les frontières de l'Empire, n'avait donc pas un sens politique reconnu dans le nouvel État. Cela n'a pas empêché pour autant de définir la nationalité en combinant les ancêtres et le territoire (du passé), de sorte que les Allemands en dehors des frontières de l'État garderaient au moins leur nationalité allemande. La germanité (*Deutschtum*) comprend également, en principe, les Allemands vivant dans des États voisins en raison de leur appartenance au peuple allemand ainsi défini.

---

7. R.W. Brubaker, *op. cit.*, 1992, p. 9.

« *E Pluribus unum* »

L'unité nationale aux États-Unis est en revanche fondée sur la diversité culturelle. La formule « *E pluribus unum* » exprime la conviction que le cours de l'histoire apporterait à la nouvelle terre d'Amérique l'unité dérivée de la diversité. Les États-Unis ne se caractérisent pas seulement par cette nation multiethnique et multiculturelle constituée par différentes vagues d'immigration venues d'Europe occidentale, mais aussi par le fait que toutes les populations d'origines diverses se sont vues comme appartenant à une même nation. Est inscrit en tête du préambule à la Constitution : « *We, the people of the United States of America* ». Il est évident que le mot « peuple » revêt ici un caractère politique qui tient compte de toute la diversité culturelle des individus qui composent la nation et non pas un caractère ethnique comme en Allemagne.

M. Jean de Crèvecœur, émigrant français aux États-Unis dans les années 1760 où il prit le nom de J. Hector Saint-John, a défini l'Américain comme le nouvel homme, « *the new man* ». Dans ses lettres, *Letters from an American Farmer*, publiées pendant la révolution américaine, il écrit : « *Here individuals of all nations are melted into a new race of men.* » C'est l'expression de *Melting Pot*, titre de la pièce de théâtre à grand succès écrite par Israël Zangwill en 1908, qui va ensuite symboliser ce mélange de langues, de cultures, de religions dans le Nouveau Monde et même servir d'idéologie nationale. Jane Addams affirme que Zangwill « a rendu un grand service à l'Amérique en nous rappelant les espérances des fondateurs de la République »[8].

Le nouvel homme dans une nouvelle nation, « la première nouvelle nation » comme l'appelle Seymour M. Lipset. Née en 1776 en vertu de la Déclaration d'indépendance et d'un accord de confédération, cette nouvelle nation marque une rupture territoriale et une représentation nationale nouvelle, séparée de la Grande-Bretagne, pays d'origine des colons. C'est cette distance géographique et politique qui lui donne sa forme. La révolution américaine, antérieure à la Révolution française, a introduit de ce fait une discontinuité historique toute particulière par comparaison avec la France où la Révolution n'a rien enlevé au sentiment national. La France demeure l'« une des plus précoces et des plus solidement unies des nations d'Occident », où pour Colette Beaune « le sentiment national français s'est construit lentement tout le long de son histoire depuis le Moyen Âge »[9]. La

---

8. Toutes ces citations sont reprises de l'ouvrage de A. M. Schlesinger Jr, *The Disuniting of America. Reflections on a Multicultural Society*, New York, W.W Norton & Company, 1992, p. 12, p. 32-33.

9. C. Beaune, *Naissance de la nation France*, Paris, Gallimard, 1985, p. 344.

Révolution française a redéfini l'idéologie nationale grâce aux nouvelles institutions centrales qui ont structuré et neutralisé les relations sociales et les relations au pouvoir désormais central, alors que la révolution américaine devait définir une nouvelle identité sur un nouveau territoire. L'immigration et la liberté deviennent les mots clés dans la formation de cette nouvelle nation. «Le giron de l'Amérique est ouvert non seulement aux riches et respectables étrangers, mais aussi aux opprimés et aux persécutés de toutes les nations et de toutes les religions» écrit Georges Washington en 1783[10].

L'idéologie nationale relève des mêmes principes aux États-Unis qu'en France. À l'origine, la citoyenneté y correspond aussi à un choix politique et inclut l'individu dans un ensemble politique et territorial. C'est ce choix qui va se trouver à la base de l'allégeance du citoyen d'un État (fédéré) et d'une nation (américaine). D'un côté les États-Unis, nation formée d'immigrants, se distinguent des nations européennes par leur pluralisme culturel, «un fait dans la société américaine avant qu'il ne devienne une théorie explicite de l'État-nation»[11]. En même temps, la représentation du modèle «anglo-saxon», ou plutôt «américain», repose sur la présence de groupes qui se distinguent les uns des autres par leur origine nationale, leur race et leur religion et qui participent à la vie politique pour défendre leurs intérêts de groupe défini comme tel. Cette approche, qualifiée de «différencialiste» par E. Todd, s'oppose de fait à l'approche «uniformisatrice» du cas français, opposition très souvent mentionnée dans les débats sur la présence ou l'absence de communautés formées par les populations issues de l'immigration en France. La tradition libérale américaine est dès lors associée à la faiblesse de l'État et de ses institutions, et son intervention limitée dans la vie sociale et économique[12].

Bien que les migrants installés dans le Nouveau Monde ne partagent pas le même passé et les mêmes références au départ, ils s'identifient cependant aux mêmes mythes concrétisés par la Constitution. D'après Élise Marienstras, c'est lorsque «la Constitution aura posé les fondements de l'État-nation que les habitants des États-Unis pourront, de manière permanente, éprouver cet "intérêt commun" qui les élèvera au-dessus de leur clocher».

---

10. *Writings*, J.C. Fitzpatrick ed., XXVII, p. 252. Référence citée par E. Marienstras, *Nous le peuple. Les origines du nationalisme américain*, Paris, Gallimard, 1988, p. 352.

11. M.M. Gordon, *Assimilation in American Life*, New York, Oxford University Press, 1964.

12. Voir à ce propos, B. Badie et P. Birnbaum, *Sociologie de l'État*, Paris, Grasset, 1re éd. 1979, ainsi que G. Wilson, «L'État américain : images et réalités», et D. Lacorne, «Aux origines du fédéralisme américain : impossibilité de l'État», p. 38-53, *in* : M-F. Toinet (sous la dir. de), *L'État en Amérique*, Paris, Presses de la FNSP, 1989, p. 21-38.

LA RECHERCHE DE COHÉSION SOCIALE

L'État-nation repose donc sur l'expression d'une volonté communautaire. La nation, cette communauté politique inventée, comme en France et aux États-Unis, ou « imaginée », comme en Allemagne, se caractérise par ses références au passé car elle est fondée sur l'Histoire. Elle se définit également par son attitude vis-à-vis du présent, qui se manifeste dans l'attachement à une identité collective, ainsi que par la volonté de partager le même avenir. Cela implique — au moins dans l'idéal ou dans la résolution — une collectivité unifiée avec une tendance vers l'homogénéisation culturelle. De nouvelles « religions » sont à concevoir, ne serait-ce que pour rétablir une morale politique. De nouvelles idéologies sont à élaborer pour marquer le passage à la modernité établie par l'État-nation. L'État nourrit dès lors le sentiment d'appartenir à la nation et veille à son intégrité ; il invente de « nouvelles traditions », crée de nouvelles solidarités qui contribueront à assurer une cohésion sociale et à aboutir à l'intégration générale de la société.

Les religions et la cohésion sociale

L'État-nation français né à la suite de la Révolution incarne la modernité. L'égalité entre les individus et la liberté sont les valeurs qui lui sont liées. L'« émancipation », mot clé dans un État moderne, se traduit par le détachement des individus de leurs « relations primaires » communautaires assurées et entretenues par l'Église et, partant, par leur attachement à de nouvelles valeurs fondatrices des « relations secondaires » assurée par l'État et ses institutions. L'individualisme régénéré par la Révolution repose sur ces relations impersonnelles qui caractérisent aussi les relations sociétales et devient le seul mode de participation à la nation historico-politique.

Ces changements nécessitent que soient définis de nouveaux liens sociaux. Le passage au statut de citoyens des minorités confessionnelles (juifs, protestants) grâce à l'émancipation a fait de la laïcité le « ciment idéologique » qui remplace le « ciment spirituel » de l'Ancien Régime[13]. Résultat d'une lutte des républicains contre la mainmise de l'Église sur l'État, la laïcité s'y présente comme une valeur liée à la science, au progrès et à la raison. La laïcité, dans sa conception, se traduit par la neutralité de l'État devant les confessions. La neutralité devient synonyme de

---

13. J.-P. Azéma et M. Winock, *La Troisième République,* Paris, Hachette-Calmann-Lévy, 1991, p. 160-167.

En revanche, la *Kultur* est particulariste par définition, et l'Empire allemand ne s'est pas donné la même mission civilisatrice que la France :
dans ses colonies, nous rappelle Rudolf von Thadden, il « n'a pas essayé
de "germaniser" la population locale »[16].

Quant au sentiment religieux, il est indissociable du sentiment
national allemand. Tous deux ont pris forme lors des luttes contre
Napoléon, contre la Révolution, contre la laïcité française, en résumé
contre l'« antichristianisme ». L'historien Thomas Nipperdey montre à
travers l'exemple de la construction de la cathédrale de Cologne le caractère chrétien du nationalisme allemand. Cette cathédrale proposée par
Ernst Moritz pour commémorer la bataille de Leipzig, qui a rassemblé
tous les Allemands, a été considérée comme un « monument à la nation »
par les débats qu'elle a suscités. Son inauguration fut célébrée par
l'opinion « comme une fête de l'espérance de la "renaissance allemande"
et d'unité pour les libéraux », unité fondée sur « le peuple des Allemands
et non pas seulement sur des princes et des États », unité où l'on retrou-
vait « la Constitution, la participation des citoyens, l'édification de l'État
par en bas »[17]. Faut-il rappeler que le préambule de la Loi fondamentale
de 1949 commence par : « Conscient de sa responsabilité devant Dieu et
devant les hommes ».

L'exemple de la construction de la cathédrale est assez significatif
dans la mesure où il met en évidence le lien entre le nationalisme et le
christianisme. Au-delà du nationalisme, la religion joue un rôle important
dans la recherche d'une cohésion sociale, mais surtout dans la définition
des solidarités. De fait, les Églises organisées en associations et groupes
de pression vont influencer, après la création de l'État, la mise en place
de « l'État-providence ».

Aux États-Unis, Denis Lacorne affirme que « l'État fédéral est en
fait et en droit un État laïc », la rupture avec la monarchie s'étant accompagnée d'une rupture avec la tradition politico-religieuse des premiers
colons puritains[18]. Mais ce n'est pas autour de cette laïcité que se tissent
les liens sociaux dans le nouveau monde. Le ciment dont parlent les
fondateurs concerne le domaine administratif pour créer l'Union américaine à partir d'une confédération, fondement de l'État-nation. Quant au
ciment idéologique, il est fourni par la « culture civique », seule capable

---

16. *Cf.* R. von Thadden, « Allemagne, France : comparaisons », *Le Genre humain*,
févr. 1989, n° spécial : *Émigrer, immigrer*, p. 62-72.

17. T. Nipperdey, *Réflexions sur l'histoire allemande*, Paris, Gallimard, 1992 (éd. allemande 1986), p. 222-245.

18. D. Lacorne, *L'Invention de la République. Le modèle américain*, Paris, Hachette,
coll. « Pluriel », 1991, p. 12.

de susciter l'identification des différentes communautés religieuses, nationales linguistiques à la nouvelle nation ainsi créée.

Cette « culture civique », fruit d'une éducation politique tendant à faire embrasser à tout individu ou groupe les valeurs républicaines de la « première nouvelle nation », se transforme en facteur de cohésion sociale et d'unité. Pour les observateurs optimistes, elle privilégie le pluralisme car elle laisse une liberté d'action aux groupes, d'abord celle d'exister en tant que tels, ensuite celle d'exprimer leurs propres intérêts économiques et politiques. En vertu de cette logique, les solidarités communautaires entre individus de même origine se superposent au patriotisme ou, plus encore, le renforcent, ce qui poussera Tocqueville à exprimer son étonnement devant la rapidité avec laquelle les nouveaux venus acceptent les valeurs républicaines et s'approprient leurs symboles.

Cependant, même si les États arrivent à rompre avec la tradition religieuse, le langage fait souvent référence au religieux. En France, la République, « fille aînée de l'Église », revêt un caractère sacré. Claude Nicolet attire l'attention sur les métaphores religieuses utilisées dans l'établissement des règles morales ; pour que la République soit pleinement réalisée, il faut que « le suffrage soit à la fois universel, libre, et (surtout) éclairé, de même que l'Église » écrit-il[19]. Même Renan dans sa conférence sur la nation se réfère à « l'Église jacobine ».

Aux États-Unis, les historiens montrent comment l'adhésion à la culture civique s'accompagne de l'adoption d'un vocabulaire religieux qui renforce le républicanisme des Américains. Ces symboles associent en effet l'attachement aux valeurs républicaines et à l'autorité de Dieu pour définir le « bon Américain » dans lequel tout citoyen se reconnaît. Celui-ci prête serment de sa loyauté à la Constitution lors de sa naturalisation, célèbre le *Thanksgiving*, l'expression de la reconnaissance envers Dieu (même si cette fête est vécue par tous les Américains, anciens immigrés ou nouveaux, comme la fête laïque par excellence car transcendant toutes les croyances religieuses), tandis que le président bénit son peuple et son pays à la fin de chaque discours officiel, de même qu'il se rend publiquement à l'Église toutes les semaines une fois élu.

Les universitaires inspirés par le *Contrat social* développent la notion de « religion civile » pour exprimer la combinaison de l'attachement du peuple américain à Dieu et à la République. Mais, contrairement à la définition négative donnée par Rousseau du « christianisme romain », la religion civile des Américains concilie la

---

19. C. Nicolet, *L'Idée républicaine en France (1789-1924)*, Paris, Gallimard, coll. « Tel », 1995 (1re éd. 1982).

liberté individuelle et l'autorité de Dieu, la croyance aux valeurs républicaines et l'attachement à la religion conçue comme expression de la liberté individuelle[20]. Ainsi, d'après Élise Marienstras, la nation américaine « allie la raison et la religion dans une synthèse qui permet de cimenter et glorifier le corps politique ».

En France, en revanche, avec la laïcité devenue nouvelle doctrine, toute manifestation publique de la religion est récusée. Déjà une laïcisation du vocabulaire se manifeste avec l'utilisation de l'adjectif « civil » qui, au XIXe siècle, exprime les liens fondamentaux dans la société : « ordre civil », « état civil », « droit civil », « mariage civil », « enterrement civil ». Ainsi le « civil » a remplacé le « divin »[21]. Du point de vue juridique, la Constitution de 1795 avait déjà introduit une laïcisation partielle dans le domaine du mariage, de la santé, de l'enseignement. Mais la séparation juridique de l'Église et de l'État date de 1905, après l'Affaire Dreyfus. Le conflit entre les républicains (laïcs) et les antirépublicains (défenseurs de la religion dans la vie publique) qui transparaît au travers de cette affaire montre l'importance de la religion (et/ou de son rejet). Les républicains emportent la bataille, les représentants de l'Église ne sont désormais plus des fonctionnaires d'État. De même disparaissent de l'espace public toutes les références à la religion dont les signes symboliques sont, par exemple, décrochés des murs des hôpitaux de l'Assistance publique. La croyance en Dieu n'est plus qu'une affaire privée. Mais il faut attendre la Constitution du 27 octobre 1946 pour que la laïcité soit inscrite dans la loi, reprise d'ailleurs dans la Constitution de 1958.

Cela dit, la laïcité présente aussi quelques ambiguïtés quant à la limite entre culture et religion, la première se référant à une identité religieuse et la deuxième à la croyance ou à la pratique. Les recherches sur l'expression religieuse des Français montrent une baisse continue des pratiques, facilement mesurables, contrairement à la référence culturelle qui, elle, demeure abstraite, difficile à mesurer, mais qui apparaît dès qu'elle est confrontée à une autre religion, comme aujourd'hui à l'islam.

L'idée même de laïcité est cependant inséparable de l'« endoctrinement » mis en œuvre par l'École publique sous la IIIe République. Il n'est pas étonnant que sa remise en cause actuelle ait été déclenchée par le port du « foulard » par quelques jeunes filles musulmanes dans des établissements scolaires. Jules Ferry a introduit un changement radical en 1882 en rendant l'école primaire publique laïque, gratuite, obligatoire pour tous, y compris les filles. L'institution scolaire devenait dès lors

---

20. *Cf.* M.-F. Toinet, « L'empire des Dieux », *Le Nouveau Politis*, nov.-déc. 1993, p. 67-72.
21. *Cf.* C. Nicolet, *op. cit.*, 1995 (1re éd. 1982).

l'instrument même de la diffusion de la laïcité. La centralisation de l'enseignement, la création des écoles de formation des instituteurs laïques étaient autant de pratiques qui ont donné à l'École le rôle et la fonction d'unifier la nation. Le vide moral entraîné par la suppression de l'enseignement religieux dans les programmes scolaires a été comblé par l'instruction civique, l'École devenant elle-même porteuse des nouvelles valeurs morales que sont, d'après Mona Ozouf, « les vertus de l'ordre et l'obéissance [qui] composent le portrait du Français économe, laborieux, honnête, discipliné »[22]. En résumé, l'École républicaine mise en œuvre par Jules Ferry cherche à concilier « l'unité nationale et l'ordre social », ce qui conduira François Bayrou, ministre de l'Éducation nationale à dire, lors de débats parlementaires en octobre 1994, que « l'identité nationale française est inséparable de son École ».

Définir de nouvelles solidarités

En France, c'est l'État qui devient l'agent principal d'unification de la nation, « l'instance de production sociale », ainsi que le dit Pierre Rosanvallon, et même culturelle. En Allemagne, la référence communautaire de la nation est le produit d'une élite, d'une bourgeoisie instruite et introduite dans la fonction publique. En soulignant l'importance de la langue et de la culture, elle affirme sa place par rapport à une autre élite proche de l'État, l'aristocratie. La bourgeoisie cherche en quelque sorte à s'« ennoblir » par l'instruction et manifeste sa non-identification avec la noblesse traditionnelle.

Dès lors, la cohésion sociale résultant de la communauté culturelle consistait à abolir les divisions de classe. Il y avait pour cela l'armée — en France de même, d'ailleurs —, comme instance de socialisation à l'origine de l'unité nationale, ainsi que des moments forts d'identification nationale. En France, l'armée a servi la République; en Allemagne, rappelle Norbert Élias, elle a de surcroît fourni des « codes à la bourgeoisie ». En réalité, l'armée avait une double fonction : socialiser les individus et assurer l'unité nationale. Elle était même la seule institution à réunir tous les citoyens quelle que fût leur origine sociale ou même « ethnique ». Le système de recrutement incluait dans l'armée les Prussiens et d'autres populations qui n'étaient pas nécessairement de descendance allemande (*deutscher Abstammung*). Elle transcendait ainsi les distinctions d'origine et de classe. Cela explique l'importance de l'élément militaire dans l'unification de la nation. Le citoyen devenait volontairement soldat pendant la guerre de libération menée au début du

---

22. Cité par J.-P. Azéma et M. Winock, *op. cit.*, 1991, p. 166.

XIXe siècle contre Napoléon. Puis les liens communautaires se sont consolidés et le sentiment patriotique a crû lors des mobilisations de 1848, pendant la guerre contre la France de 1870, la création de l'État en 1871, et finalement la Grande Guerre de 1914-1918.

Mais, en même temps, il est intéressant de constater que l'ouvrage de Ferdinand Tönnies *Gemeinschaft und Gesellschaft* (*Communauté et société*) a commencé à pénétrer l'opinion publique vingt-cinq ans après sa parution en 1887, au moment où l'Allemagne ressentait les conséquences du progrès économique comme une menace, le passage de la société agraire à la société industrielle étant perçu comme le passage de la « communauté » à la « société ». Dans cet ouvrage désormais classique, l'auteur oppose les relations entre individus rassemblés par des liens affectifs et organiques dans la communauté aux relations artificielles et vidées de leur substance affective dans la société. C'est la conséquence de l'industrialisation.

Pourtant, le progrès économique est intervenu dans la formation de l'unité nationale en Allemagne, tout comme les idées en France. Un tel argument trouve son fondement dans le fait que l'Allemagne est d'abord une nation économique avant d'être une nation politiquement unifiée[23]. C'est ce que cherche à mettre en évidence l'union douanière instaurée à partir des années 1830 entre les différents États allemands (*Zollverein*). La fierté nationale exprimée en termes économiques justifie le ralentissement considérable de l'émigration des Allemands vers l'Amérique puisque, grâce à l'expansion économique de la fin du XIXe siècle, on passe de 200 000 départs par an en 1881-1882 à 20 000 vers 1895[24].

La notion de progrès, liée aux Lumières et à la rationalité en France, se traduit en Allemagne par des mesures concrètes dans le domaine social. Le progrès social développé grâce au progrès économique est encouragé par le pouvoir. De multiples dispositions de protection sociale, assurance vieillesse, indemnité d'invalidité, mises en œuvre par Bismark entre 1883 et 1891, puis jusqu'au début du siècle, ont couplé le progrès social à celui de la vie économique. L'objectif consistait à « apprivoiser » la classe ouvrière et former une conscience politique pour redéfinir la solidarité nationale grâce à la redistribution des ressources. C'est dans ce contexte que la bourgeoisie économique et intellectuelle a apporté une nouvelle dimension à la nation, définie comme une *nation*

---

23. O. Dann, *Nation und Nationalismus in Deutschland 1770-1990*, München, Verlag C.H. Beck, 1993, p. 136.

24. C. von Krockow, *Les Allemands du XXe siècle : 1890-1990, Histoire d'une identité*, Paris, Hachette, 1990, p. 14.

sociale, qui ne disparaîtra même pas après 1949, année de la reconstruction politique de l'Allemagne.

Mais une nation sociale et économique n'a pas la charge affective, voire passionnelle, que produit la nation culturelle imaginée, en Allemagne, ou inventée, en France. C'est son expression politique qui fait toute la différence. En ce sens, l'Allemagne est une « nation en retard » (*Die verspätete Nation*) dit Helmut Plessner, en retard dans sa construction politique. L'auteur attribue ce retard au rôle de la bourgeoisie dans sa formation et non à celui de l'État comme en France. En France, en revanche, pour Pierre Rosanvallon, c'est la nation sociale qui est en retard par rapport à l'Allemagne et aux États-Unis dans la mise en place des politiques sociales. Cela est dû à une conception du progrès trop « philosophique » et « abstraite » qui, du coup, limite l'action de l'État dans le domaine social. L'établissement de l'hygiène sociale date de 1905 et le ministère de la Santé de 1920. Dans les faits, c'est surtout la perte démographique causée par la Grande Guerre qui serait à l'origine des mesures prises pour lutter contre les « ennemis intérieurs » que sont la syphilis, la tuberculose, etc.[25]

Aux États-Unis, par contraste, l'individualisme limite les actions sociales de l'État. Celles-ci sont prises en charge par des associations volontaires ou des organismes d'entraide au service des membres de la communauté religieuse ou de voisinage, les deux étant liées. La tradition libérale renvoie la gestion des problèmes sociaux à des institutions privées. Cette solidarité essentiellement communautaire et cette dépendance vis-à-vis des institutions privées peuvent être sources d'inégalités dans la mesure où l'organisation interne des communautés et le sens de la solidarité ainsi que les moyens matériels de la réaliser varient d'un groupe à l'autre. L'ensemble de ces mécanismes mettent en cause l'universalisme de l'État américain dans l'établissement du lien social.

Révolution, réforme ou contre-révolution, toutes posent les prémisses de la définition de la nation et de l'idéologie des États. Dans tous les cas, ce sont en définitive les idées qui créent l'Histoire, du moins dans sa représentation. Les périodes de mouvement et d'ébullition idéologiques jalonnent l'histoire des mentalités et des décisions politiques. Elles façonnent l'opinion publique, sécurisent plus encore les citoyens, surtout en temps de crise où les principes fondamentaux se trouvent confrontés à des réalités qui, en suivant leur propre évolution, échappent au contrôle des États. Les discours rappellent alors le long chemin parcouru par les États-nations dans l'élaboration d'une unité nationale,

---

25. P. Rosanvallon, *L'État en France de 1798 à nos jours*, Paris, éd. du Seuil, 1990.

dans la définition de leurs frontières politiques et culturelles, le tout en s'adaptant aux réalités environnantes, car le sentiment national se forge aussi en relation avec les autres, mais il s'agit maintenant des immigrés, les étrangers à l'intérieur des frontières nationales.

LIMITES DE LA REPRÉSENTATION

Les principes fondateurs qui semblent immuables tant ils représentent l'idéologie dominante se heurtent ainsi aux expériences nouvelles d'une part, au droit d'autre part, qui tantôt les justifient et tantôt les contredisent. Leur contenu change de la sorte pour s'adapter à des situations toujours dominées cependant par le souci de maintenir une impression d'homogénéité et d'intégrité à l'intérieur de chaque État-nation.

De l'ordre de l'expérience

Si les idées créent l'Histoire, les expériences lui donnent forme. Les relations entre la société et les institutions nationales dont la tâche d'homogénéisation culturelle est inhérente à la construction d'un État-nation s'inscrivent dans l'ordre de l'expérience. C'est dans ce contexte que les migrations, l'arrivée de nouvelles populations avec leur propre bagage culturel posent un défi aux États européens. Contrairement aux États-Unis, nation constituée par des vagues successives de migrants venus d'Europe avant tout, les États européens ne conçoivent pas l'immigration venue des pays voisins, à l'instar de la France, ou la présence des étrangers due aux changements de frontières territoriales, à l'exemple de l'Allemagne, comme une contribution à la formation de la nation. À la fusion nationale telle qu'elle a été longtemps représentée aux États-Unis correspond un processus d'absorption et d'assimilation dans les pays européens.

Les étrangers qui arrivent aujourd'hui dans les pays européens ou même aux États-Unis se trouvent en relation avec des *nations achevées*. En France, même si la IIIe République n'est qu'un moment de son histoire, elle se présente néanmoins comme l'aboutissement d'une nation politique française ouverte à tous ceux qui y adhèrent et de ses institutions porteuses d'idéologie, l'École en premier lieu. En revanche, en Allemagne, les institutions contribuent à maintenir l'idée d'une *nation fermée*, antérieure à l'État. Les États-Unis, qui se définissaient comme une nation « inachevée », perpétuellement en construction, agissent aussi aujourd'hui comme une « nation achevée ». C'est ce que laissent penser les nombreuses études qui soulignent la différence d'attitude entre les nouveaux venus et les anciens installés vis-à-vis de l'assimilation, c'est-à-dire de la conformité anglo-saxonne.

C'est dans ce contexte que l'immigration pose un défi à ces États. Ce défi est en réalité triple. Il consiste d'une part à mesurer leur capacité d'absorption de ces nouveaux apports culturels, d'autre part à assurer l'adhésion des nouvelles populations aux principes fondateurs de la nation afin de maintenir sa cohésion. À cela s'ajoute, en outre, le défi que pose la soumission à des valeurs égalitaires et démocratiques dans lesquelles doivent s'inscrire les nouvelles adhésions.

Les immigrés qui s'installent dans un nouveau pays adoptent les normes, les valeurs et les codes nationaux. Leur assimilation fait partie du processus de modernisation entraîné par l'émigration. Quant aux pays d'immigration, assimiler les apports culturels est preuve pour eux de leur ouverture, dans la mesure où il s'agit d'intégrer des nouveaux venus dans l'État-nation, par conséquent dans la modernité. Depuis une dizaine d'années, les recherches historiques, de plus en plus nombreuses en France et en Allemagne, essaient de montrer que, malgré les différences dans les idéologies, les deux pays ont connu des flux importants d'immigration depuis le milieu du XIXe siècle et sont des pays d'immigration de fait. Aujourd'hui la France prend conscience qu'un cinquième de sa population a un ancêtre venu de l'étranger, et l'Allemagne que son développement industriel doit beaucoup à la main-d'œuvre étrangère[26].

Il existe cependant des nuances et des variations d'un pays à l'autre. De tous les pays européens, la France est celui qui a le plus l'expérience de l'immigration et de l'installation de populations étrangères, alors que l'Allemagne fut longtemps un pays d'émigration. Même lorsque les départs vers les États-Unis se sont ralentis à la fin du siècle dernier, les étrangers qui résidaient sur le sol allemand sont restés surtout des « étrangers internes », c'est-à-dire des populations n'appartenant pas au peuple allemand qui se trouvaient sur les territoires annexés à des périodes différentes de l'unification, et donc de nationalité allemande au sens administratif. La France a connu une immigration d'étrangers proprement extérieurs aux frontières nationales, bien que provenant surtout de pays voisins, tandis que l'Allemagne se trouve avec des « étrangers » originaires de l'Empire.

---

26. Pour la France, voir Y. Lequin, *La Mosaïque France, op. cit.*, 1988 ; G. Noiriel, *Le Creuset français. Histoire de l'immigration, XIXe et XXe siècle*, Paris, éd. du Seuil, 1988 ; M. Tribalat, *Cent ans d'immigration en France*, Paris, PUF, 1989. Pour l'Allemagne, les travaux historiques les plus connus sont de K. Bade ; voir aussi U. Herbert, *Geschichte der Ausländerbeschäftigung in Deutschland 1880-1980. Saisonarbeiter, Zwangsarbeiter, Gastarbeiter,* Berlin, Verlag J.H.W. Dietz Nachf, 1986.

En France, de tout temps l'immigration est apparue surtout comme une réponse à un problème démographique. Déjà pendant l'Ancien Régime, un taux de natalité affaibli auquel s'ajoutaient une mortalité infantile de l'ordre de 50 à 60 %, des épidémies et des départs, notamment de protestants, avaient entraîné une « angoisse » de dépeuplement. Comme conséquence de cette faiblesse démographique, la rentrée des impôts inquiétait Colbert. Dès le XVIIe siècle, le contrôleur général des finances fit prendre des mesures destinées à augmenter la fécondité par l'encouragement au mariage, la limitation des départs, la poursuite des déserteurs et… l'accueil des migrants des pays voisins.

Vers le milieu du XIXe siècle, l'immigration y est devenue toutefois avant tout une exigence du marché de travail et de l'expansion économique, comme en Allemagne. Elle s'est traduite par l'arrivée spontanée de flux venant toujours des pays voisins pour une saison, une année ou une durée indéterminée. Pour les Italiens, il suffisait de passer la frontière pour arriver dans le sud-est de la France, de même que pour les Belges dans le Nord et les Espagnols dans le Sud-Ouest, même si tous se sont dispersés ensuite dans l'Hexagone. Vers la fin du XIXe siècle, les étrangers représentaient déjà 3 % de la population totale avec une augmentation du simple au double en vingt-cinq ans. À la veille de la Grande Guerre, l'arrivée de nouvelles vagues de migrants provenant de pays plus lointains a changé toutefois la composition de la population étrangère : des Nords-Africains, notamment des Kabyles, et des Polonais qui fuyaient la crise de l'industrie minière de la Ruhr et trouvaient en particulier refuge en France. L'arrivée massive des Italiens entre les deux guerres est suivie de flux en provenance de la péninsule Ibérique à partir des années 1950 et d'Afrique du Nord dès 1960. Aujourd'hui la France se définit donc bien rétrospectivement comme un pays d'immigration.

L'immigration en Allemagne est surtout le résultat d'une politique de l'emploi. « Nous ne sommes pas un pays d'immigration » (*Wir sind Kein Einwanderungsland*) déclarent les instances officielles. L'industrialisation ou plutôt la transition « d'un État agraire avec une forte industrie à un État industriel avec une base agraire importante » opérée à la fin du siècle dernier y avait provoqué d'abord une immigration interne de l'Est vers l'Ouest. Il s'agissait, dans la plupart des cas, de Polonais allemands. Mais vers la fin du siècle, les Polonais étrangers de Russie ou d'Autriche dépassaient en nombre, et de loin, les Polonais allemands dans l'agriculture à l'Est. Bien que la Silésie et la Russie orientale manquassent de main-d'œuvre, les responsables commencèrent à se préoccuper de la « polonisation » de l'ouest, c'est-à-dire du contact des Polonais allemands qui y travaillaient avec des Polonais étrangers. Le travail saisonnier apparaissait alors comme la seule possibilité de combiner les intérêts économiques et la protection contre l'envahissement des Polonais étrangers (*Überfremdung*). Ainsi s'est défini un système de rotation fondé sur le contrôle du respect de la période de travail (*Karenzzeit*) des Polonais étrangers à l'Ouest. Mais, parallèlement, le besoin permanent d'une main-d'œuvre bon marché suscité par l'industrialisation donna lieu à ce que l'on a appelé le recours à « l'armée de réserve industrielle », formée de Hollandais, d'Autrichiens et surtout d'Italiens, qui a changé la composition de la population étrangère. Après la Deuxième Guerre mondiale, l'appel à la main-d'œuvre étrangère, indispensable pour la reconstruction économique, se fait cette fois en direction de populations en provenance de l'est de la Méditerranée, de la Grèce, de l'ex-Yougoslavie, de la Turquie.

Aux États-Unis, l'immigration a également changé de nature depuis le début du siècle. La politique d'admission ouverte qui avait conduit à une immigration libre provenant en grande majorité des pays européens prend fin au début des années 1920, des restrictions inscrites dans l'établissement des quotas entrant en vigueur à ce moment-là. Un nouvel élan migratoire reprend toutefois après la Deuxième Guerre mondiale, pour retrouver les taux du XIXe siècle. Mais la poursuite des flux s'est accompagné dans les années 1970 d'un changement des populations immigrées avec l'afflux des Asiatiques et des Mexicains.

Les conditions d'accueil et l'acceptation des étrangers ou des migrants mettent en évidence les limites de l'universalité dans l'idéal républicain français et américain, alors que le particularisme allemand demeure conforme à ses principes exclusivistes. En ce qui concerne la France, Georges Mauco définit, dans les années 1930, une politique d'immigration en se fondant sur le critère de « l'assimilabilité » des populations candidates à immigrer. Il établit dans cette perspective une hiérarchie entre les ethnies en fonction de la langue (analogie entre la langue natale de l'étranger et le français), de l'apparence physique et des valeurs morales. Aux États-Unis, dans les années 1920, les quotas d'entrées fondés sur l'origine nationale des migrants ne sont rien d'autre qu'un « favoritisme ethnique » pour ceux qui proviennent des îles Britanniques, d'Allemagne et de Scandinavie. Dans les années 1950, le système de quotas ne s'applique plus au pays de provenance mais à l'hémisphère, et il faudra attendre 1965 pour que les effets du mouvement des droits civiques sur la nouvelle loi concernant l'immigration conduisent à l'abandon des pratiques discriminatoires à l'entrée.

Pour ce qui est de la présence des étrangers dans le pays, la désignation de l'étranger ou de l'immigré comme « bouc émissaire » est un phénomène classique, récurrent en période de crise. Crises et migrations arrivent par vagues ayant chacune leur rythme propre et renvoient aux identités révélées par la présence des étrangers. En ce qui concerne la

France, Gérard Noiriel note, dans *Le Creuset français* (1988), que la haine de l'étranger qui surgit à trois reprises pendant les cent dernières années correspond à « des périodes de crises économiques et de bouleversements sociaux intenses ».

Il est cependant difficile de définir l'étranger comme catégorie juridique une fois qu'il est devenu français. Mais l'invisibilité statistique ne semble convenir en réalité qu'aux populations originaires des pays européens, en dépit de l'hostilité et des rejets auxquels elles avaient dû faire face au début de leur installation, comme le montrent les travaux de Ralph Schor sur l'opinion publique vis-à-vis des étrangers pendant l'entre-deux-guerres. Les actions xénophobes semblent trouver refuge dans la religion « prérévolutionnaire » qui désignait une altérité permanente, source de méfiance s'agissant des juifs, des protestants. Aujourd'hui, l'islam marque cette frontière de ce qui est étranger. Cela fait que la religion qualifiée de « civile », afin d'assurer la cohésion sociale et l'identification de tout individu qui manifeste son adhésion à la nation politique à laquelle il est attaché, s'éloigne de son attribut de « civile » pour être utilisée comme un instrument d'exclusion en période de crise, même si elle se rapporte à une culture sans atteindre le niveau de la croyance.

En revanche, il n'est jamais question d'universalité en Allemagne. Une politique d'assimilation forcée, de « germanisation » (*Germanisierung*) des Polonais de la Ruhr a été menée au XIXᵉ siècle qui consistait à obliger les Polonais de l'Empire, de nationalité allemande mais d'une autre langue et d'une autre culture, à changer leur nom pour des patronymes germaniques ainsi qu'à parler allemand. C'est pour empêcher les Polonais de se regrouper autour des associations et de perpétuer leur identité, de se sentir, en outre, concernés par les mouvements nationalistes de la Pologne même que la « Centrale pour la surveillance des Polonais » est créée au début du siècle. L'invisibilité qui devait en résulter était supposée consolider l'expression collective de leur loyauté vis-à-vis de la nation allemande.

Le particularisme culturel a cédé sa place à une exclusivité raciale pendant la Deuxième Guerre mondiale. En définissant les Allemands comme appartenant à la « race aryenne » et les juifs à une « race juive », le différencialisme s'est traduit par une politique qui consistait à exterminer ces derniers.

Mais aux États-Unis, comme en France, l'universalité de la nation n'est pas sans ambiguïté. La Déclaration d'indépendance, « l'expression de l'esprit américain, la véritable effusion de l'âme du pays » qui exprime l'espoir d'une unité nationale, porte le cachet des colons. Elle est le propre d'une nation qu'ils vont modeler à leur gré, en donnant le ton d'une identité nationale en formation. Cela exclut, du coup, les Indiens (considérés comme étrangers, appartenant à une autre nation et qui sont traités comme une propriété) et les esclaves noirs. C'est le «dilemme américain», pour reprendre les termes de Karl Gunnar Myrdal, qui engendre l'écart existant entre les principes d'égalité et d'universalité et la pratique de la construction nationale. Même si la Déclaration d'indépendance marque l'appartenance du citoyen à un État et une nation, les contradictions dues à des restrictions réelles accroissent les tensions entre groupes qui manifestent leur droit à une «part du gâteau», selon l'expression et le titre d'un ouvrage de Stanley Lieberson. C'est à partir de ces principes que les Indiens et les esclaves noirs, exclus de l'identité américaine en formation, avaient déjà contesté la révolution.

Dans son ouvrage *Le Destin des immigrés*, paru en 1994, Emmanuel Todd affirme que l'universalisme américain porte sur l'assimilation des Blancs, le différencialisme étant fondé sur la couleur de la peau. Mais la ségrégation raciale n'épargne pas les Blancs eux-mêmes, divisés en communautés religieuses. En période de crise, les préjugés et la xénophobie frappent surtout les immigrés catholiques. Les mouvements ouvriers hostiles à la concurrence étrangère, notamment à celle des populations provenant de l'Europe du Sud et de l'Est, catholiques, ont visé à limiter l'immigration aux groupes et individus, en majorité anglo-saxons, provenant des pays qui correspondaient à la représentation nationale d'avant 1882[27]. À l'échelle locale, la gestion chaotique des municipalités a fait surgir des clivages politiques entre les différents groupes religieux et nationaux. Les Irlandais, par exemple, se sont mobilisés pour se défendre d'abord contre l'anticatholicisme propre au nationalisme américain. Là aussi, la religion a servi d'instrument pour exclure ceux qui ne sont pas définis comme conformes à une identité WASP (*White Anglo-Saxon Protestant*) imaginée comme dominante et légitime.

Ainsi se sont développées les actions et se sont constitués les groupes. Immigrés au départ, autochtones par leurs enfants, séparés cependant dans leur mouvement par la religion ou la race ou encore par les origines nationales, ils forment des communautés ethniques qui cherchent une représentativité politique pour défendre leurs propres intérêts, mais aussi ceux de leur pays d'origine. La recherche d'une représentativité des groupes dits «ethniques» dans la vie politique apparaît dans ces conditions comme une réaction de défense de ces groupes pour une égalité des droits d'abord et une égalité des chances par la suite. Quant aux populations noires, l'esclavage inscrit dans la mémoire collective est à l'origine

---

27. J. Higham, *Strangers in the Land. Patterns of American Nativism, 1860-1925*, New York, 1963 (2ᵉ éd.).

d'un clivage entre « Noirs immigrés » et « Noirs américains ». Une distinction qui n'aurait eu aucune influence si effectivement une différenciation raciale n'était à l'origine du « modèle américain », mais une distinction qui importe cependant pour la perception des populations elles-mêmes, leurs revendications et leur place dans le « multiculturalisme » actuel.

Ainsi, les exemples empiriques montrent que les expériences ne suivent pas toujours les représentations mises en avant dans l'idée d'une nation. Alors que les institutions cherchent à maintenir et à transmettre une idée de nation rationnelle inscrite dans la création même de l'État-nation, les pratiques, elles, font resurgir les sentiments et les émotions, jusqu'à l'irrationalité alimentée par une définition surtout culturelle de la nation.

La représentation s'arrête au droit

L'ambiguïté dans la représentation apparaît clairement lorsque les idées rencontrent le droit. C'est là que principes et réalité sont confrontés. Dans les trois pays, définis comme des États de droit, c'est le droit d'accès à la nationalité et à la citoyenneté qui renvoie directement à cette confrontation entre principes et identités.

En France, de tout temps, le droit à la nationalité est accordé à quiconque exprime le désir de s'y établir. La naturalisation est considérée ainsi comme un moyen d'assimiler les étrangers. Sous l'Ancien Régime, l'étranger né hors du royaume, déclaré de bonne mœurs et exprimant sa volonté d'y vivre le reste de ses jours pouvait obtenir la qualité de régnicole. Les commerçants justifiant leur séjour et s'engageant à y finir leurs jours recevaient du souverain une lettre de naturalité qui leur donnait aussi le droit d'aubaine. C'est la catégorie sociale qui était déterminante remarque Rogers W. Brubaker[28].

Mais la lettre de naturalité ne permettait pas d'obtenir pleinement la qualité de Français. Il semble que cette restriction ait porté plus sur la religion que sur la résidence ou le statut de commerçant. L'ouvrage de J. Mathorez sur *Les Étrangers sous l'Ancien Régime*, publié en 1919, affirme que « Pour obtenir la qualité de Français, il est de règle que l'étranger doit être catholique ; mais au XVIᵉ siècle, au plus fort des luttes entre les catholiques et les réformés, ces derniers reçoivent des lettres de naturalité ; sauf aux environs des années qui précèdent ou suivent la révocation de l'édit de Nantes, la lettre est fréquemment transgressée. Seuls les Mahométans sont tenus d'abjurer avant d'être admis parmi les nationaux. »

---

28. R.W. Brubaker, *op. cit.*, 1992.

Sous la République, le droit à la nationalité liée désormais à la citoyenneté est attribué à quiconque s'établit sur le sol français, sans distinction de classe, de race ou de religion. L'accès à la citoyenneté et à la nationalité se fonde sur l'idéologie de l'universalité et le principe d'un acte volontaire et individuel conforme au droit attribué depuis la Révolution. C'est la logique de la *civilisation*.

Mais les nécessités économiques et démographiques nuancent ces principes. En 1804, le principe d'après lequel tout enfant né sur le sol français est français (*jus soli*) fut rejeté par le tribunal et le Code civil introduisit la filiation (*jus sanguinis*) comme critère de nationalité. Était désormais français un enfant né d'un parent français.

Les périodes qui suivirent ont vu se développer une combinaison de *jus soli* et *jus sanguinis* en fonction des situations. Au XIXᵉ siècle, la préoccupation militaire entraîna différentes dispositions pour obliger les petits-enfants d'immigrés (par la loi de *double jus soli*, en 1851) et ensuite les enfants d'immigrés (*jus soli,* en 1889) à servir la France. Après la Grande Guerre, il a fallu combler le déficit démographique en facilitant la naturalisation des étrangers (loi du 10 août 1927) qui, en 1918, représentaient 7 % de la population totale. L'instruction ministérielle du 13 août 1927 indique que «si la loi d'hier impliquait que l'assimilation de droit précédait l'assimilation de fait, il ne s'agit rien moins désormais que de poursuivre parallèlement l'assimilation de droit et de fait d'étrangers immigrés»[29]. Actuellement, le droit à la nationalité combine le *jus sanguinis* et le *jus soli* auxquels s'ajoute la volonté pour la naturalisation. Ce droit remonte à l'ordonnance de 1945 portant sur le Code de la nationalité et non plus faisant partie du Code civil.

La naturalisation évolue avec la politique d'intégration des étrangers. Le mariage ou la durée de séjour en sont les conditions. Les «bonnes mœurs» du candidat, sa connaissance de la langue et de la culture françaises acquise par la socialisation constituent les critères de naturalisation. Le critère de la volonté pour les jeunes nés en France de parents étrangers a été rendu explicite lors des débats publics sur la réforme du Code de la nationalité en 1986-1987. Obtenir la nationalité française pour eux doit être désormais le résultat d'une démarche volontaire. Ainsi, la naissance sur le territoire français, la socialisation dans l'École de la République ne constituent plus des critères suffisants pour être français. Le *jus sanguinis* introduit en 1804 traduit la «défiance du législateur d'un pays en guerre à l'égard des étrangers». Aujourd'hui «la défiance» porte, du moins dans

---

29. *Être français aujourd'hui et demain,* rapport de la Commission de la nationalité, présenté par M. Marceau Long, président, au premier ministre, La Documentation française; coll. «10/18», 1988, t. 2, p. 27.

le discours, sur l'usage de la nationalité. L'exigence de l'expression de la volonté apparaît aussi comme une réponse aux appréhensions de la classe politique et de l'opinion publique de voir la nationalité « désacralisée » par une « citoyenneté pour les papiers ». Même si, dans la pratique, les modalités d'acquisition de la nationalité restent inchangées, exprimer sa « volonté de vivre ensemble » c'est afficher de façon symbolique l'allégeance de l'individu au pays de son choix et le désir de partager « son destin ». Les statistiques, qui ne classent que les acquisitions de la nationalité, montrent une augmentation du simple au double entre 1973 et 1993 (33 616 en 1973, 73 164 en 1993).

En Allemagne, les débats publics parlent d'« importation des travailleurs » plutôt que d'immigration. Même la transformation de pays d'émigration en pays d'immigration qui entraîne un changement statistique n'implique aucune modification juridique. La présence des étrangers ne change en rien les lois sur « la germanité » et sur la nationalité allemande.

La nationalité allemande, bien que contestée en tant qu'entrave aux principes démocratiques, apparaît cohérente avec la définition qu'elle donne de la nation allemande. Si la nation allemande se définit par une culture commune, le principe de base de la nationalité demeure fondé sur l'appartenance aux ancêtres communs transmise par le droit de sang (*jus sanguinis*). Une telle définition de la nationalité avait posé un problème conceptuel et pratique à la création de l'État unifié en 1871, dans la mesure où les nouvelles frontières de l'Empire provoquaient un croisement des concepts de peuple et de territoire. La Petite Allemagne excluait de la nation les étrangers des États voisins et incluait, en principe, les Allemands ethniques qui vivaient en dehors de son territoire. Comme le rappelle Rogers Brubaker, il en a résulté deux formes de citoyenneté : l'une politique, correspondant au territoire, l'autre spirituelle et ethnique, fondée sur les ancêtres communs. Mais une nouvelle loi adoptée en 1913 « sur l'appartenance à l'État et à l'Empire » a renforcé l'aspect ethnique de la citoyenneté en permettant aux Allemands vivant en dehors des frontières de garder la nationalité allemande et en rejetant la possibilité d'accorder la nationalité allemande aux étrangers nés à l'intérieur de celles-ci.

En 1949, la Loi fondamentale a confirmé le principe de la citoyenneté liée à l'appartenance au peuple allemand. L'article 116 de la Loi considère comme allemande toute personne d'ascendance allemande vivant à l'intérieur des frontières de l'Empire. C'est ainsi que depuis l'écroulement du bloc soviétique les individus faisant preuve de leurs ancêtres allemands (les *Aussiedler*) se voient attribuer la citoyenneté de droit. D'après les statistiques, ils ont été environ 30 000 à en bénéficier en 1988 et plus de 100 000 en 1991. Leur « immigration » est aujourd'hui associée à l'accueil des réfugiés politiques.

Quant aux étrangers, ils deviennent résidents permanents mais restent juridiquement étrangers. La naturalisation est conditionnelle; elle oblige à renoncer à la nationalité d'origine pour présenter la demande d'accès à la nationalité allemande. L'idée même décourage certains candidats, et le droit du sang perpétue ainsi le statut d'étranger d'une génération à l'autre. Un enfant turc, né en Allemagne de parents turcs, eux-mêmes nés en Allemagne, reste turc de droit et de fait. En 1990, la loi sur les étrangers (*Ausländergesetz*) a cependant introduit un critère de socialisation permettant à un jeune de 16 ans d'accéder à la naturalisation. Il faut qu'il soit né dans le pays, y ait été scolarisé et y ait vécu les cinq dernières années avant la demande de naturalisation. Cela a été accompagné d'une baisse significative du coût de la naturalisation. Mais le refus de la double nationalité est maintenu. Le nombre d'étrangers naturalisés, qui variait entre 20 000 et 30 000 par an entre 1973 et 1989, s'élève à 101 377 en 1990. En 1995, avec la nouvelle coalition au gouvernement, la question de la double nationalité des étrangers revient à l'ordre du jour. Les projets pour une nouvelle loi font état de la double nationalité accordée jusqu'à l'âge de 18 ans à un enfant turc né en Allemagne, de parents turcs nés eux-mêmes en Allemagne. Parvenu à cet âge, il doit cependant choisir entre les deux nationalités. La classe politique se réfère à ce principe qui rappelle celui de double *jus soli* comme à « un test » : mesurer l'allégeance et le degré d'identification du jeune avec la nation allemande.

Aux États-Unis, les ambiguïtés dans la conception de la citoyenneté confirment le « dilemme américain » et contredisent la pensée universaliste. De fait, le besoin urgent de peuplement a placé la naturalisation au cœur de la théorie et de la pratique de la citoyenneté. Cette dernière, fondée sur le droit du sol, fait de la nationalité un acte automatique, ce qui renforce le caractère inclusif de la nation américaine. Cependant, l'histoire de la citoyenneté américaine met en évidence des contradictions quant à sa valeur d'universalité. Elle est marquée par des exclusions et inclusions dues au racisme, à la xénophobie, au sectarisme religieux. Les Noirs (libres) ainsi que les esclaves ont été exclus de la citoyenneté américaine jusqu'à la guerre de Sécession, même s'ils étaient citoyens d'un État particulier; la citoyenneté ne fut accordée aux Indiens d'Amérique qu'en 1924; les Chinois ont été classés dans la catégorie « d'étrangers non éligibles pour la citoyenneté » (*aliens ineligible for citizenship*) en 1882 et cela jusqu'en 1952[30].

Mais aujourd'hui la plus grande division demeure la division raciale entre Noirs et Blancs : les « deux nations » selon l'expression d'Andrew

---

30. R.W. Brubaker (sous la dir. de), *Citizenship and Nationhood in Europe and North America*, University Press of America, 1989.

Hacker, deux nations séparées, hostiles et inégales. Être noir aux États-Unis revient à porter encore les marques de l'esclavage. De fait, ce n'est qu'un siècle après la Déclaration de l'indépendance que celui-ci fut aboli grâce aux 13e, 14e et 15e amendements (1868). Fondé sur le principe de protection égale devant la loi, c'est surtout le 14e amendement qui fait des Noirs des électeurs et des citoyens. Mais il faut attendre encore presque un siècle pour que les droits civiques leur soient accordés et pour que leur soit assurée pleinement une participation à la vie politique, avant qu'une politique de compensation dans le cadre de l'*Affirmative Action*, en vigueur depuis les années 1965, ne vienne renforcer le droit à l'égalité dans l'administration, les écoles et les entreprises.

La formation même de l'État-nation est donc un processus d'assimilation. Cela consiste à définir des normes destinées à faire coïncider les frontières culturelles et identitaires avec les frontières territoriales et politiques. La nation, cette communauté imaginée ou inventée, définit ses modes d'inclusion et d'exclusion en fonction de sa représentation. Dans cette perspective, le passé sert à légitimer le présent. Les « modèles » qui se construisent rendent spécifique chacune des expériences nationales par une sorte d'immobilisation du passé. Face au présent, qui se caractérise par une course destinée à rattraper les transformations sociales et économiques, le passé, qui se veut « immuable », fige la représentation de ce qui est perçu comme distinct pour chaque société nationale. Il en est de même pour les relations que les trois pays entretiennent aujourd'hui avec les migrants qui sont déterminées par un continuum dans le processus d'intégration nationale. Les nouvelles vagues d'immigrés s'y heurtent à un miroir où se reflètent les limites des modèles et des représentations dont ils procèdent. Mais elles suscitent en même temps des interrogations quant à leur validité face à de nouvelles réalités et quant à leur adaptabilité à de nouvelles situations ainsi qu'à leur capacité à mettre en place de nouvelles dispositions.

Simultanément, la rationalité économique tend à faire disparaître les spécificités nationales. L'universalité des valeurs se fonde maintenant aussi sur des intérêts économiques. Dès lors, les modèles servent de recours pour redéfinir les particularités et reconstruire des affinités identitaires. L'évolution sociale et les transformations que celle-ci entraîne engendrent de nouvelles articulations des individus et des groupes par rapport à leur environnement. Comme le souligne Eric Hobsbawm, il faut œuvrer à « l'invention de nouvelles cohésions et même de nouvelles identités pour structurer les relations sociales »[31]. C'est dans l'évolution propre à chacun dcs pays que se dessinent de nouveaux modèles ; dans

31. E. Habsbawm, T. Ranger, *The Invention of Traditions*, Cambridge University Press, 1983.

l'articulation entre les représentations des traditions politiques et les nouvelles affirmations identitaires construites que se tissent les nouvelles relations entre États et sociétés, entre États et immigrés, entre États et identités.

3

Les territoires d'identité

« L'espace est le lieu où le pouvoir s'affirme et s'exerce,
et sans aucun doute sous la forme la plus subtile,
celle de la violence symbolique comme violence inaperçue. »

(Pierre BOURDIEU, *La Misère du monde*.)

Tous les pays importateurs de main-d'œuvre étrangère éprouvent aujourd'hui les mêmes malaises dont ils rendent responsables les étrangers juridiquement définis ou perçus comme tels. Des banlieues, des enclaves ethniques, des ghettos, tous ces espaces où se trouvent associés étrangers et pauvreté, où le chômage des jeunes dépasse de loin les moyennes nationales, sont présentés comme des lieux de conflits entre la société civile et les forces de l'ordre, entre les générations et les cultures, entre les institutions nationales, locales et communautaires. Que les pays soient des pays d'immigration, comme les États-Unis, qu'ils se définissent comme tels, comme la France ou, au contraire, qu'ils ne se voient pas comme pays d'immigration, comme l'Allemagne, l'évolution dans les relations que leurs États entretiennent avec les dernières vagues d'immigrés montre des similitudes. Les modèles fondés sur les traditions politiques et les principes de citoyenneté cèdent la place à un seul modèle d'évolution dans les interactions entre États et immigrés, caractérisé par les tensions de nature identitaire, ethnique ou religieuse.

En France, le malaise se cristallise autour du phénomène de banlieue. Les tensions apparaissent entre l'institution scolaire — l'institution principale qui incarne les principes de la République «une et indivisible» — et son public qui affiche des «différences», son appartenance à une «communauté» spécifique dans les quartiers à forte concentration de population immigrée, musulmane en particulier. En Allemagne, les actes racistes renferment les ressortissants turcs dans une structure de « communauté de minorité », vécue comme le seul moyen pour revendiquer des droits, à l'instar des États-Unis.

Les tensions naissent de leur mode d'organisation et surtout des revendications publiques qui remettent en cause les traditions politiques. Des deux côtés du Rhin, comme aux États-Unis, se forment des communautés qui mettent en évidence des particularismes ethniques. Afficher son appartenance à une communauté engendre le manque de confiance en la société et ses institutions et vice versa. Pour la classe politique, le problème est une question d'allégeance, pour les individus, c'est le refuge dans la différence qui se transforme en outil de résistance.

Cela provoque d'autres tensions dues à la perception de l'Autre comme inassimilable. En France, c'est le musulman, en Allemagne c'est l'étranger qui cristallisent le plus la référence à l'Autre. Sa définition « n'obéit » pas aux règles de la laïcité en France, valeur fondamentale de la République, et en Allemagne, elle ne fait pas partie du « nous » allemand. En tout état de cause et dans les deux cas, les mots « musulman » et « étranger » sont pourtant utilisés en fait comme synonymes. Aux États-Unis, ce sont les dernières vagues d'immigrants venues du sud du continent américain, appelés globalement *Hispanics* sur la côte est et *Latinos* sur la côte ouest, qui renforcent les interrogations sur les concepts d'assimilation ou de pluralisme américain. La persistance de leur langue comme marqueur identitaire fort qui ne se dilue pas dans le *melting pot* justifie les arguments comparables à ceux développés autour de la religion en France ou de la nationalité en Allemagne.

L'ensemble se traduit par des rejets réciproques. Cela d'autant plus qu'en Europe la réalité d'un enracinement, et non pas seulement d'une installation, s'impose à l'opinion et à la classe politique. Les quartiers où s'enracinent les identités rendent visibles les tensions, voire les conflits, et conduisent les États à définir des politiques de plus en plus ciblées. Paradoxalement, le discours sur l'inassimilabilité de ces populations s'accompagne de la recherche de solutions de plus en plus différenciées, comme pour réparer l'indifférence politique des débuts. Il est désormais question d'établir des règles de fonctionnement où les principes fondateurs de l'État-nation cèdent leur place à un pragmatisme politique guidé par l'expérience, même si les discours se réfugient derrière les traditions politiques.

DES ÉQUATIONS INCOMPATIBLES

En France, les études historiques sur les différentes vagues d'immigrés venues de l'Europe de l'Est ou du Sud au XIXe siècle et jusqu'au milieu du XXe, attirent l'attention sur leur assimilation à la nation. Le « culte de l'assimilation », fondement de l'unité nationale, se serait traduit alors par l'« indifférence » vis-à-vis des origines linguistiques ou religieuses, qui, une fois passées par le moule des institutions, étaient occultées ou refoulées dans le privé. Gérard Noiriel constate même que l'immigration ne fait pas partie de l'histoire nationale française. Avec le temps, l'opinion, d'abord toujours hostile vis-à-vis de l'étranger, semble aboutir à une indifférence qui facilite l'assimilation ou, inversement, peut-être est-ce l'assimilation qui ne suscite plus que l'indifférence. En Allemagne, au début du siècle, les Polonais ont vécu de leur côté l'expérience de la « germanisation », c'est-à-dire d'une assimilation forcée.

Ces processus d'assimilation, forcée ou non, sont aujourd'hui refoulés dans l'oubli. En France, de nouvelles inquiétudes apparaissent avec l'arrivée des dernières vagues migratoires issues des rives du sud et de l'est de la Méditerranée. Les vieilles relations entre le Maghreb et la France ont changé de nature. La « mission civilisatrice » de la France dans ses anciennes colonies se poursuit sur son propre territoire sous une autre forme. Après un accueil réservé sur les lieux de travail, puis dans la ville et les écoles dans les premiers temps, il s'agit désormais d'une proximité réunissant des égaux sous les mêmes règles sociales et juridiques, dans une société libérale et démocratique. En Allemagne aussi ; mais les intérêts avant tout économiques existant entre l'Allemagne et la Turquie conduisent en fait à un mariage de raison dont la durée et la revendication des droits font surgir la passion. Cette évolution rappelle l'observation de Tocqueville lorsqu'il écrivait qu'aux États-Unis « les préjugés qui repoussent les Nègres semblent croître à proportion que les Nègres cessent d'être esclaves, et que l'inégalité se grave dans les mœurs à mesure qu'elle s'efface dans les lois ».

En Europe, des deux côtés du Rhin et au-delà du discours, l'opinion publique ne semble de toute manière pas prête à accepter les étrangers comme partie intégrante de la société. Une enquête sur les immigrés réalisée par Alain Girard et Jean Stoetzel en 1953 montrait déjà que les Nord-Africains avaient beaucoup « moins de chances de s'adapter à la vie française », et par conséquent suscitaient « le moins de sympathie aux yeux du public français ». À l'époque, les Nord-Africains se situaient, d'après l'enquête, juste avant les Allemands sur l'échelle des attitudes, ces derniers étant encore considérés comme ennemis et arrivant en dernière position[1]. En 1966, les « "dix caractères négatifs" » s'appliquaient surtout

---

1. A. Girard et J. Stoetzel, *Français et immigrés*, Paris, PUF, 1953, p. 39.

aux Algériens, cités 129 fois, contre 39 fois pour les Africains et 13 fois pour les Portugais »[2].

En Allemagne, en 1971, les « travailleurs invités » étaient placés après les « drogués » et les Noirs dans la classification des « gens que l'on n'aimerait pas avoir comme voisins »[3], même si, en 1981, 36 % des personnes interrogées auraient accepté des *Gastarbeiter* dans leur cercle d'amis contre 26 % qui s'y seraient opposés. Mais reste que la comparaison à l'intérieur de la catégorie des *Gastarbeiter* fait apparaître que les Turcs sont ceux, aux yeux des enquêtés, dont leur comportement se différencie le plus de celui des Allemands (69 %), devant les Grecs (47 %) et les Italiens (42 %). Plus que leur comportement, c'est toutefois leur présence qui préoccupe les Allemands qui, en 1982, pensaient qu'il y avait trop d'étrangers chez eux et qu'il fallait leur donner une prime de retour au pays ou les licencier pour favoriser leur départ. Faut-il voir là une réaction anticipée face à une installation *a priori* durable et qui remettrait en cause le discours officiel qui consiste toujours à considérer que l'« Allemagne n'est pas un pays d'immigration » pour apaiser l'opinion ?

La France, elle, se découvre rétrospectivement comme un pays d'immigration. C'est du moins ce que démontrent les historiens depuis le milieu des années 1980. Cela sous-entend que les musulmans, comme les vagues précédentes d'immigrants, pourraient suivre la même voie de l'assimilation. Les mécanismes traditionnels réussiraient à réduire ou à détruire la « distance culturelle » exprimée dans les sondages. Mais, en novembre 1989, l'affaire du foulard vient au contraire attiser les hostilités. L'opinion publique y trouve une confirmation de l'incompatibilité de l'islam et de l'Occident, de l'incapacité des musulmans à assimiler les valeurs universelles et à s'intégrer dans la société française. Pour leur part, les sondages se suivent et se ressemblent. Ils cherchent à mettre en évidence les sentiments des Français non plus sur les populations immigrées mais sur l'islam. Si, en 1985, 42 % des personnes interrogées pensent que la plupart des immigrés (désormais synonymes de Nord-Africains) « ne pourront pas s'intégrer dans la société française, car ils sont très différents », en 1989, le pourcentage s'élève à 51 %[4].

L'effet miroir de l'immigration ou de la présence des étrangers oriente le débat sur les valeurs acquises au cours du processus de la modernisation, considérées aujourd'hui comme incontournables : le rôle

---

2. J. Mesnil, « Quelques opinions et attitudes des Français à l'égard des travailleurs africains », *Esprit*, avr. 1966, vol. 4 (n° spécial : *Les Étrangers en France*), p. 744-757.

3. *Jahrbuch der Öffentlichen Meinung*, 1968-1973.

4. *L'État de l'opinion*, rapport annuel de la SOFRES, 1991.

de l'École d'abord et le statut de la femme ensuite, les deux étant liés. L'École, institution principale de la République, aurait toujours assuré l'unité nationale, ayant jusque-là réussi à assimiler les enfants d'étrangers comme elle l'aurait fait des Français de toutes les régions du pays. Sa fonction de socialisation et « l'importance prééminente de la scolarisation dans le processus d'intégration »[5] ont été pour cette raison longuement discutées lors des auditions publiques de la Commission des Sages sur la nationalité tenues entre le 16 septembre et le 21 octobre 1987.

Deux ans plus tard, l'introduction d'un signe vestimentaire religieux dans cette institution « sacrée » a été perçue par la classe politique et l'opinion comme une grave menace contre l'École républicaine. Il devenait urgent de la sauver. Il revenait à la société et aux pouvoirs publics de le faire. Quant au statut de la femme, le sondage IFOP de novembre 1989 montre que 76 % des personnes interrogées dans l'ensemble de la population française pensent que l'islam implique la « soumission des femmes », ce qui constitue bien sûr un obstacle à son émancipation, à sa liberté, à sa modernité dans une perspective d'universalité. Le foulard a donné l'image de jeunes filles « victimes de la religion », arrachées donc à toutes ces valeurs que seule l'instruction pouvait assurer. Jules Ferry n'avait-il pas rendu l'école obligatoire, y compris pour les filles, afin d'assurer à long terme l'égalité des chances aux enfants de classes sociales différentes aussi bien que de sexes différents ?

En Allemagne, le racisme ambiant et l'incapacité des politiciens à apaiser la « haine de l'étranger » déplacent le débat sur l'immigration du domaine économique au domaine social et politique. Celui-ci s'accompagne, entre autres, d'interrogations sur la citoyenneté, sur sa conception sociale et juridique et bien sûr idéologique.

Déjà, avec la réunification, la différence culturelle perçue et vécue entre Allemands de l'Ouest et Allemands de l'Est — appelés respectivement et de façon péjorative *Wessis* et *Ossis* — avait remis en cause la validité de la notion de « peuple allemand » (*Das deutsche Volk*). La nouvelle loi sur les étrangers, en vigueur depuis 1991, s'inscrit plus encore dans ce débat. Comme si elle voulait marquer la ressemblance entre les jeunes de nationalité turque nés et scolarisés en Allemagne avec les jeunes Allemands de l'Ouest, et la différence entre les Allemands de l'Ouest et ceux de l'Est, cette loi introduit en effet, pour la première fois, la notion de la socialisation dans la conception de la citoyenneté. Les nouveaux critères d'acquisition de la nationalité tiennent compte de la scolarité en Allemagne des enfants d'étrangers, de leur connaissance de

---

5. *Être français aujourd'hui et demain*, *op. cit.*, 1988.

la langue allemande et de leur avancée vers l'assimilation. L'intention exprimée est de « faciliter » la naturalisation des jeunes Turcs socialisés dans les institutions allemandes. Le changement est grand dans les textes, mais les mentalités et les idéologies peuvent-elles le suivre ? Le doute règne, surtout si l'on se souvient du slogan des Allemands de l'Est : « *Wir sind ein Volk* », « Nous sommes *un* peuple », trois jours après la chute du Mur, alors qu'ils s'étaient écriés lors des rassemblements spontanés au moment de la chute du mur : « *Wir sind das Volk* », « Nous sommes *le* peuple » (sous-entendu, nous représentons la démocratie). Cette modification montre bien que le peuple allemand réunifié se définit encore une fois par son appartenance ethnique.

L'ethnicisation du territoire

Depuis les années 1980, la presse relate les émeutes de plus en plus nombreuses dans les banlieues françaises : les Minguettes en 1981 et 1983, Vaux-en-Velin en 1991, pour ne citer que les plus connues. Des photographies de voitures incendiées, de vitrines saccagées, de CRS, de jeunes lançant des pierres accompagnent ces informations. Quant aux commentaires, ils commencent par « les jeunes de banlieues ou jeunes issus de l'immigration maghrébine ». L'opinion française attribuait pourtant, jusqu'à récemment, ces scènes aux « ghettos » noirs des grandes villes américaines, même si la nature et le degré des émeutes dans ces ghettos n'ont rien de comparable des deux côtés de l'Atlantique. En Allemagne, les images les plus spectaculaires portent plutôt sur des incendies d'immeubles où habitent presque à chaque étage des familles de nationalité turque.

Banlieues en France : des espaces gérés par la tension

Les banlieues françaises sont des espaces où se juxtaposent, se fragmentent et s'unissent les appartenances, pour résister les unes aux autres et pour se territorialiser par la suite. Les identités commencent à s'y juxtaposer à partir des années 1960. Des familles de toute origine régionale et nationale furent alors « sauvées » des bidonvilles pour être relogées dans des cités, ces ensembles modernes (du moins pour l'époque de leur construction), d'une architecture impersonnelle, situés à la périphérie des grandes métropoles. Les experts parlaient d'une politique de relogement, et non de logement, pour souligner un fait inhérent à l'industrialisation et à ses effets sur la politique urbaine. Dans les années 1970, bon nombre de familles ouvrières tant françaises qu'étrangères, notamment portugaises, attestent ainsi leur accès à la modernité par leur passage dans les cités de banlieue. Même aujourd'hui, les politiques de rénovation des vieux quartiers insalubres s'accompagnent d'une politique de relogement de leurs habitants dans les HLM.

La composition ethnique de la population des banlieues se dessine clairement avec le temps. Les premières familles installées dans ces espaces, françaises ou non, se reconnaissent à leur appartenance à la classe ouvrière et entreprennent ensuite leur chemin vers l'ascension sociale en s'installant dans des pavillons et en cédant la place aux nouveaux venus. Dans la deuxième phase, les familles sont forcément étrangères et nouvellement regroupées en France, mais toujours aussi hétérogènes quant à la nationalité : Algériens, Turcs, Sénégalais. Ainsi, à Mantes-la-Jolie, « On a vu arriver ces couples d'ouvriers et d'employés rêvant d'un pavillon, travaillant près de Paris, mais obligés de venir jusqu'à Mantes pour trouver des prix concordant avec leurs moyens financiers. D'autres sont venus occuper les appartements de Val-Fourré à défaut d'autre chose. Leur insertion dans la société n'a jamais pris les formes de ceux qui sont arrivés une dizaine d'années plus tôt. Le quartier s'est donc progressivement transformé, prolétarisé et recevant de plus en plus d'immigrés[6]. » Le départ des anciens immigrés, le fonctionnement par réseaux individuels pour l'installation des nouveaux font que les familles maghrébines, turques ou africaines se retrouvent concentrées dans certaines cités des banlieues : Saint-Denis, La Courneuve, Mantes-la-Jolie dans l'Île-de-France, les Minguettes dans la banlieue lyonnaise, Marseille-Nord, Lille-Sud, Cité-Montclair à côté d'Avignon, pour ne citer que quelques-unes des plus connues. Compte tenu de la composition de cette population immigrée, l'islam devient la marque déposée des banlieues. Ces quartiers constituent-ils des « ghettos de musulmans » ?

L'idée même de ghetto est rejetée en France. Le débat porte surtout sur le critère de nationalité et non de religion. Les spécialistes des politiques de la ville se fondent sur l'hétérogénéité nationale de la population musulmane pour déclarer qu'il n'y a pas de « ghetto » en France, surtout par comparaison avec les États-Unis où c'est la race des « résidents » qui donne au concept tout son poids.

En effet, en France, aucun immeuble n'est *a priori* habité par des familles de nationalité homogène. Encore moins une cité entière. Il est cependant difficile de nier la prédominance d'un groupe national sur d'autres, ce qui, de l'extérieur, donne l'impression d'une certaine

---

6. P. Le Galès, M. Oberti, J.-C. Rampal, « Le vote Front national à Mantes-la-Jolie. Analyse d'une crise locale à retentissement national : le Val-Fourré », *Hérodote*, 2ᵉ et 3ᵉ semestre 1993, nº 69-70, p. 31-52.

homogénéité. À Borny-Metz, l'école Descartes-1 ne compte en novembre 1990 que 29,13 % d'élèves français, pour 25,24 % élèves maghrébins, 35,60 % turcs et 7,7 % originaires de l'Asie du Sud-Est. Dans la cité en face de l'école, les Turcs constituent le groupe le plus visible et viennent massivement de la même région de l'Anatolie centrale. Est-ce le résultat des pratiques des offices publics d'aménagement et de construction chargés de la répartition des familles dans des HLM[7] ou l'effet de la préférence des familles qui désirent rester entre elles ? La question reste ouverte. Mais une chose apparaît évidente : la concentration de population sinon de même origine nationale, du moins de même religion musulmane.

L'hétérogénéité de la population musulmane dans les banlieues entraîne cependant une fragmentation des identités. Elle se révèle comme le résultat d'une promiscuité où les familles venues « du même coin » se trouvent juxtaposées aux familles venues « d'ailleurs ». À la longue, des concentrations parcellaires de populations de même origine linguistique, ethnique, raciale apparaissent. Réunies au départ en fonction de leur appartenance sociale et de leur niveau de revenus, les familles des cités sont maintenant séparées par leur appartenance nationale et religieuse. Quant aux relations sociales, elles se limitent souvent aux « compatriotes » en situation de voisinage proche.

Chacun des micromilieux ainsi formés correspond à ce que Max Weber appelle une « communauté de voisinage ». Mais contrairement à la définition que lui donne le sociologue allemand, à savoir un groupe d'individus réunis pour défendre leurs intérêts, notamment dans les négociations avec les autorités locales, comme aux États-Unis, ces différentes communautés de voisinage des banlieues se distinguent les unes des autres en fonction de leur nationalité ou de leur « ethnie ». Interviennent ensuite d'autres critères tels que l'immeuble habité, son pourcentage d'« étrangers », sa représentation. Les familles redéfinissent ainsi des normes de conduite, en imposant un contrôle social fondé sur une hiérarchie de valeurs destinées à mettre en évidence leur propre supériorité morale par rapport au voisin.

Ces communautés dites « de voisinage » se caractérisent également par leur résistance vis-à-vis de l'environnement proche ou lointain. D'où le maintien, voire le renforcement d'une culture exprimée comme culture « d'origine ». Mais, en même temps, cette résistance vis-à-vis de l'environnement unit les familles sur une base religieuse, notamment lorsqu'il s'agit de solliciter collectivement l'autorisation de construire une mosquée ou

---

7. Pourtant, par des contrats spécifiques, les pouvoirs publics et les entreprises de HLM s'engagent à respecter un « quota » pour limiter le pourcentage d'étrangers dans les nouvelles ; cf. P. Weil, *La France et ses étrangers. L'aventure d'une politique d'immigration, 1938-1991*, Paris, Calmann-Lévy, 1991, p. 249.

de se réunir dans une des salles de la municipalité les jours de fête musulmane, par exemple. Mais, dans l'ensemble, les familles d'origine nationale ou ethnique différentes se trouvent isolées entre elles à l'intérieur de la cité qui, elle-même, se trouve isolée de l'ensemble de la société.

Des « colonies » de Turcs en Allemagne

En Allemagne, ainsi qu'aux États-Unis, c'est dans les centres-villes délaissés que s'établissent les étrangers et leur concentration conduit, selon Frederick Heckmann, à la formation de « colonies » de Turcs (*ethnische Kolonie*), terme qui met en évidence à la fois la nationalité et la situation sociale des habitants. De fait, si les identités se juxtaposent et se fragmentent dans les banlieues françaises sous le dénominateur commun d'une prédominance musulmane, les villes allemandes offrent au contraire un spectacle d'unité où se retrouvent des familles de même nationalité, de même que les ghettos américains présentent au spectateur étranger une impression d'homogénéité fondée sur la couleur. Les considérations d'abord sociales et de fait ethniques sur la banlieue française se retrouvent en Allemagne dans le même ordre lorsqu'il s'agit du discours, mais en sens inverse en réalité. Comme en France, le discours des planificateurs de la ville met en avant des critères d'abord sociaux pour expliquer la concentration, mais le réseau de relations qui régit le marché du logement place le critère ethnique au premier plan.

Les recherches sur le logement des *Gastarbeiter* montrent que 50 % des familles originaires de Turquie se concentrent sur 4 % seulement du territoire allemand[8]. Il s'agit évidemment de régions industrielles comme les *Länder* de Nord-Rhénanie, Westphalie, Bade-Würtenberg[9], ou des quartiers ouvriers des grandes villes : Cologne, Düsseldorf, Francfort, Munich, Stuttgart. Dans ces villes, les familles turques représentent plus de 35 % de la population étrangère — excepté à Francfort où elles représentent 19,5 % de la population étrangère en 1991, devancées par les ex-Yougoslaves qui, eux, forment 20,4 % de cette population. Dans d'autres villes industrielles, elles se trouvent surtout installées dans les vieux quartiers, souvent aux alentours des gares : ainsi à Francfort où la concentration est moins forte qu'ailleurs, 75 % des étrangers habitent

---

8. H. Reimann, cité par A. Treibel, *Migration in modernen Gesellschaften. Soziale Folgen von Einwanderung und Gastarbeit*, Munich, 1990.

9. D'après les statistiques, au 3 décembre 1990, sur la population étrangère en Allemagne, les Turcs (y compris les Kurdes) représentent 37 % de la population étrangère en Westphalie du Nord, 30 % de celle de Bade-Würtenberg, 27 % de celle de la Bavière. *Sources : Statistisches Bundesamt*.

dans le quartier de la gare. Dans ces quartiers du centre-ville se rassemblent des populations de même origine nationale (Turcs, comprenant aussi les Kurdes, ou ex-Yougoslaves). D'autres quartiers de la ville et même d'autres villes présentent le même tableau.

Kreuzberg, à Berlin, offre un exemple extrême de concentration. Les familles venues de Turquie dans les années 1960 et regroupées dans ce vieux quartier de la ville, surnommé *Klein Istanbul*, y vivent depuis presque trois générations. En 1975, les Turcs y représentaient 67,8 % de la population étrangère et 16,8 % de la population totale du quartier. Le Sénat de Berlin décida alors d'appliquer une politique de dispersion (*Zuzugssperre*), interdisant aux ressortissants turcs de s'y installer, concrétisée par un cachet sur la dernière page du passeport. Malgré une pratique aussi restrictive, la proportion de Turcs dans Kreuzberg n'a cessé d'augmenter pour, en 1983, représenter 19,3 % de ses habitants et, d'après les dernières statistiques du Sénat de Berlin, 63 % de la population étrangère installée en 1992 dans ce quartier, soit 20 % de sa population totale[10]. À titre de comparaison, les Turcs constituent 48,1 % de la population étrangère dans toute l'Allemagne.

La politique de dispersion avait comme objectif de limiter à 12 % le pourcentage d'étrangers de même nationalité dans un quartier. Les autorités craignaient le « ghetto ». À l'origine, l'installation des ressortissants turcs commença avec le regroupement familial. Laissé à l'abandon après la Deuxième Guerre mondiale, ce quartier ouvrier a d'abord attiré les chefs de famille qui logeaient jusque-là dans des foyers (*Heime*) où les plaçaient leurs employeurs. Le choix s'imposait à eux par le prix des loyers, certes proportionnel à la qualité de l'habitat et à la représentation du quartier. Par ailleurs, Kreuzberg était plus ouvert aux étrangers, car les propriétaires les préféraient aux squatters très répandus dans le quartier. Aujourd'hui encore, la politique de réhabilitation entamée dans les années 1980 n'a pas réussi à faire partir les familles turques de Kreuzberg, devenu quartier de référence.

AIRE ET ÈRE DE TENSIONS

De tels espaces attestent l'échec du projet migratoire et déclenchent les frustrations qui se manifestent par la violence comme expression de la rage des jeunes.

---

10. *Statistisches Landesamt, Einwohnerregister*, au 30 juin 1992.

L'immobilité sociale et les « ghettos »

Les concentrations dans les banlieues en France ou dans le centre-ville en Allemagne montrent que les familles immigrées ou étrangères, vingt ou trente ans après leur arrivée, se retrouvent dans une situation comparable à celle du début. De fait, de nombreuses études monographiques françaises et américaines soulignent leur regroupement dans un nouvel espace comme un fait naturel au départ permettant, ainsi que le formule Yves Lequin, « de ne pas totalement rompre avec le pays natal qu'on oublie et un pays d'accueil qui lui a le visage de l'étrangeté ». La proximité spatiale et le sentiment d'appartenir à un même passé sont des éléments objectifs autant que subjectifs qui consolident les liens à l'intérieur des frontières flexibles du groupe constitué en fonction de l'expérience de l'immigration. Au début, peu importent les conditions de logement et l'image du quartier : les familles italiennes du North End de Boston aux États-Unis, comme celles de Marseille ou de Lorraine n'avaient-elles cherché, dans ces nouvelles communautés locales, à revivre le « paradis » perdu ?

Du moins cela est-il vrai pendant un certain temps, le temps d'une ascension, la clé de l'intégration dans la société globale. La mobilité sociale a souvent été analysée comme le facteur de la dissolution de ces « communautés de voisinage » constituées à partir d'une langue, d'une religion et d'intérêts communs. Le regroupement volontaire du début de l'expérience était vécu comme transitoire et provisoire ; il constituait dans la plupart des cas une instance intermédiaire qui facilitait en quelque sorte le passage de la « communauté » à la société. C'était le processus souhaité par le migrant. Si l'immigration s'inscrivait dans la marche vers la modernité par la réussite sociale, elle devait nécessairement aboutir à l'intégration dans les institutions économiques et culturelles de la société, donc à l'assimilation, et cela en suivant les lois du marché. C'était aussi le processus souhaité par la société. Les institutions nationales, les coopératives professionnelles, les syndicats, les Églises étaient là pour aider le nouveau venu à réaliser son projet de départ, tout en essayant de maintenir la cohésion sociale et l'intégrité de la nation.

Mais à présent, en France, la permanence du regroupement dans les banlieues n'apparaît plus comme le résultat d'un choix individuel. Elle est, au contraire, perçue comme un échec : celui du projet de l'immigration. Un regroupement ethnique à long terme associé à la pauvreté reflète l'identité négative de la collectivité et renvoie à l'idée de concentration, devenue synonyme de ségrégation. Ils constituent les « espaces d'exclusion » (expression à la mode en France depuis les années 1990) où se trouvent regroupés les *exclus de l'assimilation*. Est-ce le résultat des politiques de « relogement », ou de la conjoncture, ou encore d'une discrimination de fait à la fois sur le marché du logement et du travail ? Dans tous les cas, la fermeture du marché du travail dans une société qui donne paradoxalement l'impression d'une plus grande ouverture, ne serait-ce que par le développement des réseaux de communication et l'irruption des médias, n'est pas une réponse suffisante à ces questions.

D'après Alain Touraine, les sociétés européennes vivent la transition d'une société verticale, caractérisée par une hiérarchie de classes, à une société horizontale « où l'important est de savoir si on est au centre ou à la périphérie »[11]. L'auteur se réfère aux jeunes des banlieues situées à la périphérie des grandes villes qui, par des actions collectives, expriment leur volonté de passer « au centre ». Le terme de « vide social » est employé pour exprimer le manque d'espoir des jeunes de moins de 20 ans qui représentent 40 % de la population du Val-Fourré à Mantes-la-Jolie et 45 % à Marseille-Nord. Dans ces zones-là, la population étrangère ou d'origine étrangère constitue respectivement 49 % et 55 % de la population totale, le taux de chômage atteint une moyenne supérieure à 20 % et touche bien évidemment les jeunes avant tout. Dans d'autres banlieues, ce taux dépasse même les 50 % et frappe surtout les jeunes d'origine algérienne. Le phénomène est classique aux États-Unis. Le « ghetto » est associé désormais, d'après William Juluis Wilson, à une nouvelle catégorie sociale qu'il appelle *underclasss*. Chômage, pauvreté, dépendance de l'État sont les modes de vie des résidents de ghettos. Il s'agit de ceux qui y sont restés après le départ des Noirs ayant réalisé leur mouvement ascendant dans les différents secteurs d'activité et leur dispersion dans la ville.

En Allemagne, en revanche, la mobilité sociale ne semble pas être une raison de quitter son quartier. À Berlin notamment, l'ascension se manifeste par l'ouverture de commerces dans d'autres quartiers de la ville et non par l'éloignement du quartier de résidence. Ainsi Kreuzberg, nous l'avons signalé, ne s'est pas vidé de sa population turque avec la rénovation du quartier. Au contraire, son amélioration a renforcé leur identification à cet espace qu'elles se sont approprié. Rénovation voulait dire augmentation des prix de loyers, le prix à payer pour la qualité de vie et aussi le prix de l'ascension. Grâce à la rénovation, précisément, les familles turques pensaient enfin pouvoir se « débarrasser » des squatters, des punks, ces voisins « qui dégradent l'image du quartier ». Mais elles pensaient aussi « qu'il valait mieux avoir devant les yeux les punks pour montrer aux enfants le mauvais exemple de la modernité et les dangers

---

11. A. Touraine, « Face à l'exclusion », *Esprit*, févr. 1991, p. 5-13.

de l'assimilation ». Ainsi se manifeste la résistance des familles originaires de Turquie : l'ethnicisation du territoire permet de maintenir les frontières du groupe.

Violence, rage et peurs

La rage s'installe dans ces espaces. Elle s'exprime par la violence. En France, en octobre 1990, les émeutes de Vaux-en-Velin rappellent ces espaces délaissés par les uns, habités par les autres que se sont appropriés ceux qui y sont nés ou y ont grandi et qui aujourd'hui sont catalogués comme des « exclus ». C'est là une des caractéristiques du phénomène banlieue : la *permanence* de l'installation dans ces espaces impersonnels devenus hauts lieux de *non-intégration*, définis d'un commun accord comme lieux de l'exclusion.

En Allemagne la rage des jeunes étrangers se combine avec la peur : la peur des attaques racistes et l'humiliation devant les exactions des *skin heads*, la colère contre l'indifférence qu'ils reprochent à la police. Les bandes de jeunes renforcent alors leurs structures et déclarent la guerre ouverte pour défendre leur territoire : « Aucun skin — synonyme de néonazi — ne peut pénétrer à Kreuzberg, et gare à ceux qui essaient de nous agresser dans le métro (sous-entendu la ligne qui mène à Kreuzberg) » disent-ils. Ainsi se délimitent des aires de ségrégation réciproque : « *No skin, keine Ausländer* »[12]. Certains de ces jeunes, comme s'ils voulaient lutter à armes égales, se font appeler les « skins turcs » et usent de la même violence que les skins allemands, parfois de façon offensive et parfois de façon défensive. Les *Black Panthers*, *Street Fighters*, *Anti-Fa*(scistes), *Ghetto Girls* sont les quelques autres bandes avec lesquelles ils se socialisent et agissent. Tous ont comme idoles les « *Street Gangs* » américains, comme le démontre d'ailleurs le nom des bandes. Ils adoptent leur langage, imitent leur tenue, certains ayant les cheveux longs à l'image des hippies des années 1960 (*Anti-Fa*), d'autres se coiffant d'une casquette de base-ball portée à l'envers comme les jeunes Noirs ou les Portoricains des ghettos américains.

Si les jeunes sont moins organisés en France qu'en Allemagne, ils ne s'en identifient pas moins aux mêmes idoles américaines et à leurs problèmes : racisme, exclusion, échec. La violence verbale et parfois physique guide leurs relations interpersonnelles dans l'espace public ; elle a ses propres règles et fait partie des « codes de la rue », pour reprendre

---

12. K. Farin, E. Seidel-Pielen, *Krieg in den Städten, Jugendgangs in Deutschland*, Berlin, Rothbuch Verlag, 1991.

la formule du sociologue américain Elijah Anderson. La violence leur fournit une forme d'expression collective territorialisée et ethnicisée, un moyen de régner par la provocation. Mais aussi bien dans les banlieues françaises que dans les quartiers réservés en Allemagne, ces actions restent ponctuelles. Les solidarités qu'elles créent se font, se défont et se refont aussi. L'ensemble donne lieu à une structure fragile, circonstancielle, qui se présente surtout comme un défi au droit.

Les tensions et la violence s'associent de la sorte à l'immigration. Elles alimentent la peur de l'étranger, thème principal de la campagne du Front national lors des élections municipales de 1983, qui d'ailleurs réalise un score de 17 % à Dreux.

À LA RECHERCHE DU LIEN SOCIAL

Toutes ces tensions et la violence presque quotidienne remettent en cause la paix sociale et l'ordre politique. Comme le souligne Georges Balandier, elles témoignent de « l'incapacité des sociétés à définir clairement et faire reconnaître leur sens, imposer leurs normes, leurs codes, leurs règles, à maîtriser leurs épreuves, à obtenir l'adhésion d'un plus grand nombre d'hommes qui la constituent »[13]. Les tensions traduisent en fait la méfiance ou plutôt le manque de confiance réciproque entre la société et les populations issues de l'immigration des années 1960. Pour la société et ses institutions se pose la question de leur adaptation aux normes ambiantes ; pour les individus, l'identité devient à la fois un refuge et un outil de résistance.

Le problème est posé en termes de « lien social » en France. Inspiré d'une tradition sociologique ou politique, l'expression renvoie à l'idée de solidarité, de cohésion et d'intégration nationales. En Allemagne, la référence officielle au lien social s'applique surtout au marché de travail. Le « pacte de solidarité », introduit par le chancelier Adenauer au lendemain de la guerre, ne reposait-il pas déjà, d'une autre façon, sur une prise en charge des personnes âgées par les jeunes actifs au nom d'un devoir de solidarité entre les générations ? Par conséquent, le discours des pouvoirs publics insiste sur la paix sociale et l'intégration économique des jeunes Turcs. La violence et le désordre politique sont interprétés comme des reflets des problèmes économiques, en particulier ceux qui touchent à la qualification des jeunes et aux difficultés de leur intégration sur le marché du travail. En France aussi, mais alors qu'ici le chômage des

---

13. G. Balandier, *Le Désordre. L'éloge du mouvement*, Paris, Fayard, 1992, p. 199.

jeunes d'origine maghrébine s'inscrit dans une conjoncture économique qui touche la société française dans son ensemble, le problème revêt un caractère ethnique en Allemagne. Depuis la réunification, la compétition qui s'est déclenchée entre les nouveaux arrivants (de l'Est ou les *Aussiedler*) et les jeunes étrangers déjà installés se traduit par des tensions qui se trouvent à l'origine de l'ethnicisation des problèmes sociaux.

Universalité et ethnicité

Il y a là un défi à la démocratie. L'intervention des États français et allemand oscille entre le souci de maintenir les traditions politiques et un pragmatisme qui met en évidence un « apprentissage politique » dans la gestion de la présence des immigrés ou des étrangers et, plus encore, de leur enracinement.

En France, l'État, « instituteur du social » pour reprendre l'expression de Pierre Rosanvallon, met en œuvre son poids à la fois administratif et idéologique pour assurer la cohésion sociale. « L'intégration sociale » est la devise. Elle se définit comme le fondement du lien social et s'oppose ainsi à l'« exclusion ». En Allemagne, l'État opère par l'intermédiaire d'institutions parapubliques qui fonctionnent comme des grandes associations et forment en même temps des groupes de pression seuls capables de négocier les intérêts des individus, en l'occurrence des étrangers, avec les instances gouvernementales.

Les structures en place reflètent les idéologies des institutions qui forment la société. En France, le discours officiel fondé sur le principe de l'universalité nie tout « traitement spécial » vis-à-vis de la population étrangère. Cependant, il est impossible d'ignorer le poids de l'histoire coloniale dans les relations avec les Nord-Africains. Considérant les années de guerre d'indépendance de l'Algérie, Yves Lequin souligne que les actions menées envers les Nord-Africains étaient des « actions marquées par l'esprit des "affaires indigènes" fortement teinté de paternalisme »[14]. Aujourd'hui, même si les relations entre la France et l'Algérie s'inscrivent dans la sphère des relations internationales, il serait erroné de négliger le poids du passé colonial sur les relations avec les Algériens installés en France. La logique d'intervention est générale, mais des raisons particulières influencent son application.

En Allemagne, c'est grâce à son statut générique de travailleur que l'étranger bénéficie des structures en place. Il bénéficie ainsi des allocations sociales au même titre que les Allemands, au moins tant qu'il occupe un

---

14. Y. Lequin, « Métissages imprudents ? », *La Mosaïque France, op. cit.*, 1988, p. 403.

emploi. De même, ses intérêts en tant que travailleur sont défendus par la Fédération des syndicats allemands qui compte des représentants pour chacune des nationalités présentes dans chaque branche d'activité.

On voit pourtant là le glissement vers le fonctionnement par communauté nationale qui devient plus net encore dans le domaine social. Déjà la prise en charge du *Gastarbeiter* recruté par l'Office fédéral de l'emploi met en évidence un accueil ethnicisé par le biais d'un traitement spécial des étrangers en fonction de leur nationalité. L'importante influence des organismes caritatifs sur le système d'État-providence en général et l'accueil des travailleurs invités en particulier introduisent aussi le facteur religieux dans leur traitement spécial. La division du travail entre eux se fait en fonction de la nationalité, mais en réalité c'est d'après sa religion que le travailleur étranger est accueilli par un organisme caritatif. De fait, il est pris en charge par la *Caritas* (l'organisation de l'Église catholique) s'il est espagnol, italien, portugais, polonais et croate (la nationalité ex-yougoslave se trouvant divisée en fonction de la confession des ethnies), par le *Diakonisches Werk* (organisme protestant) s'il est grec et orthodoxe, et par l'*Arbeiterwohlfahrt* (organisme syndical proche du SPD, créé à la suite de l'arrivée massive des Turcs), s'il est turc ou bosniaque musulman. Ainsi, la nationalité dans les principes, la religion en réalité déterminent l'institution d'accueil du travailleur étranger[15].

Dans le domaine culturel, en France, l'idéologie universaliste encore justifie une tendance à homogénéiser les différences de la part des institutions nationales, même si le cas algérien se présente de façon ambiguë dans la mesure où l'Algérie intervient aussi dans les décisions concernant ses ressortissants, tout comme la Turquie le fait pour les siens en Allemagne. Mais, en Allemagne, l'action culturelle est explicitement et automatiquement déléguée au pays d'origine. Elle relève d'ententes bilatérales entre États et s'inscrit dans le statut légal de *Gastarbeiter*. Sinon, la prise en charge proprement « structurelle » des étrangers se limite à les informer de leurs droits en tant que travailleurs invités. La raison principale est claire : il s'agit simplement de les tenir « prêts à rentrer ». Mais il faut dire aussi que la même motivation guide les mesures gouvernementales en France bien qu'elle ne soit pas avouée. En effet, dans les deux cas, des instituteurs venus du pays sont chargés de l'enseignement de la langue et de la culture d'origine. En France, ce dispositif est celui du nouveau programme défini en 1973, tandis qu'en Allemagne, il fait partie, dès le départ, des accords conclus avec la Turquie. De même, en 1977, l'État français, soucieux de ses

---

15. J. Puskeppeleit, D. Thränhardt, *Vom betreuten Ausländer zum gleichberechtigten Bürger*, Freiburg im Breisgau, Lambertus, 1990.

relations avec les pays du Maghreb, a pris des mesures pour faciliter la pratique religieuse des musulmans. Ces dispositifs peuvent évidemment surprendre dans un cadre idéologique qui prône l'assimilation.

Redéfinir les solidarités en France

La permanence du thème des banlieues et de l'exclusion dans le débat public, sa médiatisation et ses effets sur l'opinion utilisés par les partis d'extrême droite dans leurs discours et dans leurs actions conduisent la classe politique à chercher des moyens pour inclure les « migrants » d'abord dans le tissu urbain. Une redéfinition des solidarités s'impose au niveau local. Elle coïncide avec la mise en œuvre d'une politique de décentralisation depuis les années 1980. En effet, la politique de décentralisation touche à tous les domaines de la vie sociale : la vie de quartier, l'enseignement, la formation professionnelle des jeunes et même l'expression culturelle des populations immigrées.

Les élus locaux, les instituteurs, les travailleurs sociaux rassemblent leurs efforts pour améliorer d'abord les conditions scolaires, puisque c'est dans les écoles que se cristallisent les tensions locales. Comment gérer une classe d'enfants de 36 nationalités différentes, handicapés de surcroît par leur retard par rapport à l'âge moyen national et la moyenne des résultats scolaires ? Les écoles localisées en majorité dans des quartiers définis comme « Zones urbaines prioritaires » (ZUP) font l'objet pour cette raison de mesures spécifiques qui postulent qu'il faut « faire plus là où il y a moins ». Telle est la formule des politiques scolaires accompagnée de programmes spécifiques introduits dans ces établissements à partir de 1982 par Alain Savary, ministre de l'Éducation nationale.

Cette situation peut se comparer à celle des États-Unis dans sa politique d'*Affirmative Action* vis-à-vis des populations définies comme minoritaires et opprimées. Cette politique destinée à compenser les discriminations du passé, les inégalités dans le domaine de l'enseignement ou sur le marché de travail, à combler ainsi ce fossé, notamment entre les Noirs et les Blancs, qu'Andrew Hacker appelle les « deux nations », a bien constitué le trait majeur d'une politique. Même si aujourd'hui ce sont ses effets pervers qui font couler le plus d'encre et donnent lieu à des expressions telles que « discrimination positive » ou « *affirmative discrimination* », il faut convenir que l'application des mesures imposées par la politique d'*Affirmative Action* a été le point de départ de l'ouverture de la société américaine et d'institutions perçues comme privilégiant des Blancs à la population noire sur une base d'égalité.

Mais en France, aucune mesure n'est spécifiquement orientée vers la population immigrée, issue de l'immigration ou étrangère. Dans le discours, le «moins» est déterminé économiquement, de même que les handicaps sociaux. Ne tenant pas compte *a priori* de l'origine nationale ou religieuse des familles, l'État se réfère à toutes les familles en situation économique défavorisée. Des actions locales sont ainsi entreprises pour revaloriser les quartiers et leur image. Les moyens utilisés sont divers : il faut essayer si possible de disperser la population qui «dévalorise» ou encore inciter les habitants à participer à la vie sociale du quartier. Pour apaiser les peurs et les antagonismes, il faut agir en intégrant le moins dans le plus.

Chercher la source du malaise dans les problèmes sociaux et non pas dans les différences culturelles relève de la conception universaliste des relations sociales. Pierre Rosanvallon, dans son ouvrage *La Nouvelle Question sociale*, paru en 1994, souligne que l'universalité puise son fondement dans l'opacité et que «l'information est l'aliment de la différenciation». «Une meilleure connaissance que la société a de ses différences tend à modifier le sens du juste et de l'injuste» précise-t-il. C'est dans cette logique que pourrait s'inscrire la circulaire concernant les zones d'éducation prioritaire (ZEP) qui indique ouvertement les «zones» où se pose le problème de la scolarité : 28,9 % des enfants sont enfants d'étrangers, par rapport à 10,8 % au niveau national[16]. «Le projet de zone d'éducation prioritaire, depuis sa préparation, son élaboration, jusqu'à sa mise en œuvre, doit donc faire place aux préoccupations concernant les enfants étrangers et d'origine étrangère et intégrer les réponses éducatives et pédagogiques adaptées» écrit Hubert Prévot, secrétaire d'État à l'Intégration dans un document sur les politiques sociales d'intégration présenté à l'OCDE en mars 1991.

Par ailleurs, comment ignorer que ce sont les incidents des Minguettes, pendant l'été 1981, puis leur médiatisation par la Marche des Beurs, ou encore le mouvement «Convergence» des jeunes de banlieues qui ont attiré l'attention des pouvoirs publics et défini leurs modes d'intervention. Ne s'avère-t-il pas qu'il faut «faire plus» dans tous les domaines de la vie sociale pour les jeunes de 16 à 18 ans à dominance d'origine maghrébine ? En effet, à la suite des incidents des Minguettes en 1981, de leur récidive en 1983, les témoignages du magistrat, du commissaire de police et du directeur départemental de l'action sanitaire sont significatifs dans leur évaluation de l'état des lieux : «Aucune des institutions traditionnelles ne joue plus localement le rôle social qui lui est attribué[17].» Est-ce la chronique d'une faillite annoncée afin de développer des relais dont

---

16. S. Boulot, D. Boyzon-Fradet, *Les Immigrés et l'École, une course d'obstacles. Lectures et chiffres, 1973-1987*, Paris, L'Harmattan, coll. «CIEMI», 1988.

17. Ce témoignage est rapporté par Patrick Weil, dans son ouvrage *La France et ses étrangers, op. cit.*, 1991, p. 263.

on ne cacherait plus qu'ils sont tournés vers les populations immigrées? L'exclusion n'est pas simplement géographiquement périphérique; elle se réfère aussi et surtout aux institutions et au marché du travail, à l'échec scolaire, au chômage. Dans le discours, le mal est en premier lieu social. Il faut donc y remédier par le social, alors qu'en réalité le social se trouve étroitement lié au culturel.

Les responsables trouvent pourtant une réponse en promulguant la loi des associations pour étrangers en octobre 1981. Les pouvoirs publics mobilisent même des ressources pour inciter les migrants à s'organiser en associations. Les débats au Parlement pour le vote de la loi ont rendu explicites les intentions de la classe politique. La création d'associations pour et par les étrangers est considérée comme «un canal particulièrement efficace par sa souplesse pour la mise en œuvre de l'action sociale dans le cadre de la politique définie par les pouvoirs publics»[18]. De plus, ainsi que le précise la loi, elles se veulent aussi «l'expression des solidarités nationales, culturelles, sociales, et constituent à ce titre un moyen de rompre l'isolement dont peuvent souffrir les personnes transplantées».

Les associations font partie des dispositifs de développement du social urbain (DSU) lancés par la politique de décentralisation. Religieuses, sociales, culturelles, elles représentent désormais la mosaïque des groupes différenciés qui forment les collectivités locales. Certaines se définissent spécifiquement comme des associations de quartier. Elles réunissent les jeunes quelle que soit leur origine nationale ou religieuse. Elles organisent des kermesses ou des concerts, demandent la participation de tous les jeunes de la cité. L'idée est de faire croître les relations de voisinage et d'assurer une solidarité sociale fondée sur les intérêts du quartier et de ses habitants, d'affaiblir ainsi les solidarités ethniques comme sources de tension entre les différentes populations et les pouvoirs locaux.

Le Fonds d'action sociale (FAS), principal pourvoyeur de fonds pour les activités sociales et culturelles des associations, double ses crédits d'intervention en francs courants de 1980 à 1983, finançant 2 300 organismes en 1983 au lieu de 500 trois années auparavant[19]. Cet organisme créé en 1958 visait à l'origine «à promouvoir une action sociale générale en faveur des salariés travaillant en France métropolitaine, dans les professions visées par le régime algérien d'allocations familiales et dont les enfants résident en Algérie»[20]. Mais après la régionalisation de ses activités

---

18. Débats à l'Assemblée nationale le 29 sept. 1981, p. 1357.

19. M. Yahiel, «Le FAS : questions de principe», *Revue européenne des Migrations internationales*, vol. 4, n° 1 et 2, 1988.

20. Ordonnance du 21 déc. 1958 signée par le général de Gaulle, rapporté par M. Yahiel, «Le FAS : questions de principe», *ibid.,* 1988, p. 107-113.

et l'adaptation de sa structure en 1982, le FAS réoriente son action vers « la représentation spécifique des communautés immigrées ». Le but déclaré est de « créer des relais » pour faciliter l'intégration des populations immigrées. Dans le domaine de l'intégration des populations immigrées, le « FAS c'est l'État » nous avait dit en 1988 son directeur, Michel Yahiel.

Le FAS se régionalise dès 1985 et aide les associations à se structurer au niveau local, à orienter davantage leurs activités vers la vie du quartier, à créer des solidarités de quartier, bref à rétablir le lien social. En septembre 1990, le gouvernement débloque 100 millions de francs en faveur de soixante sites pilotes pour l'intégration par l'intermédiaire du FAS.

Depuis les incidents des Minguettes de l'été 1981, plusieurs rapports sur l'état de la ville ont été rédigés, plusieurs commissions créées et des projets réalisés. En juillet 1988, le premier ministre, Michel Rocard, désigne un délégué interministériel à la Ville et, en décembre 1990, est nommé un ministre d'État chargé de la Ville, Michel Delebarre qui, dès la première session du Parlement, présente un projet « antighetto ». À travers la politique de la ville, il s'agit en réalité d'une politique d'intégration poursuivie à partir de l'été 1991 par Jean-Louis Bianco, ministre des Affaires sociales et de l'Intégration, et Kofi Yamgnane, secrétaire d'État.

Ces nominations et la précipitation à définir des mesures mettent en évidence l'urgence de la situation. D'ailleurs, le gouvernement débloque aussitôt 300 millions de francs pour les quartiers de banlieues et la lutte contre l'exclusion. Les crédits augmentent tous les ans; en 1993, le plan de relance pour la Ville établit un budget de 5 milliards de francs pour les quartiers et les villes en difficulté à distribuer aux différents acteurs du terrain, aux associations et aux programmes de solidarité urbaine.

D'autres organismes, privés cette fois, comme la CIMADE (association d'entraide protestante), les Églises, des associations de solidarité avec les immigrés se lient, dans ce contexte nouveau, avec la fraction militante des populations concernées, constituée souvent de travailleurs assez actifs dans les syndicats de leur entreprise, d'étudiants engagés un moment dans les mouvements de jeunesse ou encore des réfugiés qui ont suffisamment l'expérience d'actions politiques pour « formaliser leur réunion ». La mairie leur accorde des salles pour organiser des débats portant sur le droit de séjour, les différentes catégories de cartes de séjour, les politiques de logement, les moyens de lutter contre le racisme. Les centres culturels s'unissent de leur côté aux associations pour célébrer les fêtes nationales des différentes populations présentes dans le quartier. De même, les écoles organisent des journées interculturelles où les enfants échangent des spécialités culinaires ou des objets d'artisanat, tandis que les centres de prévention collaborent avec les associations pour trouver aux jeunes des stages dans les entreprises en vue d'une insertion professionnelle.

Le terme de « maillage » est utilisé par les services sociaux pour décrire cet ensemble où s'entrecroisent les réseaux des associations et ceux des organismes spécialisés dans l'immigration ou des centres multiples et diversifiés relevant du pouvoir local. Il repose largement sur les relations personnelles qui s'établissent entre les responsables des services sociaux de la ville, les élus, les militants associatifs et quelques migrants.

La territorialisation des identités et les conflits qu'elle engendre requièrent toutefois d'autres approches. Des médiateurs interculturels, des médiateurs de quartier apparaissent comme acteurs nouveaux pour la régulation des conflits dans les zones à forte concentration étrangère. Dans un rapport sur les « médiations dans la ville » l'accent est mis sur l'affaiblissement des organisations associatives, syndicales, politiques, religieuses : « Elles étaient voilà deux décennies encore des relais naturels, des lieux de dialogue entre groupes sociaux divers, entre citoyens et institutions, des instruments de cohésion sociales[21]. » L'appel aux « médiateurs » apparaît en un sens comme un retour à l'individuel négligé.

Une Allemagne « multiculturelle »

En Allemagne, également vers la fin des années 1970, de multiples rapports sur les « travailleurs invités », aussi contradictoires qu'ils puissent paraître, s'accordent sur un fait : les étrangers « sont là pour rester ». Même si l'Allemagne n'est toujours pas un pays d'immigration, il faut prendre des mesures pour assurer l'intégration sociale et économique des étrangers. L'État-providence s'étend au domaine de la formation professionnelle des jeunes. Les partis politiques, les enseignants, les associations de parents d'élèves se disputent, dans chaque *Land*, sur le rôle de l'École et sur les mesures à prendre en ce qui concerne la scolarisation des jeunes Turcs. Autonomes dans leurs décisions quant aux modalités d'intégration des familles turques, les *Länder* définissent leur « "modèle" d'intégration » en fonction du gouvernement au pouvoir, de sa conception de l'immigration, de son attitude vis-à-vis de leur installation. Hambourg, dont l'État (et la municipalité) est social-démocrate (SPD), est allé jusqu'à accorder le droit de vote aux étrangers, annulé par la suite, cependant que le conseiller municipal de la ville de Francfort, Daniel Cohn-Bendit (Vert), s'est efforcé de préparer l'opinion à l'idée de la société multiculturelle.

---

21. *Médiations dans la ville*. Recherche financée par le ministère de la Santé, des Affaires sociales et de la Ville, la Direction des populations et des migrations, la délégation interministérielle à la Ville, le Fonds d'action sociale.

En 1981 se crée à Berlin la Commission pour les étrangers (*Ausländer-beauftragte der Bundesregierung*). Cette institution du gouvernement fédéral jouit de la liberté d'action dans toutes ses décisions locales. Sa priorité est d'aider les étrangers à créer leurs propres organisations (*Selbsthilfe*). Équivalent du FAS en France, cette commission finance les projets présentés par des associations déclarées « d'utilité sociale », c'est-à-dire des actions destinées à rassembler les jeunes étrangers de toute nationalité et les Allemands autour d'activités communes. L'utilité sociale se rapporte aussi à la récupération par des associations des cas déviants, chômeurs, délinquants ou jeunes membres de bandes perçues comme violentes. L'idée se rapproche de celle des organisations communautaires aux États-Unis qui regroupent les migrants d'après leur origine nationale ou religieuse (ou les deux) pour aboutir à une structure communautaire intégrée.

En Allemagne, les réseaux entre différents organismes se tissent à l'intérieur des régions qui gèrent les étrangers de façon autonome ou à l'intérieur d'un groupe national installé dans un *Land*. Les étrangers créent depuis les années 1980 des groupes de réflexion et des groupes de travail pour orienter le débat sur l'immigration, les conditions de séjour, les lois sur la naturalisation… En 1981, des étudiants turcs, certains d'entre eux militants de la Liste alternative de Berlin (les Verts), d'autres proches du SPD, mettent notamment sur pied un groupe de réflexion appelé *Initiativkreis Gleichberechtigung "Integration"* (IGI) pour promouvoir une nouvelle phase dans l'organisation des Turcs dans une perspective d'installation en RFA. Finis, du moins de façon formelle, les groupes qui représentent les partis politiques turcs jusqu'aux plus petites fractions extrémistes et, en raison de cela, sources de conflits parfois sanglants avec les Kurdes et même entre Turcs. Cette nouvelle phase se caractérise par les efforts déployés pour mobiliser la classe politique allemande et lui faire prendre conscience du changement de la réalité de l'immigration, de la nécessité de modifier son discours et même la législation. Elle tend aussi à agir sur l'opinion publique afin de lui faire accepter et favoriser les relations entre Turcs et Allemands.

La tâche principale revient toutefois à la Commission des étrangers et aux municipalités. Cette dernière et l'IGI aident les jeunes à mettre en scène des spectacles, à pratiquer la *break danse* ou à organiser des réunions sportives. À Berlin, le Sénat met à leur disposition des immeubles entiers appelés « maisons de quartier pour la rencontre multiculturelle » où chaque association dispose d'un étage. En plein quartier de Kreuzberg, l'association ORA34, ainsi appelée parce que située au numéro 34 d'Oranienstrasse (la rue est appelée *Orient Strasse* par les ressortissants turcs) abrite sous son toit au moins cinq associations et un salon de thé, « Le jardin familial », situé dans la cour de l'immeuble les réunit tous.

L'objectif déclaré est de favoriser les relations «interculturelles», non seulement pour éviter le repli des familles ou des jeunes, mais aussi pour orienter leurs activités. Il s'agit également, et surtout, de maintenir les jeunes éloignés des groupuscules politiques toujours présents et actifs sur le sol allemand, d'essayer, si possible, de les rapprocher entre eux. Au total, le but est de permettre l'ouverture des Turcs vers l'extérieur et de renforcer leurs solidarités à l'intérieur avec l'espoir de faire connaître les étrangers à la société globale et de les faire accepter par l'opinion publique. Car, dans les faits, leur acceptation par l'opinion publique et même par la classe politique dépend en grande partie d'une intégration communautaire et non pas d'une intégration nationale, comme en France, c'est-à-dire en reflétant l'image d'une communauté intégrée, guidée et gérée par des liens de solidarités entre ses membres.

Toutes ces organisations mettent, en outre, l'accent, comme en France cette fois, sur l'aspect d'abord social de leurs actions. Mais le «maillage», pour reprendre le concept utilisé par les services sociaux en France, se fait à l'intérieur d'un groupe national et non pas entre différents organismes et différentes populations. D'ailleurs, il est intéressant de rappeler que le terme technique utilisé pour désigner l'intégration des étrangers se traduit par «politique des étrangers» (*Ausländerpolitik*) et non par «politique d'intégration», comme en France.

En résumé, pour reprendre la formule de Pierre Bourdieu, les territoires d'identité en France et en Allemagne correspondent à des «structures spatiales et des structures mentales». Dans les deux pays, les familles immigrées ou étrangères s'intègrent parfaitement dans les structures spatiales, mais elles se trouvent exclues des structures mentales. Chacun des pays définit sa forme d'exclusion : sociale en France, ethnique en Allemagne. Pourtant, l'une ou l'autre apparaissent *a priori* comme les conséquences d'une même logique de marché libéral qui les a créées. C'est ce qui explique la convergence dans la recherche des solutions dans les deux pays.

En effet, tous deux sont contraints d'adapter leurs structures à la réalité actuelle, mais il reste que celles-ci traduisent elles-mêmes l'idéologie et les traditions héritées des histoires nationales, auxquelles les politiques ne peuvent échapper. Bien que les dispositifs adoptés vis-à-vis des immigrés ou des étrangers en France et en Allemagne rappellent les représentations que chaque société se donne d'elle-même, le «modèle» qu'elle veut incarner et surtout exposer. Les relations entre les États et les populations en question mettent en évidence un seul mode d'évolution. La France oscille entre un universalisme de principe et un particularisme pragmatique. L'Allemagne cherche de son côté à apaiser l'opinion publique internationale en adoptant des solutions destinés à «protéger» des étrangers qu'elle a situés à part. Mais les résultats sont les mêmes. Les deux pays mettent en œuvre des dispositifs protectionnistes vis-à-vis des étrangers. Une intégration sociale conçue et orientée vers les étrangers en Allemagne, une intégration sociale exprimée en termes de solidarité nationale en France reflètent ce phénomène : immigrés, étrangers ou tout simplement corps étranger dans les structures mentales.

4

L'invention du culturel

> « *Believing, with Max Weber, that man is an animal suspended in web of significance he himself has spun, I take culture to be those webs, and the analysis of it to be therefore not an experimental science of law but an interpretative one in search of meaning.* »
>
> « Je crois, comme Max Weber, que l'homme est un animal suspendu à un tissu de sens que lui-même a tissé et je prends la culture comme l'un de ces tissus, et son analyse non pas comme une science expérimentale, mais plutôt comme une science interprétative à la recherche de sens. »
>
> (Clifford GEERTZ, *The Interpretation of Cultures*.)

Dans les démocraties occidentales, les mesures gouvernementales en faveur de l'intégration (sociale) vont désormais de pair avec un discours sur la « reconnaissance culturelle ». C'est d'ailleurs une façon de justifier le mot « intégration » qui remplace désormais le terme d'« assimilation » dans le contexte français. Les débats scientifiques et politiques américains ont adopté le terme d'« incorporation ». Ce terme, qui se veut neutre, semble situer sur le même plan toutes les « cultures » qui s'expriment publiquement et non pas celles qui s'adaptent, s'assimilent ou s'intègrent dans une culture nationale, qu'elle soit définie comme anglo-saxonne ou référée au *melting pot*.

Aussi bien en France qu'en Allemagne, les associations, définies comme des relais de solidarité dans les *territoires d'identité*, cherchent à faire connaître ou reconnaître *une* identité culturelle. En France, cela s'inscrit dans le cadre du « droit à la différence ». L'idée a été lancée en 1981 par le Parti socialiste au pouvoir; quant au droit, il a trouvé une assise dans les associations d'étrangers grâce à la libéralisation de la loi (octobre 1981). Les communautés de fait qui se constituent dans les quartiers se formalisent et s'institutionnalisent avec ces associations. Il reste à leur donner un contenu culturel. En Allemagne, dans les mêmes années, par mimétisme synchronisé ou contagion politique, les associations turques font leur apparition sur la scène publique. Ces associations, régies par une loi de 1964 d'après laquelle « tout groupe, même formé d'étrangers, peut s'associer légalement à condition de ne pas nuire à l'ordre public ni aux intérêts économiques de la République fédérale », aspirent, comme en France, à définir une identité qui se veut collective, à dessiner leurs frontières, à créer de nouvelles solidarités.

La culture devient dès lors l'élément constitutif des nouvelles solidarités à construire. Sa définition n'est cependant pas sans ambiguïté, comme le laissent transparaître les discours des militants d'associations. Que ces derniers donnent la priorité aux problèmes spécifiquement sociaux ou exclusivement religieux, ou encore que les associations soient prioritairement nationales ou régionales, le terme de « culturel » apparaît dans le nom ou, au moins, dans les statuts : Association socio*culturelle* des Maghrébins ou Association *culturelle* islamique turque. Le nom des associations semble réaffirmer une identité collective telle qu'on voudrait qu'elle soit perçue ou interprétée. La culture devient dès lors une donnée reconstruite par l'organisation en fonction des attentes des individus qui y cherchent une identification. D'où son invention. Cette approche permet de justifier les différences avec un discours sur l'histoire, sur le passé et les racines.

En réalité, l'emploi du terme « culturel » dans le statut des associations dissimule des clivages sociaux et politiques. À l'intérieur des frontières, d'abord nationales, retracées par les associations transparaît toute la diversité des sociétés complexes : diversité sociale (classe, sexe, âge), diversité culturelle, parfois linguistique (turque/kurde, kabyle/berbère/arabe), parfois ethnique, souvent régionale. Tel est le cas des associations formées par des Kurdes de nationalité turque, des associations qui se réfèrent à la « culture maghrébine » et dont les présidents précisent leur identité kabyle ainsi que celle de leurs membres, ou encore de telle association marocaine créée, gérée et animée par des migrants originaire du Rif. C'est comme si toute la diversité anthropologique qui avait été occultée dans un souci d'homogénéisation culturelle de l'État-nation d'origine resurgissait sous une forme ou une autre, comme « libérée », dans le pays d'immigration où chaque trait particulier constitue un élément de distinction. Avec cela jouent les divisions idéologiques qui affectent une partie des associations religieuses islamiques, les prises de position pour ou contre le pouvoir en place dans le pays d'origine, également celles qui touchent aux politiques dans le pays d'immigration. Là encore, la lutte contre le racisme réunit les jeunes.

Mais en même temps, le « sexisme des dirigeants et militants » éloigne les femmes qui voudraient « dire leur mot en tant que femmes »[1]. Bref, la création d'associations se traduit par une fragmentation fondée sur ce que Freud appelle le « narcissisme des différences mineures ».

Les discours alternent avec des actions qui veulent donner une forme au « culturel ». Dans ce sens, les organisations à vocation identitaire apparaissent comme un refuge, parfois un sanctuaire même, où s'interprètent, se concrétisent et s'enracinent la culture, la religion, l'ethnicité, la nation (d'origine). Chacun de ces concepts intervient pour transformer une communauté locale informelle, constituée de fait par la proximité spatiale, en une communauté culturelle, transnationale, imaginée à partir des identifications communes.

« RÉAPPROPRIATION » D'UNE IDENTITÉ CULTURELLE

L'expression de ces différences au travers de fragments d'identité puise sa légitimité dans l'histoire telle qu'on se la rappelle ou encore dans l'histoire qu'on oublie et qu'on a refoulée. Chaque groupe réinvente son histoire à partir d'un passé réel ou imaginé, mais dont le contenu procède de toute manière des relations reconstituées lors de l'immigration et au contact d'une autre culture. C'est ainsi que l'espace étranger renvoie à chacun sa propre image, y compris dans les cas où des traumatismes historiques se trouvent sublimés par compensation, comme, par exemple, pour les juifs ou les Arméniens.

C'est toutefois aux États-Unis que la fièvre du multiculturalisme mène aujourd'hui à une véritable réécriture de l'histoire. Les Noirs, exclus de l'assimilation, s'investissent dans la réinterprétation « ethnique » ou même raciale de l'origine des civilisations. L'exemple le plus connu est fourni par l'ouvrage *The Origins of African Civilization* qui prétend que l'ancienne Égypte appartient à la civilisation noire, que toutes les races descendent de la race noire, la civilisation occidentale également puisqu'elle dérive de la civilisation égyptienne. Des spéculations similaires alimentent un autre ouvrage publié en 1987, *Black Athena : The Afroasiatic Roots of Classical Civilization*. Le titre est assez explicite de la volonté avec laquelle les Noirs américains entendent exprimer leur fierté ethnique et raciale.

---

1. Propos recueillis lors d'un entretien avec la présidente de « Nana Beur » en France. Une réflexion similaire a été formulée par les militantes de l'Association des femmes à Berlin.

En France, cette exaltation des origines trouve son aliment dans l'histoire coloniale. Très présent dans le discours des jeunes d'origine algérienne, le souvenir de ce passé est chargé de passion et d'émotion. Il agit comme si les enfants voulaient rappeler ou se rappeler ce que les parents ont essayé d'oublier, de refouler, préoccupés par le travail qui avait motivé leur émigration, pris aussi dans un processus d'*acculturation* qui les aurait « empêché de bien transmettre ce qu'on leur avait inculqué » dit une jeune femme présidente d'association.

Sollicitant le passé, le présent se traduit de la sorte par une invention de l'identité culturelle qui cherche à se concrétiser dans le cadre des associations. Lors du vote de la loi du 9 octobre 1981, libéralisant les associations d'étrangers, les débats parlementaires avaient justifié ce phénomène : « L'association est l'expression des solidarités nationales, culturelles, sociales et l'instrument de leur approfondissement. Elle constitue à ce titre un moyen de rompre l'isolement dont peuvent souffrir les personnes transplantées, de renouer les liens avec le pays d'origine et de se réapproprier une identité culturelle. » Une dirigeante d'association de femmes maghrébines ne parlait pas un autre langage : « Quant j'utilise le terme de réappropriation, c'est parce que je suis convaincue qu'il y a plein de choses complètement différentes des Français. Il ne faut pas nier ces aspects-là, les faire ressortir mais en même temps les creuser. » Elle poursuivait : « Réappropriation signifie que le peu que mes parents m'ont transmis, j'essaie de l'approfondir et cela me fait prendre conscience qu'effectivement le discours qu'on a pu entendre, "on est tous pareils", ce n'est pas vrai. »

S'agit-il de réappropriation d'une culture déjà bricolée lors de la colonisation, d'une culture précoloniale à réinventer ou bien d'une culture qui a subi l'érosion d'une acculturaltion naturelle liée à l'immigration ? La question reste ouverte au regard de la confusion des actions concrètes des associations qui cherchent à y répondre par des cours de langue, de folklore, des journées culinaires…

Ces actions sont anciennes. En novembre 1962, le bureau politique du FLN en Algérie dissout sa fédération de France. À partir de ce moment, les « comités de soutien » au FLN, créés pendant l'été 1962, se transforment en une « Amicale des Algériens en France et en Europe ». Ainsi une organisation politique devient-elle une organisation culturelle de défense des immigrés. Régie par la loi 1901, l'Amicale oriente ses activités vers les besoins des immigrés algériens en leur assurant des cours de langue, d'alphabétisation, ou en prenant en charge leurs problèmes de logement ou d'emploi. D'autres groupements émanent des amicales d'Algériens, de Marocains, de Tunisiens, pour « donner un soutien moral aux immigrés ici, mais aussi un soutien politique et financier aux mouvements nationalistes en Algérie ou au Maroc ». D'autres encore, « contre-amicales », se forment dans les années 1970 à l'initiative d'étudiants ou d'intellectuels qui, guidés par une idéologie tiers-mondiste et internationaliste s'appuyant sur des militants venus de la CGT, s'octroient le rôle de défenseurs des travailleurs immigrés dans l'entreprise tout en essayant de sensibiliser l'opinion au rétablissement de la démocratie dans les pays d'origine.

Un tournant se dessine toutefois dans les années 1980, quand les associations manifestent la volonté de rompre avec les institutions dirigées et gérées par les pays d'origine. À partir de ce moment-là, l'expression culturelle des associations se vide complètement de son contenu de classe. « Il n'y a pas une continuité avec les activités du début, il y a une évolution » précise le représentant de l'Association des travailleurs marocains en France : « Notre objectif était de leur fournir un soutien moral dans les débuts, mais aussi de manifester avec le temps une volonté de prendre en charge des problèmes de logement, de l'enfance, de la culture, de la santé, de la formation et j'en passe. » Ainsi, la mémoire collective comme support d'une identité devient l'objet d'une gestion autonome de la part du milieu associatif, dans une logique où le passé sert de guide pour l'orientation du futur échappant à la tutelle de l'État d'immigration.

Une identité culturelle correspondant au processus d'installation permanente doit dès lors se définir. Son élaboration oblige à s'éloigner de l'influence des instituteurs et imams envoyés par les pays d'origine, à prendre en charge l'enseignement de la langue et de la culture imaginée comme celle d'origine indépendamment des accords bilatéraux que les pays de départ ont conclu avec les pays d'immigration. En somme, il faut marquer son autonomie et peut-être même rompre avec l'histoire coloniale, et cela avec l'objectif principal « de changer l'image de l'immigration en France », voire de se construire une nouvelle identité par une réécriture de l'histoire, partant de changer l'image de la vieille patrie en y intégrant l'histoire de l'immigration, bref de développer une fierté à la fois nationale et immigrée.

L'immigration algérienne est la plus complexe sur ce plan. Même si elle se réfère par principe à l'arrivée massive des travailleurs qui débute dans les années 1960, elle comprend aussi les harkis, ces « oubliés de l'Histoire » selon Michel Roux. La relation qu'ils entretiennent avec leur pays d'origine et avec la France à la fois les situe dans l'ambiguïté totale. Pris comme des « traîtres » par les Algériens, ils dénoncent pour leur part l'attitude des hommes politiques français à leur égard, « empreinte de néo-colonialisme et de mépris »[2]. Mais en tant que Français musulmans,

---

2. M. Hamoumou, *Et ils sont devenus harkis*, Paris, Fayard, 1993, p. 304.

citoyens et par conséquent électeurs, c'est sous le couvert protecteur des immigrés algériens, de la défense de l'islam et de la lutte contre le racisme qu'ils trouvent une sorte de réconciliation avec l'Algérie. Aujourd'hui, leurs enfants et petits-enfants se confondent avec les Beurs, non seulement dans l'opinion publique, mais aussi à cause des problèmes sociaux ou des préjugés racistes auxquels ils se heurtent.

Turcs et Kurdes originaires de Turquie représentent, chacun de leur côté, un autre cas. Même si, pour les premiers, une « réappropriation » de leur identité pourrait cette fois aussi s'exprimer par une volonté d'autonomie par rapport aux institutions liées au pays d'origine, aux instituteurs ou aux imams envoyés par l'État turc, aux militants qui se définissent en fonction de leur idéologie politique pour ou contre le gouvernement d'Ankara, l'absence de passé colonial nourrit chez eux la « fierté ethnique », pour reprendre l'expression de Max Weber. Cela leur permet d'exprimer une différence qui se veut « objective » par rapport aux autres populations immigrées en France : celle qui procède de la valorisation d'un Empire glorieux qui, à son déclin, a été rapidement relayé par une République construite sur le modèle d'un État-nation occidental et dont surgit à son tour l'image d'un peuple et d'une nation indépendants.

Ce constat vaut aussi bien pour la France que pour l'Allemagne. Dans les deux pays, le discours sur l'identité turque met ces aspects en évidence, ainsi, quand des actes racistes font dire à une femme turque immigrée « qu'ils n'auront pas le même sort que les juifs en Allemagne, le Turc est conquérant, ne se fait pas prendre, et en plus il a un État [sous-entendu indépendant] ».

Les Kurdes, quant à eux, puisent leur fierté dans une identité ethnique qui a persisté malgré la politique assimilationiste de la République turque. Les mouvements nationalistes développés en Europe, où les Kurdes représentent à peu près 30 % de l'immigration en provenance de Turquie, mettent en évidence des revendications non pas seulement élaborées en situation d'immigration mais également à partir d'un statut de minorité double dans le pays d'origine, aussi bien en France et qu'en Allemagne.

Affirmation d'une identité culturelle en Allemagne

La volonté de changer l'image de l'immigration maghrébine en France par la « réappropriation » d'une identité culturelle se cantonne dans le discours et explique la faiblesse des revendications d'ordre ethnique des jeunes d'origine algérienne. En effet, les discours de ces derniers portent plus sur l'expérience de « vie commune » entre Français et Algériens et la vision d'une certaine proximité découlant de l'histoire coloniale qui se manifeste par la maîtrise de la langue française, par l'«habitude de l'administration» comme aiment à préciser certains. Si la langue arabe, comme élément d'une identité culturelle, se situe au cœur des activités de la plupart des associations, elle se présente surtout comme une façon de se libérer de la mainmise de l'État d'origine. «On donne des cours d'arabe aux enfants le mercredi, le samedi et parfois le dimanche. C'est une des batailles que l'on mène contre les conventions faites avec les pays d'origine qui envoient ici des moniteurs qui ont une drôle de conception de l'immigration. Ils sont traditionalistes et les enfants font la différence entre l'école française et l'école arabe. C'est la bataille pour la modernité» déclare un dirigeant d'association.

Mais en ce qui concerne les Turcs, aussi bien en France qu'en Allemagne, leur identification, d'abord nationale et ethnique, fait de la langue une revendication et non pas simplement une réaction. Si en France toutes leurs activités s'insèrent dans le mouvement associatif dans son ensemble (suivi scolaire, formation, cours de langue, sport, folklore, etc.), en Allemagne elles deviennent proprement constitutives de l'affirmation d'une identité collective dont la reconnaissance passe par la langue. Quelques associations turques, laïques ou religieuses, ces dernières prêchant d'ailleurs en turc, n'hésitent pas, si nécessaire, à coupler les cours de langue ou de religion avec ceux des instances officielles de l'État turc même si les différences idéologiques introduisent des fractures politiques dans le discours. À Berlin par exemple, l'Association de parents d'élève prône une éducation bilingue officielle dans les écoles publiques de la ville. Leur revendication diffère néanmoins du modèle des « classes bilingues » (*Zweisprachige Klassen*) développées en Bavière au début de l'installation des Turcs. Appliquée dans les écoles de quartiers à forte concentration d'étrangers, cette politique, qui consistait à séparer les enfants d'étrangers dans des classes où l'enseignement était dispensé par des enseignants venus du pays, par conséquent dans la langue d'origine, se traduisait dans la pratique par une ségrégation des jeunes turcs et allemands : afin d'ouvrir une classe séparée de 25 élèves, il suffisait de les faire venir d'autres quartiers de la ville.

Ce type de ségrégation inversait en somme le système du *busing* pratiqué aux États-Unis, système qui a consisté, au contraire, à disperser la concentration ethnique dans les grandes villes et à transporter les enfants des quartiers «ghettos» dans d'autres quartiers afin de promouvoir l'égalité ethnique et raciale dans l'institution scolaire. Composante du programme de l'*Affirmative Action*, le *busing* a fait couler beaucoup d'encre quant à ses effets : abandon des écoles publiques et valorisation de l'école privée, plus grande concentration de fait des enfants des groupes ethniques défavorisés. Mais ce qui est intéressant dans sa transposition dans le cadre de la Bavière, c'est à l'évidence l'intention inverse de l'utiliser pour maintenir la différence et non pour intégrer, maintenir une inégalité et non la détruire, l'objectif restant de les « garder prêts à rentrer ».

Naturellement, l'éducation bilingue revendiquée par l'Association des parents d'élèves de Berlin ne doit pas se traduire par la séparation des classes, mais par l'intégration de la langue turque dans le programme scolaire allemand. L'argument se fonde sur la séparation linguistique de fait entre le monde des Turcs et celui des Allemands, la langue turque restant dominante dans le premier sans que le passage dans le second ne la fasse disparaître. « Les enfants vivent de fait en deux langues » dit le directeur de l'association. À Berlin, il peut paraître paradoxal que le maintien des instructions affichées en turc dans les lieux publics, dans les cabines téléphoniques, par exemple, ait été jugé inutile au bout de trente ans de présence turque, mais qu'en revanche la maîtrise de la langue allemande par les Turcs, femmes comprises, parfois de la première génération, soit accompagnée d'une revendication de l'enseignement de leur langue dans les établissements publics. Néanmoins, les intentions semblent claires, du moins dans le discours qui fait de la langue l'élément culturel essentiel pour le maintien d'une certaine idée de l'identité nationale turque. Quant à la langue kurde, présentée comme l'élément constitutif de l'identité ethnique kurde en Turquie, même si elle retrouve sa légitimité dans l'immigration, sa reconnaissance ne s'intègre pas dans des programmes bilingues revendiqués par les militants associatifs ; elle cherche surtout une reconnaissance en Turquie.

Les débats sur le bilinguisme à Berlin, étendus désormais dans presque tous les *Länder*, rappellent ceux des *Hispanics* aux États-Unis. L'argument, aux États-Unis, était fondé sur l'échec scolaire des enfants. Il trouvait une justification dans les conséquences négatives d'une connaissance limitée de l'anglais et du temps passé en dehors du programme d'enseignement sur la réussite des enfants. D'où la nécessité d'adopter une loi sur l'éducation bilingue en 1973, en révision du *Bilingual Education Act,* proclamé en 1968, qui permet aux enfants d'étrangers nouvellement arrivés dans le pays de suivre une partie de l'enseignement dans leur langue maternelle, pendant la durée de leur apprentissage de l'anglais en première langue.

Les revendications des *Hispanics* aux États-Unis ou des Turcs en Allemagne puisent leurs principes dans l'égalité des chances, et leurs théories dans la compensation de l'échec scolaire perçu comme la cause d'une ségrégation ou d'une non-intégration. Mais à la différence des revendications avec les *Hispanics* aux États-Unis où l'enseignement bilingue est justifié pour le début de la scolarisation des enfants, les ressortissants turcs en Allemagne font de la langue une revendication permanente et constituante d'une identité collective distincte.

Mais une telle affirmation conduit à exprimer l'appartenance à un groupe dont les frontières se renforcent sous une influence qui lui échappe, puisqu'elle est celle du pays où il s'est établi, donc externe. En Allemagne, c'est pour cette raison que l'affirmation d'une identité d'abord nationale et turque surgit constamment lors des discussions sur les conditions d'accès à la nationalité allemande. On peut se demander si ce n'est pas la nation allemande qui renvoie les populations étrangères (immigrées) à se définir sur les mêmes bases. De fait, la naturalisation exige l'abandon de la nationalité d'origine, le refus de la double nationalité renforçant l'identification d'abord nationale. Un tel impératif conduit toutes les associations de toutes tendances idéologiques ou culturelles à revendiquer l'introduction du droit à la double nationalité dans la Constitution allemande. Là aussi, la nationalité turque, comme la langue, se trouve à l'origine d'une volonté de maintenir une identité séparée, constitutive d'une communauté ethnique. Cette communauté serait définie par la nationalité turque et reconnue en tant que telle dans la République fédérale.

Par ailleurs, les actes de violence racistes qui visaient en Allemagne, au début des années 1990, les étrangers, et tout particulièrement les Turcs, font du groupe ethnique ainsi défini un refuge. Des images symboliques subliment la diversité des identifications, sous le seul signe national. L'image la plus spectaculaire de la protestation des ressortissants turcs face à ces exactions, qui ont coûté la vie à trois personnes à Solingen au printemps 1993, est celle transmise par toutes les télévisions européennes de la foule réunie derrière le drapeau turc. On retrouve la même scène lors des célébrations des fêtes nationales introduites par Mustafa Kemal dans les petites villes où, comme en France, les enfants défilent dans les rues en tenant chacun un drapeau en papier sur lequel figure le portait d'Atatürk, fondateur de la Turquie moderne. Mais, en Allemagne, le concept de l'étranger fondé sur la nationalité définie elle-même par le sang aussi bien que par le territoire fait du drapeau le symbole de l'appartenance nationale, de son indépendance en tant que nation, également d'une « présence structurelle » sur le sol allemand et d'une présence dans l'espace public d'une « minorité ethnique » dont la définition est à négocier.

« L'ISLAM EST PARTOUT ! »

La « réappropriation » de l'identité culturelle et l'« affirmation » d'une identité collective liée au passé national justifient le présent et préparent le futur des générations à venir. Pour ces dernières, il ne s'agit plus du passage d'un pays à l'autre, ni de se définir par rapport à une nationalité ou une autre (au moins pour la France et sûrement bientôt pour l'Allemagne), mais de se repérer vis-à-vis d'une (ou d')identité(s) construite(s) à partir d'une situation de «minorité» de fait autour d'une «différence permanente». Cette différence permanente renvoie à la différence religieuse dans les deux pays : l'islam en terre chrétienne. «Les Allemands vont faire de nous des Allemands, il faut encore quelques années, ils vont réussir à nous assimiler, mais la religion persistera» dit un père de famille, qui lui-même a grandi en Allemagne où il est aujourd'hui propriétaire d'une entreprise d'outils mécaniques et où il dirige l'association des hommes d'affaires turcs de Berlin. Il exprime ainsi le «noyau dur» de l'identité.

La religion, au croisement de la mémoire et de l'identité, qui lie non seulement le passé au futur, mais aussi les générations entre elles, «implique une mobilisation spécifique de la mémoire collective»[3]. Dans une société nouvelle, elle apparaît comme une réponse à une perte de références et fonde le lien social. Comme le souligne à juste titre Georges Balandier : «C'est dans la religion et surtout dans son institution culturelle ou ecclésiale que la tradition trouve ses ancrages les plus solides[4].» De fait, les immigrés, surtout ruraux, des «premiers âges de l'immigration» n'avaient-ils pas intuitivement, par un traditionalisme exacerbé, cherché à maintenir des relations étroites avec le pays et la famille élargie pour assurer le plus longtemps possible le respect de leurs traditions culturelles édifiées en termes religieux ? N'avaient-ils pas cherché, au début de leur séjour, à établir un contrôle social dont les éléments étaient puisés dans la religion, source d'ordre moral et social, que les rapports de voisinage ne pouvait que renforcer ?

Cela n'est pas vrai que pour les musulmans. Janine Ponty nous apprend que chez les Polonais aussi, l'Église constituait «l'âme de la résistance» et que la fusion du sentiment national et du sentiment religieux avait conduit les familles polonaises immigrées dans le Pas-de-Calais à faire venir un prêtre du pays afin que s'organise autour de lui toute la vie de la communauté locale[5]. De nombreuses études sur les différentes populations immigrées nouvellement installées aux États-Unis témoignent du même phénomène : la religion comme fondement de la formation d'une communauté. Les Églises, souvent divisées par nationalités (comme les synagogues), constituaient le centre de la communauté reconstituée, et les chefs religieux étaient considérés

---

3. D. Hervieu-Léger, *La Religion pour mémoire*, Paris, éd. du Cerf, 1993, p. 178.

4. G. Balandier, *Le Désordre. L'éloge du mouvement*, Paris, Fayard, 1988, p. 36.

5. J. Ponty, *Polonais méconnus. Histoire des travailleurs immigrés en France dans l'entre-deux-guerres,* Paris, éd. de la Sorbonne, 1988.

comme les patriarches seuls susceptibles de maintenir les liens entre les familles et de les aider à transmettre les valeurs traditionnelles, exprimées en termes religieux, du vieux pays.

Dans la même logique, au début des années 1970, les familles maghrébines et turques installées en France, ou en Allemagne pour les secondes, avaient sollicité la venue d'imams de leur pays d'origine pour qu'ils gèrent les salles de prière vis-à-vis des municipalités. Ces imams devaient les assister dans leur tâche de transmission de la mémoire, dispenser aux enfants des cours de Coran en dehors des heures de classe, en général le samedi après-midi ou le dimanche. De plus, la durée de leur séjour a fait des imams les personnages centraux de la collectivité, en particulier lorsqu'il fallait prier pour la mort d'un proche, préparer son cercueil et l'envoyer au pays.

Avec le foisonnement des associations à partir des années 1980, l'islam s'installe dans le discours des acteurs comme source d'action ou de réaction. Des associations dites pourtant laïques intègrent l'islam dans le cadre des fêtes à célébrer comme le Ramadan ou le sacrifice du mouton. En général, les rituels une fois inscrits dans la mémoire collective deviennent à la fois religieux et nationaux; ils débouchent sur ce que Danièle Hervieu-Léger appelle la religion «folklorisée»[6]. «L'association est laïque, mais la religion est intégrée» déclare la présidente de l'Association des femmes maghrébines. Quant aux associations nommément religieuses, elles aussi créées selon la loi de 1981 et fondées sur celle de 1901 concernant les associations culturelles et non sur celle de 1905 concernant les congrégations religieuses[7], elles mènent à l'évidence plus encore une action par laquelle «le culturel débouche forcément en même temps sur les valeurs religieuses, c'est inséparable» comme aime à le préciser Yousouf Roty, fondateur de l'association «Vivre l'islam en Occident», association qui s'occupe, entre autres, de la publication d'ouvrages sur la «littérature islamique en français, sur le rituel, dans le domaine moral, spirituel et pratique de l'islam». D'une composante de la culture pour les premières, laïques, l'islam devient la culture dans sa globalité pour les deuxièmes. Ce qui conduit le dirigeant de l'association turque «Union islamique», à affirmer que «l'association n'est pas une association religieuse, mais une association culturelle, sociale, éducative, c'est-à-dire [que] l'islam englobe toutes les activités de notre vie de tous les jours».

---

6. D. Hervieu-Léger, *op. cit.*, 1993, p. 129.

7. La recherche sur les associations islamiques en Île-de-France que nous avons menée montre que 7 associations islamistes sur 66 déclarent connaître la loi de 1905 et que 2 en ont simplement entendu parler; *cf.* M. Diop, R. Kastoryano, «Associations islamiques en Île-de-France», *Revue européenne des Migrations internationales*, vol. 7, n° 3, 1993.

La religion devient donc une autre façon de se « réapproprier » l'identité. Sa mise en jeu répond, toujours d'après Y. Roty, à « une première urgence de donner au moins aux enfants une connaissance des valeurs islamiques, des principes rituels élémentaires qu'ils n'avaient pas développés ici. Et c'est à partir de ces points d'ancrage-là, […] qu'on peut développer des valeurs morales, les implications sociales et ainsi de suite. » L'idée est qu'une image positive de l'islam dans la société française peut justement susciter une plus forte identification des jeunes à leur religion et « à leur origine ». Il s'agit dès lors « d'éveiller les jeunes à cette culture, de les aider à la découvrir et à la dire »[8]. Un imam de Marseille affirme de son côté que « l'islam est une religion qui gère toute la société, qui lui apporte même des remèdes, qui n'est pas là pour détruire mais pour construire et améliorer les relations entre les humains, et ça vous pouvez le trouver dans tous les versets coraniques ». Il revient donc aux associations islamiques, ajoute-t-il, « d'informer les habitants de la cité pour que les musulmans soient mieux compris dans leur vie spirituelle et ailleurs, car l'islam est partout ».

L'islam apparaît, en définitive, porteur d'une valorisation de soi et comme un discours de réaction à un environnement qui l'associe à une image de « violence », de « retour en arrière », de « soumission de la femme » ou « de fanatisme ». Ces termes et leurs opposés sont avancés par un sondage de l'IFOP, réalisé en 1989, où deux échantillons, musulman et français, devaient indiquer si l'islam correspond à la paix ou à la violence, au progrès ou au retour en arrière, à la protection de la femme ou à sa soumission, à la tolérance ou au fanatisme[9].

Les tenants de l'islam comme source de « fierté ethnique » marquent leur champ d'action en s'opposant aux associations laïques et vice versa. Les militants, chacun de leur côté, développent dès lors des discours d'exclusion réciproque. Les responsables d'associations socio-culturelles renforcent leurs activités folkloriques « pour proposer aux enfants une vision de leur culture qui n'est pas dévalorisante et pour que les jeunes voient autre chose que l'islamisme ». Pour ceux des associations religieuses, c'est en revanche le « sens moral » apporté par l'islam qui nourrit le discours identitaire. « Mieux vaut une mosquée qu'un bar

---

8. Entretien avec le secrétaire général de l'association les « Amis de l'Islam » qui a son siège à Saint-Denis.

9. Alors que 84 % des musulmans associent l'islam à la paix, 64 % au progrès, 62 % à la tolérance, 61 % à la protection de la femmes, pour 60 % de la population française l'islam fait référence à la violence, pour 66 % au retour en arrière, pour 71 % au fanatisme, pour 76 % à la soumission de la femme ; *in : L'Islam en France*, Sondage IFOP, *Le Monde*, RTL, *La Vie*, nov. 1989.

arabe », dit un imam pour exprimer son rejet des pratiques des jeunes « qui se disent musulmans et qui n'obéissent pas aux règles de l'islam ». Le bar ferait-il référence aux associations socioculturelles qui se définissent comme laïques mais qui sont en compétition avec les associations religieuses lorsqu'elles organisent des fêtes « où on sert des boissons alcoolisées… et où boivent ceux qui veulent » ? Cette vision laïque se heurte évidemment de plein fouet à celle des imams qui sollicitent des salles de prière auprès des municipalités afin d'organiser des prières collectives lors des mêmes occasions.

Bien que multiples et variés, les discours et pratiques centrés sur l'islam visent ainsi à combiner la fierté individuelle et la formation morale. La pratique religieuse, l'enseignement des traditions et du système de croyance dont elles sont issues sont vus comme les supports d'un mode de vie, d'un ensemble de valeurs capables de compenser le sentiment de « dévalorisation sociale » des musulmans en France et en Allemagne. Ils sont perçus également comme des moyens de suppléer la carence des institutions nationales jugées défaillantes. C'est dans la lutte contre la délinquance, la drogue et la violence des jeunes que les associations islamiques justifient leur présence et leur importance dans les banlieues en France.

En Allemagne, les associations islamiques revendiquent la même fonction : régulation sociale et récupération des jeunes « victimes » de l'immigration et, surtout, de la société occidentale présentée comme impersonnelle et froide. Le président de la Fédération islamique de Berlin manifeste ainsi dans la première page d'une brochure que celle-ci « ouvre ses ailes remplies d'amour et d'affection à tous ses frères » et qu'elle « est prête à faire fondre toute amertume et froideur [de l'environnement] dans la chaleur de l'islam ».

En Allemagne, plus de 90 % des musulmans sont de nationalité turque et 99,9 % des ressortissants turcs sont musulmans[10]. L'islam turc puise sa spécificité dans son appartenance à un État qui se veut laïc de par la Constitution, mais à une nation qui s'identifie pourtant profondément à la religion musulmane. Le passage d'un Empire ottoman régi par la loi de la *Sharia* à une République proclamée par une élite urbaine a de la sorte vidé l'expression officielle de l'identité nationale des Turcs de son contenu religieux. C'est selon cette logique que l'enseignement de la religion était

---

10. Les Bosniaques (19 904), les Marocains (80 278), les Tunisiens (28 075), les Algériens (14 373), les Égyptiens (12 605) sont les autres principales populations de confession musulmane, auxquelles s'ajoutent, depuis la réunification, certaines nationalités africaines dont le nombre était élevé à l'Est, « Ausländer am 31-12-1992 », *in : Deutschland nach der Staatsangehörigkeit*.

exclu des accords bilatéraux conclus entre les pays européens et la Turquie. Mais il n'empêche que le fait d'être turc et celui d'être musulman sont inséparables comme « l'os et la chair »[11]. « Notre corps est turc et notre âme musulmane », dit un responsable d'association qui souligne ainsi que, en dépit de l'existence d'un État laïc à l'image occidentale, l'islam conserve son caractère éminemment dogmatique en Turquie. Bien qu'il ne soit par reconnu comme religion d'État, il y reste « la foi de la nation »[12]. Une recherche effectuée en Turquie en 1959, en comparaison avec onze autres nations, corrobore cette idée en montrant que les enfants turcs étaient les deuxièmes — après les enfants libanais — à se définir par la religion[13]. Depuis les années 1980, le chemin parcouru par le parti religieux appelé d'abord Parti du salut national, puis Parti de la prospérité (ou du bien-être), atteste également la puissance et même le renforcement d'une identification religieuse face à une idéologie qui se veut laïque d'après sa Constitution.

Cette importance de la religion dans l'identité turque croît avec l'immigration, et c'est elle qui pousse les familles à se mobiliser pour solliciter un imam venu du pays afin d'assurer l'éducation de leurs enfants. En France, leur nombre minoritaire par rapport aux Maghrébins les conduit à soutenir ces derniers quand ils veulent afficher l'islam dans des quartiers à forte concentration de population musulmane. Même dans ces cas, cependant, l'affirmation nationale les conduit à se différencier pour se rassembler autour d'un islam turc, incarné par un imam turc, qui enseigne le Coran dans sa langue, bref, à se constituer en « communauté turque » vis-à-vis des autres populations musulmanes[14].

Une « communauté » culturelle transnationale imaginée

L'islam sert de liant au tableau identitaire des populations originaires du Maghreb en France et de Turquie en Allemagne. Il sert aussi de pont entre les pays d'origine et l'Europe, entre l'Orient et l'Occident. Les organisations islamiques qui s'étendent de l'échelon local à l'échelle

---

11. R. Kastoryano, « Définition des frontières de l'identité : Turcs musulmans », *Revue française de Science politique,* vol. 37, n° 6, déc. 1987, p. 833-854.

12. T.S. Halman, « Islam in Turkey », *in :* P.H. Stoddard et C.D. Cutnell, M.W. Sullivan (sous la dir. de), *Change and the Muslim World,* Syraccus University Press, 1981, p. 156.

13. S. Mardin, « Din sosyolojisi açisindan islam », *Din ve Ideoloji* (« L'Islam du point de vue de la sociologie des religions », *Religion et idéologie*), Istanbul, 1983, p. 61.

14. Les résultats de la grande enquête de l'INED et de l'INSEE, publiés en 1995, soulignent cette attitude de repli communautaire des Turcs en France par rapport aux autres populations immigrées musulmanes ; *cf.* M. Tribalat (sous la dir. de), *Insertion et mobilité géographique,* Rapport INED, INSEE, mars 1995.

internationale ou, dans le sens inverse, les organisations internationales islamistes qui s'implantent dans les localités à forte concentration de familles musulmanes cherchent dans l'ensemble à créer un islam transnational, une *umma* (communauté des croyants) en Europe, à susciter une identification avec le « peuple musulman » en général et en particulier avec celui de l'immigration. Mais même si l'islam semble relier les multiples identités nationales, régionales, ethniques linguistiques, il les divise néanmoins au regard des conflits politiques et idéologiques qui déchirent chacun des pays musulmans et auxquels s'ajoutent les nouvelles divisions inspirées par l'islam politique international.

En France, tandis que les autorités publiques tentent de reconnaître un islam officiel représenté par l'imam de la mosquée de Paris, proche du pouvoir algérien, les groupes islamistes hostiles au gouvernement en place se cherchent des adeptes dans les banlieues. En Allemagne, ce sont les instances officielles turques qui se mobilisent pour mettre en avant les spécificités d'un islam turc et éviter tout amalgame entre un islam « culturel » (tel qu'il est représenté par la Turquie officielle) et un islam politique prêché par le Parti du bien-être. Mais cela n'empêche pas le mouvement de ce parti, appelé « Vision nationale », de les concurrencer, en Allemagne comme ailleurs en Europe. En 1990, son secrétaire général, Ali Yüksel, ingénieur de formation mais diplômé également de la faculté de théologie, âgé de 45 ans et d'une apparence « moderne » selon les médias, s'est déclaré le « chef religieux de tous les musulmans », le *Sheyhulislam*. Manifestant cette ambition à Cologne, au siège de l'Organisation européenne de Vision nationale, il a déclaré cette ville de Rhénanie du Nord comme nœud du réseau de l'islam turc en Europe, puisque, toujours à Cologne, en 1985, un disciple de Khomeiny, Cemalettin Kaplan, surnommé *Kara Ses* (la Voix noire), avait créé une association intitulée « État fédéré islamique anatolien ». En 1992, Kaplan s'est, lui, proclamé « Calife des croyants » « après avoir attendu 70 ans »[15], c'est-à-dire après l'abolition du *Khalifat* par la République turque. À sa mort, le 17 mai 1995, ses adeptes, se fondant sur l'argument « que les musulmans ne peuvent rester une heure sans Calife », ont désigné son fils comme successeur. Le clivage idéologique entre les deux chefs religieux turcs en Allemagne renvoie, dans le cas du *Sheyhulislam*, à une identification turque musulmane, car son statut se limite dans ce cas précis à l'association Vision nationale et, dans le cas du Calife qui, lui, prône une République islamique selon l'exemple iranien, à une identification musulmane internationale.

---

15. *Milliyet*, 10 mars 1994.

On reviendra plus loin sur les relations personnelles et institution-nelles de ces deux personnages avec les pouvoirs publics allemands et turcs, ainsi que sur leur représentativité dans la population venue de Turquie. Mais ce qui frappe immédiatement dans leur autodésignation est leur référence commune à l'Empire ottoman. Cette référence « nostalgique » est rien moins qu'innocente; elle est signe d'une volonté de rattraper l'Histoire, dans une perspective où l'immigration a pour fonction de « libérer » l'islam de l'idéologie kémaliste et de sa laïcité. De ce fait, elle est l'expression d'une identification malgré tout nationale, définie idéologiquement ou territorialement à travers le mouvement de Vision nationale ou par le biais d'une référence à l'Anatolie. Mais, par une « réappropriation » des racines ou par un mécanisme de retour aux sources, de telles références deviennent l'expression même d'une identité ethnique qui se rattache, dans le contexte actuel, à l'émergence de l'islam comme force politique dans le monde musulman et dans l'immigration. Il s'agit là d'inventer une « ethnicité » qui mettrait en valeur le passé à partir des préoccupations actuelles afin d'accroître ainsi l'influence de ces composantes dans l'immigration.

Si l'identification des Turcs en Allemagne passe, dans le cas extrême, par des repères ottomans et, de façon plus générale, par la réfé-rence à un cadre national et ethnique, elle s'exprime par l'« arabité » chez les Maghrébins en France. Le sentiment d'appartenir au monde arabo-musulman se trouve chez eux renforcé par les conflits internationaux qui croisent les références nationales et internationales au-delà des frontières territoriales. Ainsi se dessine une aire géographique qui entraîne non seulement des variations dans la définition de l'arabité et de l'islam, mais qui établit aussi les liens de solidarité par une « victimisation » globale des musulmans. L'*Intifada*, la guerre du Golfe sont autant d'éléments externes au contexte de l'immigration qui deviennent des facteurs d'identification pour les musulmans de France.

En revanche, chez les migrants venus de Turquie, ces enjeux inter-nationaux semblent se limiter à une identification politique plus que religieuse ou ethnique, sauf pour le cas bosniaque. Les Bosniaques, convertis à l'islam lors de la présence ottomane qui a duré trois siècles, représentent dans l'imaginaire collectif des Turcs la partie moderne et européenne de l'islam, comme une projection de soi. Le sort tragique de ces « frères blonds aux yeux bleus », persécutés à cause de leur religion, renforce dans ce cas la dimension islamique d'une identité ethnique vécue dans une solidarité à travers les frontières.

De façon générale, la dimension internationale de l'identification ethnico-religieuse est analysée par le sociologue américain Herbert Gans comme une composante de ce qu'il appelle l'« ethnicité symbolique » (*symbolic ethnicity*), définie comme une ethnicité de dernier ressort[16]. Dans le domaine politique, elle s'exprime au travers de préoccupations proprement internationales, mais davantage encore dans celles qui concernent le pays d'origine. Ainsi, par exemple, chez les catholiques des États-Unis, pour lesquels l'Irlande devient un symbole identitaire, tout comme Israël pour les juifs. Dans la vie politique américaine, la pratique des lobbies au Congrès fait de ces symboles la raison d'être des groupes de pression qui exercent leur poids sur les décisions internationales du pays. Dans le contexte français ou allemand, la référence à un islam international, bien qu'elle prenne une place importante dans le discours, a, il est vrai, beaucoup moins d'implications dans la formation d'une identité politique qui se développe avant tout dans les relations spécifiques avec chacun des deux États.

Langue, nationalité (d'origine), religion, culture…, tous ces termes et concepts tantôt entremêlés, tantôt séparés par des frontières artificielles ou circonstancielles surgissent dans l'expression d'une identité collective imaginée à partir d'un passé réel ou mythique. Ils offrent un répertoire identitaire avec tout un éventail d'options à partir desquelles les individus ou les groupes peuvent exprimer ou manifester une identification commune.

L'invention d'une culture qui se veut collective constitue un pas vers la construction d'un groupe ethnique qui s'affirme au présent par des revendications auprès des pouvoirs publics. La recherche d'une « reconnaissance » impose l'adoption de nouveaux traits identitaires perçus comme plus pertinents en situation d'immigration au regard à la fois des individus et des institutions françaises ou allemandes. La recherche de légitimité renforce leur caractère inventif, revitalise une conscience d'appartenir à un groupe ethnique qui met en avant sa différence par rapport à son environnement culturel, social et politique.

---

16. H. Gans, « Symbolic Ethnicity. The future of ethnic groups and cultures in America », *Ethnic and Racial Studies*, vol. 2, n° 1, janv. 1979, p. 1-21.

tolérance, car elle présuppose la liberté de conscience dans la vie privée et personnelle. La laïcité se définit dès lors comme le facteur principal de cohésion sociale, le pilier de la France républicaine.

En revanche, le nationalisme allemand nourri par des sentiments antirévolutionnaires a rejeté l'idée même de laïcité. L'*Aufklärung* (la philosophie des Lumières), en effet, ne s'oppose pas à la religion, de même que la rationalité ne s'oppose pas à la piété protestante. Le souci d'égalité qu'elle incarne consiste surtout à détruire les barrières entre le clergé, la noblesse, la bourgeoisie et la paysannerie. C'est en ce sens que *Aufklärung* signifie à la fois sécularisation et modernisation[14]. Dans la période qui suivit la formation de l'État fédéral, le *Kulturkampf* se caractérisait en outre par un effort destiné à assurer une cohésion sociale en minimisant le rôle de l'Église catholique et en limitant également l'influence des protestants dans la vie politique.

Quant à l'individualisme des romantiques allemands, il se confond avec le sentiment de faire partie d'une communauté culturelle globale, sentiment qui résulte d'un long travail d'éducation de soi (*Bildung*), d'un effort de participation à la création d'une culture et d'une identité communes. Ainsi, la valorisation de la communauté s'oppose à celle de l'individualisme français, qui se manifeste dans le domaine sociopolitique. L'individualisme des romantiques s'exprime, au contraire, par le dévouement à l'identité collective allemande et par la peur de la perdre[15].

Cette expression d'une identité collective particulière se traduit dans la conscience nationale allemande par *Kultur*. La *Kultur* s'oppose à la civilisation, cette dernière se rapportant à une « société de Cour » décrite et analysée par Norbert Élias dans *La Civilisation des mœurs* et qui s'inscrit dans une référence mondiale. La *Kultur* est allemande alors que la civilisation sied plus à l'identité française, à la France qui se définit comme porteuse de civilisation. D'ailleurs, pour la France, la colonisation deviendra plus tard une sorte de devoir de l'humanité, ainsi que pour les Anglais avec la formule de *White man's burden* (« le fardeau de l'homme blanc »), et constitue une première étape de l'assimilation des autres cultures à la « civilisation » française au nom des valeurs universelles qu'elle incarne, même si la mission civilisatrice a été attribuée dans beaucoup de cas à l'Église, considérée comme universelle. La modernisation pour les pays colonisés passe néanmoins par l'acceptation des valeurs occidentales dont le modèle est offert par l'État-nation français.

---

14. H. Möller, « De l'*Aufklärung* à Weimar. Mouvement des idées et mutations politiques », *in* : A.-M. Le Gloannec, *L'État de l'Allemagne*, Paris, La Découverte, 1995, p. 33-37.

15. L. Dumont, *op. cit.*, 1991.

5

La politisation des identités en France

« [...] la conception française de l'intégration doit obéir à une logique
d'égalité et non à une logique de minorités ».

(*Pour un modèle français d'intégration*,
Premier rapport annuel du Haut Conseil à l'Intégration, 1991.)

En France et en Allemagne, les cultures inventées, réappropriées ou affirmées depuis les années 1980 sont en grande partie alimentées par les débats publics. Des thèmes comme le racisme, la place de l'étranger dans la société, son rôle économique ou encore ses conditions d'accès à la communauté nationale, ses droits génèrent une prise de conscience identitaire dans les populations issues de l'immigration des années 1960. Cette prise de conscience se trouve renforcée par les politiques locales ou nationales et les pratiques gouvernementales ciblées. Aux États-Unis, de multiples études montrent que la conscience ethnique a pris plus d'ampleur et a touché une plus grande part de la population (de toute origine culturelle, religieuse, raciale, et aussi bien ceux qui se définissent par des traits d'union que les WASP) après les années 1960, avec le mouvement pour les droits civiques et les politiques sociales qui s'ensuivirent[1]. La recherche d'une égalité des droits a introduit ces identités dans une lutte avant tout politique.

Ainsi, si les cultures s'inventent dans le cadre des associations, leur politisation s'opère dans les relations avec l'État. Une simple prise de conscience des différences culturelles se transforme en une action politique lorsqu'elle s'accompagne de revendications pour une reconnaissance de ces différences par l'État.

---

1. *Cf.* M. Omi et H. Winant, *Racial Formation in the United States. From 1960s to 1980s*, New York, 1986 ; Y.O. Webster, *The Racialization of America*, New York, 1992.

En France, la loi de 1981 libéralisant les associations d'étrangers constitue le point de départ de la politisation des identités. En Allemagne aussi, à partir des années 1980, les militants issus de l'immigration turque paraissent sur la scène publique afin de revendiquer la reconnaissance d'une identité collective. Du point de vue des États, les ressources mises à la disposition des populations immigrées ou étrangères vont d'abord dans le sens de l'égalité de traitement et de l'égalité des droits comme principe fondamental de démocratie. Du point de vue des militants associatifs, les identités constituent désormais le bien autour duquel pourrait se constituer un groupe ou même une communauté pour accéder à la compétition permettant d'obtenir des ressources de l'État. De ce fait, la création d'associations repose sur une dualité d'objectifs évidente, puisqu'elle vise à développer une conscience collective et en même temps à s'intégrer dans les structures de l'État.

Les politiques qui s'ensuivent sont *a priori* loin d'une politique de compensation telle qu'elle est appliquée aux États-Unis, où la classification des groupes ethniques en fonction des ancêtres choisis dans les catégories de recensement rend intelligible une politique ciblée. En France, les politiques gouvernementales s'en tiennent à leur idéologie nationale définie comme universaliste et récusant toute différenciation identitaire. Mais la compétition créée par l'État pour que puissent s'organiser et s'exprimer les identités conduit à des effets similaires à ceux de la réalité américaine, à savoir l'émergence sur la scène politique de communautés ethniques ou religieuses en quête de reconnaissance publique. Aux États-Unis, le terme d'*Ethnicity* est installé dans le vocabulaire scientifique et même dans le langage courant, sans qu'il ne soit plus nécessaire de le définir, alors qu'en 1975, Nathan Glazer et Daniel Moynihan, dans un volume collectif intitulé précisément ainsi, avaient encore jugé bon de le présenter comme « nouveau », en ajoutant toutefois que cette nouveauté ne concernait pas le mot lui-même mais le phénomène (de l'ethnicité) qu'il désignait. Celui-ci est défini comme l'expression des identités culturelles, religieuses et raciales dans le domaine politique dans le cadre de leur mobilisation pour revendiquer leur reconnaissance dans la sphère publique.

En France, le terme dérange pour des raisons idéologiques puisées dans l'histoire de la République « une et indivisible ». En Allemagne, le mot « ethnique » étant associé à la nation dans la mesure où les individus y adhèrent par les liens de sang et les ancêtres communs, le fait que les étrangers soient constitués en groupes ethniques ne cause aucun état d'âme. Mais des deux côtés du Rhin, les hésitations des gouvernements, de gauche comme de droite, rendent apparentes les fractures de l'État où peuvent s'insérer ces communautés dites « ethniques ».

En France, les politiques oscillent dès lors entre une volonté de continuité avec les traditions politiques, renforcée par une rhétorique républicaine et un certain pragmatisme face à ses effets pervers qui alimentent les motivations politiques des groupes structurés autour des identités. Ce chapitre tentera d'analyser les mécanismes de politisation des identités produites à travers les interactions continues entre les individus ou les groupes et l'État français.

Naissance de nouveaux clivages

La rhétorique républicaine

Tocqueville rapporte qu'aux États-Unis « on s'associe dans un but de sécurité publique, de commerce et d'industrie, de morale et de religion ». Il lie le nombre important des associations dans la vie sociale et politique américaine à la démocratie, dans la mesure où elles limitent le pouvoir de l'État. En France, la création d'associations, encouragée par l'État, repose plutôt sur le souhait de lui désigner des interlocuteurs, intermédiaires entre un groupe formé autour d'intérêts communs et les pouvoirs publics. C'est la logique corporatiste de l'Ancien Régime, où se reconnaissent aujourd'hui les organisations syndicales, les groupes professionnels ou autres groupes d'intérêts.

Les associations d'étrangers s'intègrent *a priori* dans cette logique. La stratégie implicite de l'État est de voir émerger une élite dans la population immigrée ou issue de l'immigration capable de s'attribuer le rôle d'interlocuteur entre la population en question et les pouvoirs publics. L'objectif déclaré est de lutter contre le racisme en faisant admettre les « différences » à l'opinion publique. C'est sur ces bases que, selon Geneviève Domenach Chich, présidente de la Fondation Léo-Lagrange en 1991, « l'État français confie aux associations la sous-traitance de l'immigration ». Les associations dites d'« immigrés » sont considérées comme les nouveaux relais d'une politique d'intégration dont la responsabilité est déléguée à leurs dirigeants.

Depuis la libéralisation de la loi sur les associations en 1981, les étrangers qui agissaient à l'intérieur des syndicats ou des partis, notamment du Parti communiste français, ou d'autres organisations politiques se rassemblent autour des particularités culturelles. Le discours qui accompagne leur action est largement alimenté par le Fonds d'action sociale, le plus grand pourvoyeur de fonds de ces institutions à vocation identitaire. Dans le document qui constitue le dossier usuel de demande de subventions, le FAS établit une typologie de leur activités en mentionnant leur caractère

« social », « culturel » et définies comme des « actions communautaires ». C'est sur ces critères que s'établissent les normes financières du principal organisme public chargé de l'intégration des populations immigrées et de leur famille. Mais face à la « dérive communautaire » des années 1990, source de tensions ou même de conflits entre les institutions nationales et certaines associations, notamment islamiques, le FAS rectifie ses « exigences ». La lettre d'information ne fait plus état des activités communautaires; d'ailleurs son directeur affirme, par une déclaration publiée dans *Le Monde* le 1er décembre 1990, que « la reconnaissance des communautés est exclue ». Parallèlement, les rapports officiels, notamment ceux du Haut Conseil à l'Intégration, attirent l'attention des dirigeants d'associations et de l'opinion publique sur « l'intégration à la française » ou le « modèle français d'intégration ». De leur côté, les militants associatifs modifient aussi leur discours; ils rejettent toute idée de communauté ethnique ou culturelle et de représentation de celle-ci dans le domaine public; ils insistent, au contraire, sur le rôle de représentation attribué à l'individu, seul intermédiaire entre une collectivité structurée et l'État.

Dans le cadre des associations dites d'« immigrés », cet individu est désigné en fonction de son enracinement dans le « milieu » de populations bien précises et de ses réseaux de relations personnels avec les organismes spécialisés. À la longue, il devient l'interlocuteur principal indispensable pour les pouvoirs publics et pour les services sociaux et constitue même le seul réseau d'informations en ce qui concerne ces derniers. Il expose aux organismes qui financent les associations les « comportements spécifiquement culturels » des Maghrébins (par pays, par appartenance régionale ou linguistique ou par sexe), des Africains (de telle ou telle ethnie), des Turcs et des Kurdes. Il revendique un traitement plus orienté et mieux approprié à leur cas pour échapper à l'homogénéisation des différences par l'État. Il reprend en échange le discours des pouvoirs publics vis-à-vis de la population en question. Il lui fait connaître le comportement public souhaité en diffusant le message des différents gouvernements quant à l'« intégration » sociale telle qu'elle est définie par le « modèle » dominant en ce qui concerne notamment la place de la religion dans la vie publique en France. Lors des journées spéciales organisées par les militants, ses propositions sont acceptées ou critiquées, mais surtout transmises aux membres ou adhérents ou, tout simplement, au public occasionnel de l'association.

Le discours devient universaliste dans la lutte contre le racisme. Face au Front national qui a fait sa campagne sur les étrangers, rendant responsables l'immigration et les immigrés du « mal français » et les présentant comme une menace pour la société et l'identité française, leur mouvement se définit dans l'ensemble comme antiraciste. Le racisme devient l'élément le plus important de la mobilisation dans les associations et se présente comme le thème officiel de la lutte contre le Front national des populations issues de l'immigration. Les partis du centre et de gauche trouvent dans les jeunes de l'immigration un souffle nouveau, cela évidemment sans négliger leur potentiel électoral. Ils s'engagent de leur côté à subventionner les associations[2]. Le parti socialiste en tête, avec ses différents courants, et les centristes canalisent leur conception de l'immigration, leurs attentes vis-à-vis des jeunes par le biais des associations. Les militants pénètrent ainsi les mécanismes politiques, et surtout électoraux, en répondant au clientélisme des partis justifié par l'avancée du Front national.

Le marché ethnique en question

Ainsi l'État, en institutionnalisant les identités collectives par le biais des associations, donne le « mode d'emploi » des différences dans un État républicain où il importe qu'elles *s'intègrent* dans le cadre idéologique et dans ses structures. Quant à l'ampleur de la mobilisation à l'intérieur des associations et au taux de participation, ils dépendent en grande partie de la vie politique dans son ensemble.

Mais la rhétorique et l'organisation qui instrumentalisent les « différences » engendrent de nouveaux clivages. Ceux-ci se définissent en termes culturels. Ils naissent en grande partie des mesures politiques qui ajoutent un élément identitaire aux pratiques traditionnelles et qui conduisent à une restructuration de la société de nature à transformer les demandes sociales en demandes culturelles ou identitaires. L'expression des intérêts en termes de classe pour la génération immigrée cède la place à celle en termes de culture ou de religion, bref à une identité dite « d'origine », réinterprétée dans le cadre des nouvelles actions collectives pour les jeunes générations. Cela dit, l'appartenance sociale n'est pas exclue de cette identification ; au contraire, elle se trouve renforcée. La littérature abondante sur les groupes ethniques aux États-Unis met en évidence le lien entre religion, nationalité, race et classe. D'ailleurs, l'ethnicité se définit par la combinaison de tous ces éléments. De même, les mesures spéciales de compensation pour la promotion de certains groupes définis comme minoritaires dans le cadre de la politique d'*Affirmative Action* trouvent un fond de légitimité dans une appartenance plus sociale que nationale ou raciale,

---

2. N. Negrouche, « L'échec des associations franco-maghrébines issues de l'immigration (1980-1990) », *Esprit*, janv. 1992, p. 41-52.

du moins dans le discours. Même si, contrairement aux États-Unis, une classification par origine ou par ancêtres déclarés est exclue de la conception même de la société nationale et des pratiques de recensement en France, des actions ciblées vers la population immigrée, plus précisément celle d'origine maghrébine, créent une catégorisation qui, bien qu'informelle, n'est pas sans conséquence sur la définition de soi. C'est une des contradictions des actions de l'État-providence dont le souci d'égalité de traitement engendre une classification identitaire qui devient une nouvelle source d'inégalité.

En France, le clivage culturel est contesté par une grande majorité des militants associatifs, eux-mêmes issus de l'immigration. Certains critiquent « les associations qui vivent sur ces ressources au niveau de la culture » et remettent ainsi en cause le rôle de l'État-providence dans la création de ce nouveau clivage. D'autres se plaignent de la dépendance qu'il crée en dénonçant différents organismes ou ministères qui leur présentent « leurs critères » : un mélange de culturel et de social qui fait des dirigeants ou des militants associatifs des « nantis du social ». D'autres encore condamnent plus spécifiquement le Fonds d'action sociale, qu'ils jugent responsable d'une séparation calquée sur les critères identitaires à l'intérieur de la société : « Le FAS, c'est le ghetto » dit un militant associatif. Il ajoute : « Nous, on refuse qu'un organisme spécifique finance les activités des immigrés. Cela crée la notion d'étrangers d'un côté, de Français de l'autre, dans tous les domaines. Le FAS, il intervient dans la culture, dans l'emploi, maintenant on nous fait employer des TUC [Travailleurs d'utilité collective], c'est un instrument formidable... Et les actions qui vont dans le sens de l'insertion, au fond son existence même, signifient cloisonnement, marginalisation. »

Les politiques sociales spécifiques pour les étrangers créent en définitive un nouveau marché qu'on pourrait qualifier d'« ethnique ». Ce marché occasionné et entretenu par l'État-providence engendre de nouvelles opportunités, certes, mais seulement pour une partie de la population issue de l'immigration. Aux États-Unis, les controverses autour du bilan de l'*Affirmative Action* portent justement sur cet inégalitaire pervers qui, dès le départ, fait profiter la classe moyenne noire des avantages d'une politique ciblée.

En France, avec la prolifération des associations, émerge également une catégorie sociale formée d'« intermédiaires culturels »[3]. Âgés de 30 à

---

3. Le concept d'intermédiaires culturels dans le cadre de l'immigration a été développé par Thierry Fabre qui souligne leur rôle dans la synthèse des identités culturelles et leur fonction de médiation entre les autorités publiques et les populations immigrées; *in* : *Migrations et Société*, vol. 4, n° 22-23, juil.-oct. 1992.

40 ans au moment de la création de l'association, issus des populations concernées ou pas, ils se déclarent comme animateurs, assistants sociaux, psychologues. De nombreuses associations dites « socioculturelles » font, de préférence, appel aux animateurs Beurs qui ont déjà une formation d'assistant(e) social(e) ou qui l'acquièrent sur le tas, ou encore qui se définissent comme tels dans leur action. Pour ceux-là, les activités d'entraide, de consultation et d'information juridique mises en œuvre par leurs associations entrent dans la rubrique « assistance sociale », que l'on retrouve dans les classifications des normes financières du FAS.

La trajectoire sociale de ces nouveaux acteurs se dessine par et dans le mouvement associatif. Le rôle de dirigeant d'association leur procure une promotion économique, mais aussi une carrière politique grâce aux réseaux existants et ceux qui se consolident du fait de leur origine. Nous verrons au chapitre huit qu'en France, lors des élections municipales de mars 1989, les jeunes Beurs présentés sur les listes des différents partis étaient, dans la plupart des cas, dirigeants d'association ou membres actifs de leur bureau.

Économique, sociale ou politique, leur intégration est donc individuelle. Mais désormais cette intégration individuelle se fonde sur une représentation collective. Un nouveau statut social leur est attribué en raison de leur origine nationale ou ethnique qui devient communautaire dans leur action et dans le rôle de représentant qui leur est attribué. Mais il va de soi que cela n'entrave en rien leur ascension individuelle, indépendamment du mouvement associatif. Il existe toutefois des individus de différentes origines nationales qui d'eux-mêmes auraient choisi « l'invisibilité » et « l'indifférence » des pouvoirs publics à leur égard pour leur propre promotion. Mais, curieusement, de plus en plus nombreux sont ceux qui se trouvent sollicités comme « conseillers » ou « consultants » non seulement dans les associations, mais aussi par des personnalités influentes de la vie politique en raison de l'« objectivité » ou de la « rationalité » dues à leur connaissance et à leur réussite sociale ou économique. L'exemple le plus connu du public français est Kofi Yamgnane. Immigré de la première génération, d'origine togolaise, maire de Saint-Coulitz en Bretagne, marié à une française, diplômé d'une école d'ingénieur, Kofi Yamgnane a été nommé secrétaire d'État aux Affaires sociales et à l'Intégration en mai 1991. Ce choix n'était pas innocent; il s'agissait de la symbolisation, en sa personne, d'une intégration individuelle réussie. L'exemple de « l'intégration à la française » qu'il incarne avait une portée collective, à la fois pour confirmer le rôle des institutions républicaines vis-à-vis de l'opinion publique et des populations immigrées, et pour entretenir l'espoir dans leurs nouvelles générations.

L'existence d'un marché ethnique, comme de tout marché, met en compétition les acteurs pour les biens que sont l'identité ou la culture d'un côté et les ressources financières pour leur promotion de l'autre. Mais l'utilisation de la culture conduit encore à d'autres clivages, à l'intérieur du groupe cette fois-ci. Une division naît entre les interlocuteurs et le « reste » des immigrés dont ils sont censés être les porte-parole. Les premiers avaient été nommés ou s'étaient présentés comme volontaires pour apaiser les tensions à l'échelle locale. Or, leurs relations avec les pouvoirs publics ont généré de nouveaux conflits internes dans leurs propres structures. La référence au « nous », qui était à l'origine de la création d'une association pour expliciter une différence par rapport à la société française, implique autre chose désormais. Une nouvelle dichotomie se fait entre « nous » et « eux », « nous » renvoyant aux immigrés ou aux jeunes issus de l'immigration, et « eux » aux dirigeants d'associations, aux « pro » (professionnels) comme les premiers les nomment.

Le phénomène est assez classique. Aux États-Unis, les études sur la mobilisation des Noirs ou des groupes ethniques illustrent la « professionnalisation » de leurs dirigeants. Ceux-ci seraient parfois même extérieurs au mouvement et au groupe mais seraient sollicités pour leur capacité à mobiliser les ressources humaines et financières. On les appelle les « activistes » (*the activists*). Dans d'autres pays où l'ethnicité joue un rôle politique important dans la formation des États, en Afrique par exemple, ces intermédiaires sont carrément appelés des « entrepreneurs culturels ».

L'intensité d'une conscience collective et du sentiment d'appartenir à un groupe culturel ou ethnique dépend de la capacité de ces intermédiaires à faire concorder les codes de la société d'accueil et les symboles culturels autour desquels ils restructurent le groupe. Ils sont jugés à leur habilité à mobiliser les ressources financières d'un côté, humaines de l'autre, toutes deux indispensables pour la survie de leur association. L'image de réussite qu'ils reflètent se fonde, par conséquent, sur leur nouvelle fonction dans l'immigration et sur leur talent à susciter une identification des individus auxquels ils s'adressent et qui les acceptent *a priori* comme porte-parole. C'est dès lors à eux qu'incombe la responsabilité de représenter et de négocier les identités avec l'appareil d'État et de maintenir une identification de la part des populations auxquelles ils s'adressent.

La politisation de l'identité se lie étroitement à l'émergence de cette nouvelle « classe » d'intermédiaires. C'est une relation de cause à effet. Fabriqués pour servir d'interlocuteurs aux pouvoirs publics, ces intermédiaires déclenchent une prise de conscience de l'appartenance ethnique « à la base ». En Afrique, les études montrent que les « entrepreneurs culturels » donnent une forme idéologique aux identités et jouent un rôle important dans la création d'une ethnicité, source de mobilisation et de réveil des nationalismes[4].

FORMATION D'UNE COMMUNAUTÉ

La responsabilité de la politisation des identités peut, en raison de tout cela, être attribuée à l'État. Plus généralement, l'État, les partis politiques, les politiques locales ou nationales, les pratiques gouvernementales contribuent à son élaboration et à en faire une revendication en vue d'une reconnaissance publique. Toujours aux États-Unis, l'historien Lawrence Fuchs montre dans son ouvrage *The American Kaleidoscope* que la promotion de l'art et de la culture des Noirs par les administrations locales a suscité une prise de conscience de leur spécificité, source de fierté et de mobilisation. De même, les subventions accordées aux Portoricains pour la création d'emplois dans leurs quartiers intensifient leur sentiment d'appartenir à un groupe ethnique. Ou encore, le financement d'un enseignement bilingue à New York pourrait engendrer une conscience hispanique et même la structuration d'un groupe de *Latinos*. À partir de ces exemples, l'auteur souligne que la nature de l'intervention de l'État, national ou fédéral, ou des programmes des gouvernements non seulement définit les identités mais peut même entraîner des changements dans leur contenu et leurs frontières[5].

En France, depuis les années 1990, les actions des autorités locales en direction des populations d'origine maghrébine, guidées surtout par la « peur de l'islam », ne se traduisent toutefois que par des « tâtonnements » dont les effets s'opposent aux principes déclarés par la République, à savoir à la présence des communautés dans l'espace public.

« Contrecarrer l'islam »…

En France, l'exploitation réciproque de l'identité ou de la culture par les militants aussi bien que par les pouvoirs publics conduit à une surenchère des associations à l'échelle locale. Chacun invente une culture et

---

4. *Cf.* C. Young, *Politics of Cultural Pluralism*, University of Wisconsin Press ; David D. Laitin, « Hegemony and religious conflict. British imperial control and political cleavages in Yorubaland », *in :* P.B. Evans, D. Rueschemeyer et T. Skocpol, *Bringing the State Back in*, Cambridge University Press, 1985, p. 285-317 ; J.-F. Bayard, *L'État en Afrique* (plus précisément le chap. : « La pénombre de l'ethnicité »), Paris, Fayard, 1988.

5. L.H. Fuchs, *The American Kaleidoscope. Race, Ethnicity, and the Civic Culture*, University Press of New England, 1990, p. 338.

des traditions, comme l'exprime E. Habsbawm. Les organismes spécialisés comme le FAS alimentent de leur côté les scissions dues à des incompatibilités d'humeur et d'attitudes entre les dirigeants et les membres de bureau ou à des divergences idéologiques par rapport au pays d'origine. L'éloignement de l'objectif de départ de l'association ou l'élaboration d'une nouvelle approche de l'immigration de la part de ses militants suffisent pour dissoudre une association tout en obtenant l'appui des organismes spécialisés pour en créer une autre.

L'objectif des pouvoirs publics ou des autorités locales serait-il de briser les solidarités ethniques et faire éclater une communauté soudée par la présence d'une seule association ? Ou encore de renforcer les solidarités entre voisins immédiats, afin de dissocier l'élément ethnique de la défense d'intérêts communs et surtout créer une communauté de voisinage, cela dans le but d'être en accord avec les discours sur les « principes républicains » ?

Vers la fin des années 1980, conseillers municipaux, directeurs d'écoles, animateurs des centres sociaux, responsables des programmes de développement sociaux des quartiers, bref tous les acteurs locaux, avaient accru et varié leur mode d'intervention. D'après le responsable du FAS de la Moselle, les autorités locales justifiaient les subventions par leur volonté de « contrecarrer les associations islamiques ». Les municipalités subventionnaient dès lors des associations qui combinaient leurs activités avec les différents dispositifs en place au niveau des programmes de développements sociaux des quartiers (DSQ), des kermesses, etc. Elles mettaient à la disposition des associations des salles pour des journées spéciales de conférences, de débats, d'expositions, toutes activités censées faire connaître une culture dite « d'origine » des habitants d'un lieu donné. Dans le sens inverse, les animateurs des centres culturels organisaient, de leur côté, des réunions avec les parents immigrés ou les enfants issus de l'immigration. Il arrivait même que les centres culturels des municipalités organisent les fêtes musulmanes pour attirer les familles pratiquantes, quelle que fût leur origine nationale. Par exemple, le centre culturel de Borny, banlieue de Metz où se trouve une forte concentration d'immigrés originaires de la Turquie et du Maghreb, avait organisé des prières collectives pendant le mois du Ramadan de 1991 « pour affaiblir l'influence des imams dans le quartier » dit son animateur.

… ou structurer une communauté musulmane ?

L'abondance des subventions à l'origine de la création de nouvelles associations entraîne par conséquent une fragmentation qui se rapproche du « tribalisme » dans les municipalités à forte concentration de familles immigrées musulmanes. Les fragments d'identités exposés entrent en compétition à la fois pour les ressources financières et les ressources humaines. Quant aux familles, c'est comme si elles se sentaient obligées de choisir certaines associations, prenant le risque d'être jugées par les unes et par les autres. Si elles sont loin d'être représentées dans les actions de l'une ou de l'autre, elles prennent cependant position par rapport à elles et à leurs membres, définissent leur propre réseau personnel à l'intérieur d'elles ou au carrefour de plusieurs d'entre elles. Ainsi cette dynamique contribue-t-elle aussi fortement à la politisation des identités.

De fait, la compétition structure plus une communauté que la solidarité entre les individus qui la composent. La multiplicité des institutions identitaires raffermit le système communautaire en offrant à ses membres un éventail de diversités ethniques et sociales, voire politiques, où peut se reconnaître un plus grand nombre d'individus. La présence de toutes ces associations de tendances différentes, parfois opposées, conduit les individus, adhérents ou non, à prendre parti dans leur jeu, à se situer par rapport à elles. Les conflits entre associations témoignent de ce mode de participation des individus et, par conséquent, de leur identification à une communauté dont les frontières sont définies par un jeu de rivalités, de solidarités et de clientélismes. Une solidarité fondée sur la lutte antiraciste, telle celle développée par l'association SOS-Racisme au début des années 1980 par exemple, a vite cédé la place à des conflits «interethniques» ou interreligieux entre juifs et musulmans actifs dans l'association, ces derniers accusant le mouvement de sionisme. Ces conflits ont renforcé en quelque sorte une identification religieuse des membres adhérents ou des simples sympathisants de l'association.

Les associations religieuses ne sont pas exclues de ce champ d'affrontement. Elles se positionnent au contraire comme alternative aux associations culturelles et contribuent à l'enfermement du milieu. Créées grâce à l'appui des pays d'origine, aux fonds versés par les pays du Golfe, aux dons des familles et au commerce, donc indépendamment de l'argent public, ces institutions se développent dans des quartiers à forte concentration de populations musulmanes. Dans la plupart des cas, elles œuvrent avec les associations culturelles dès qu'il est question de leur «utilité sociale». Leurs dirigeants participent de la même façon à la compétition pour avoir accès aux ressources humaines, parfois même matérielles, venant des autorités locales. Ils s'adressent aux jeunes en leur parlant de respect et de dignité, de morale et de foi, de paix et de tolérance; ils élaborent des discours sur les racines et l'identité, comme pour les consoler de leur déception à l'intérieur des mouvements antiracistes. L'imam de l'Association culturelle islamique d'Épinay témoigne:

« Les jeunes ont compris qu'ils ont été roulés par les gouvernements en place et toutes les associations "porte-parole" autodésignées comme France-Plus, SOS-Racisme. Moi je ne me suis jamais considéré comme Beur. Je suis un Français musulman, d'origine algérienne. Pour ma part, en tant que Français musulman, je me sens complètement intégré à la société française, et tous les jeunes qui sont venus à l'association sont tous des jeunes qui sont revenus à la religion d'origine. Et les jeunes "Beurs" avec qui nous avons connu des problèmes, ce sont ceux qui ne savent pas s'ils sont arabes ou français. Ils sont complètement déphasés, complètement désorientés. C'est le point essentiel que nous avons remarqué. » Ainsi le terme « Beur », dérivation du mot « arabe » en verlan, inventé par les jeunes issus de l'immigration maghrébine dans les années 1980 en référence à leur expérience sociale et culturelle, est rejeté dès lors qu'il a été récupéré par les médias et la classe politique qui, d'après certains d'entre eux, ont cherché à lui donner un sens plus social que culturel.

Pourtant, ces jeunes Beurs déclaraient avoir trouvé dans le mouvement associatif un cadre d'action. Ils avouaient avoir pris conscience d'une différence et s'être mobilisés pour afficher une identité. Aujourd'hui, ils se sentent exclus de l'assimilation et des instances qui y conduisent : l'École, le travail, le mouvement associatif antiraciste. La déception vis-à-vis des associations dérive en grande partie de la « professionnalisation » de leurs dirigeants et d'une carrière « bâtie sur leur dos » comme ils disent. Elle s'ajoute à celle de l'échec d'une ascension espérée par l'École ou l'ouverture du marché de travail. De plus, depuis 1989, les dirigeants d'associations culturelles revendiquent « le droit à l'indifférence » : tel était leur slogan lors des élections municipales de 1989. Comme pour marquer une vraie différence, une partie des jeunes affirme aussi, aujourd'hui, ne plus se reconnaître dans l'identité Beur, cette « identité médiatique qui ne tient compte que de l'immigration réussie, d'une *success story* » disent-ils. D'autres expriment un sentiment de rejet et reconnaissent avoir été même « utilisés par les leurs, pour leur propre intérêt et promotion » — cela pour justifier leur rapprochement de la religion. Ainsi, tandis que les associations socioculturelles comptent à peine 40 ou 50 membres permanents, même si elles accueillent le double de personnes lorsqu'elles organisent des débats ou des spectacles, les associations islamiques, elles, comptent 400 à 500 membres permanents, sans mentionner une plus grande affluence les jours de prières ou de fête.

Une « division du travail social » s'établit maintenant entre les associations culturelles et religieuses dans les quartiers, tout aussi structurante d'une communauté que la compétition entre elles. Tandis que les associations laïques se contentent d'une action sociale, les associations religieuses, elles, se chargent de l'identité. Accueillir les familles, rapprocher les générations, assurer la communication entre elles, bref toutes sortes d'actions, qui, dans le langage des pouvoirs publics, relèvent de l'assistance sociale sont réservées aux associations laïques. Quant aux actions définies comme culturelles, elles reviennent aux associations islamiques. Le sport, les débats sur l'islam comme religion, comme philosophie, comme doctrine, les débats sur « les questions d'actualité concernant les musulmans, comme l'affaire Rushdie ou le foulard », le soutien scolaire apparaissent autant dans leurs activités que l'enseignement du Coran ou de la langue arabe. Les associations socioculturelles déclarent « panser les bobos d'une politique d'immigration qui est catastrophique », selon l'expression de la présidente de l'association Nana Beur, tandis que les associations religieuses cherchent « à éveiller les jeunes à cette identité, à les aider à la découvrir et à la dire » affirme le secrétaire général de l'association les Amis de l'Islam qui a son siège à Saint-Denis, dans la banlieue nord de Paris.

En définitive, les associations culturelles se contentent du travail administratif, « technique », pour faciliter la vie quotidienne des jeunes. Les associations religieuses, pour leur part, développent une fierté « ethnique », un sentiment communautaire dont les éléments sont puisés dans l'islam, dans sa pratique, dans ses traditions, dans ses valeurs et dans sa force mobilisatrice. Leurs dirigeants soulignent aussi la capacité d'adaptation de leur organisation à l'environnement. Cet argument est fondé sur l'utilisation de la langue française dans les rencontres, dans les débats et même dans les réunions informelles : bref, le français est la langue de la collectivité. Est-ce pour gagner de la transparence vis-à-vis de l'environnement qui manifeste ouvertement sa méfiance à leur égard ou tout simplement parce que le français est la langue des jeunes ? Les deux sans doute.

Les discours universalistes et républicains des jeunes issus de l'immigration actifs dans les mouvements associatifs de quartiers portent désormais sur « l'exclusion ». Ils trouvent là un point commun avec les autres populations immigrées, musulmanes ou non, ou tout simplement avec les autres jeunes partageant les mêmes critères sociaux. La « galère » s'installe dans leur vocabulaire. Les imams aussi, de leur côté, élaborent un discours républicain en sensibilisant leur public à une situation de minorité religieuse de fait qui exige une séparation entre le privé et le public. « Notre organisation essaie d'expliquer aux musulmans qu'ils ne doivent pas réclamer l'islam comme s'ils étaient dans un pays islamique. Nous avons fait appel à des savants musulmans pour leur expliquer que le musulman dans une société non musulmane a un statut tout à fait particulier. Si l'islam se présente comme un mode de vie complet, c'est vrai dans une société musulmane mais, dans une société non musulmane, la religion doit s'appliquer au niveau individuel et communautaire et c'est tout. On ne peut demander à la société française d'observer, d'adopter les obligations de l'islam» dit Ahmed Jaballah, président de l'Union des organisations islamiques de France, fédération née en 1983, fondée sur la loi de 1901, et qui regroupe une cinquantaine d'associations islamiques éparpillées dans toutes les régions de France.

Les personnes influentes dans ce cadre se définissent aussi comme des interlocuteurs. Dans la plupart des cas, ce sont des ouvriers spécialisés, avec un faible niveau d'éducation religieuse et âgés de 35 à 45 ans. Ils précisent leur public : des musulmans en général, mais de la même nationalité, voire de la même ethnie. Ils se constituent en porte-parole pour «informer l'environnement sur l'islam», sur son calendrier, sur ses fêtes. Ils s'érigent en modérateurs des passions et des tensions locales. Certains se donnent même comme mission de «montrer aux instituteurs et aux éducateurs comment imposer la discipline aux jeunes». Ils suscitent de la sorte le respect dans la collectivité non seulement par leur savoir sur la religion, mais surtout par leur sens de l'autorité et de la discipline, par leur pouvoir de négociation avec les autorités locales, pour les abattoirs ou pour la construction d'une mosquée par exemple.

Entre la Mosquée et l'École

La mosquée comme symbole et comme lieu de structuration d'une communauté est au cœur des conflits locaux. À Marseille, à Grenoble, à Metz, de nombreux terrains achetés sont en attente d'une autorisation pour sa construction. Les médias régionaux, nationaux et même étrangers rapportent les tentatives avortées, illustrées par des scènes de «bulldozer». La mosquée comme édifice avec un minaret, telle qu'elle est souhaitée par les populations musulmanes, gêne les citadins et la classe politique. Les médias la nomment «mosquée-cathédrale», référence qui évidemment n'est pas innocente. D'après le dictionnaire *Robert*, une cathédrale est une église épiscopale d'un diocèse, mais dans le langage courant elle représente toute grande et belle église. Par conséquent, une cathédrale est imposante en tant qu'architecture et occupe une place importante dans le paysage de la ville. Cela pourrait-il être le cas pour l'islam ? Une cathédrale est un monument historique qui marque les «lieux de mémoire» et crée des souvenirs, alors que l'islam est récent en France et que les souvenirs liés à l'islam se situent en dehors du territoire français. Est-ce alors une manière de faire prendre conscience du changement de l'histoire et du paysage de la ville du fait de la présence permanente et structurelle de l'islam ?

Dans tous les cas, la construction d'une «mosquée-cathédrale» est surtout un enjeu électoral important pour les maires. À Marseille, lors des législatives de novembre 1989, le Front national avait bâti sa campagne électorale sur le slogan : «Non à la mosquée», s'opposant ainsi au projet de «mosquée-cathédrale» annoncée un mois avant par le sénateur et maire Robert Vigouroux. À Lyon, en revanche, la bataille que le maire nouvellement élu, Michel Noir, avait dû mener contre le Front national après qu'il eut délivré un permis de construire en 1989, prit fin en automne 1994 avec l'ouverture au public de la «Grande Mosquée»[6].

Les constructions de mosquées fournissent la preuve de l'influence et de la capacité de négociation des imams. Elles reflètent les rapports de force entre les autorités publiques et les forces communautaires locales, mais encore faut-il pour cela que les associations islamiques locales puissent transcender les clivages nationaux et ethnique, et les imams dépasser les rivalités et les conflits de pouvoir. Dans certaines villes, l'unité autour d'un islam transnational et transculturel s'impose comme solution, avec la mosquée comme symbole : «On ne s'est pas toujours bien entendu entre nous, Turcs, Marocains ou Tunisiens ou Algériens, mais nous sommes tous avant tout musulmans» déclare l'imam algérien de Farebersvillers, en Lorraine, où résident 2 500 musulmans originaires de Turquie et du Maghreb. Il ajoute : «Pour la mosquée, nous avons marié les styles de deux cultures islamiques, l'une ottomane et l'autre maghrébine.»

Tout aussi importante, sinon plus, que les polémiques autour des mosquées, limitées à la municipalité, est par ailleurs l'«affaire du foulard» dans les écoles, d'envergure nationale cette fois. Sa médiatisation à outrance a mis de l'huile sur le feu et a rendu publiques les tensions existantes entre les institutions nationales et les institutions islamiques. Elle a installé un rapport de forces entre la loi de la République et celle du Coran, la première étant celle de la société, la deuxième celle de la communauté.

La mobilisation de la classe politique autour de l'affaire du foulard a surtout renforcé le rôle d'interlocuteurs des imams ou dirigeants d'associations islamiques, en tant que représentants d'une communauté «dissidente» structurée autour de l'islam. Qu'ils soient envoyés par les pays d'origine dans le cadre d'ententes bilatérales, donc avec un statut officiel reconnu par les deux partenaires, ou qu'ils soient représentant de partis politiques religieux, comme le FIS en Algérie ou le Parti de la prospérité en Turquie, ils s'érigent désormais en porte-parole de leur «communauté». Mais c'est aussi l'État qui, en choisissant des imams de toute idéologie comme interlocuteurs afin d'apaiser les tensions et,

---

6. *Cf.* G. Kepel, *À l'ouest d'Allah*, Paris, éd. du Seuil, 1994, plus spécialement p. 246-252.

surtout, de convaincre les familles d'obéir aux lois de la République, a accru le pouvoir de négociation des associations religieuses en écartant les autres ou en les forçant à se situer sur le terrain de l'islam. La création d'un nouveau sujet ou d'un objet dont le sens pèse culturellement et idéologiquement tant sur la société française que sur les populations concernées a facilité le choix des familles en situant l'identité religieuse au cœur de leurs intérêts politiques.

Rappel de l'universel

La laïcité française

En réaction aux questions soulevées par le port du foulard, la société française redéfinit la laïcité. Ce principe de la République a subi d'innombrables interprétations depuis novembre 1989, sans pour autant arriver à sa version finale, sinon qu'elle est décidément la « religion officielle » de France. Objets de débats à l'Assemblée nationale, défendus lors des réunions formelles ou informelles organisées par des militants associatifs (antiracistes), des intellectuels et des faiseurs d'opinion, le principe de la laïcité et celui de son respect provoquent des secousses dans la société française et sa classe politique. L'ampleur de la polémique n'est pas loin de rappeler celle qui a opposé l'Église et l'École laïque instaurée par Jules Ferry. En effet, elle remplit le rôle de repoussoir tenu par le catholicisme dans la définition de la laïcité au début du siècle, et par le biais de l'École, de sa fonction, de son idéologie. Aujourd'hui c'est l'islam qui est au cœur de sa redéfinition et lui sert de miroir.

L'« affaire » déchire la classe politique, le parti socialiste au pouvoir en opposant ses différents courants, les enseignants de l'Éducation nationale. Alors que certains attribuent un caractère pluraliste à la laïcité fondée sur la tolérance, d'autres rejettent l'idée d'une École multiconfessionnelle comme correspondant à l'École laïque. Mais, dans l'ensemble, les pouvoirs publics, tiraillés jusque-là entre un pragmatisme particulariste et des principes universalistes, s'activent à défendre la République en posant la laïcité comme sa valeur fondamentale, en mettant en évidence son caractère universel et en l'inscrivant au cœur de l'identité nationale de la France.

Un débat en engendre un autre. Le foulard islamique se « rattache » à l'immigration et à l'intégration. Autour d'un discours sur la « paix sociale » dont la laïcité est désormais le gardien, il devient crucial de renforcer le rôle de l'École dans une formation des citoyens conforme aux principes nationaux.

L'islam au féminin

Dans le cadre du débat sur le foulard, il devient aussi important de défendre les « droits de la femme » après tout le chemin parcouru pour obtenir l'égalité entre les sexes dans les sociétés démocratiques. L'affaire met en évidence une pression communautaire qui pèse davantage sur la femme. Car c'est par son habillement, exposé aux regards des autres dans l'espace public, qu'elle compromet « l'honneur » de l'homme, et par conséquent de la famille, dans les sociétés méditerranéennes et dans la communauté locale transplantée.

Ainsi s'élabore une nouvelle rhétorique. La laïcité et les droits de la femme, tous deux liés aux valeurs universelles et à la démocratie dans les sociétés occidentales, se trouvent à l'origine des nouvelles actions des pouvoirs publics à partir des années 1990. Cela commence avec un changement de vocabulaire, suivi d'un effort d'orientation des activités des associations socioculturelles. Il n'est plus question d'*interlocuteurs*, mais de *médiateurs*; il n'est plus question d'action communautaire ou d'assistance sociale, mais de médiation. C'est sur ces nouveaux termes que doivent être reformulées les demandes de subvention des associations pour mobiliser les ressources des pouvoirs publics destinées à l'intégration des populations immigrées et de leur famille.

Le concept de médiation, bien que présent dès les années 1980, gagne du terrain parmi les acteurs de l'immigration. Il rend explicite le conflit. « Qui dit médiation, dit situation potentielle de conflit » annonce le rapport du groupe de travail du conseil d'administration du FAS sur la médiation, préparé conjointement par les délégations de l'action sociale et de l'action territoriale[7]. C'est par la priorité accordée à la fonction de médiation, une fonction avant tout territorialisée, comme les conflits d'ailleurs, que les pouvoirs publics cherchent à apaiser les tensions. Contrairement aux dirigeants d'associations, les médiateurs sont des individus qui n'ont aucune représentation politique, même si leur fonction, spontanée au départ, a été vite instrumentalisée par les autorités locales et les institutions publiques.

Pourtant dans les années 1980, la lettre d'information concernant les subventions du FAS faisait encore état de l'importance des interlocuteurs et de leur fonction de liaison entre une collectivité structurée, telle que les associations, et l'État. Le terme de « collectivité » renvoie-t-il désormais à une communauté religieuse, musulmane en l'occurrence ?

---

7. Je dois à Mme Anne Golup, directrice de recherche au FAS, toutes ces informations et la documentation afférente.

De fait, la qualité d'interlocuteur attribuée de façon spontanée aux imams implique dans la perception des familles, et même dans le débat public, une communauté religieuse structurée. Cette fois, les médiateurs interviendraient-ils principalement auprès des individus extraits des communautés dans lesquelles ils avaient été placés ?

Depuis, les « frères aînés » gagnent du terrain dans le champ de l'immigration, surtout dans les banlieues. Il sont chargés de prendre les jeunes par la main et de leur montrer le droit chemin de l'intégration. La terminologie se réfère aux sociétés traditionnelles où les relations sociales renvoient aux formes de parenté et aux relations de la famille élargie chère aux anthropologues. Son usage et son installation dans le langage des pouvoirs publics, des associations et des médias ne sont pas innocents. Ils mettent en évidence l'élément essentiel qui manque dans les relations entre l'État et les communautés constituées qu'est la confiance.

Mais plus que de médiateurs, il s'agit de médiatrices, des « sœurs aînées ». Le symbole du foulard aurait-il féminisé l'islam, ce qui donnerait une plus grande légitimité à leur présence sur le terrain et à toute action sociale qu'elles pourraient entreprendre ? De plus, plusieurs études sur l'immigration n'ont-elles pas essayé de montrer que les femmes étaient agents de modernisation dans l'immigration ? D'autres études empiriques avaient même démontré que les résultats scolaires des filles étaient supérieurs à ceux des garçons et qu'elle « s'intégraient » mieux dans la société française. Ces femmes, issues elles-mêmes de l'immigration, nées en France ou arrivées jeunes, par conséquent scolarisées et socialisées en France, constituent désormais une nouvelle catégorie sociale créée et nommée par les pouvoirs publics : ce sont les « femmes-relais » : « des femmes ayant fait des études supérieures ou secondaires, soucieuses d'aider à la valorisation du potentiel que recèlent des compatriotes freinées en premier lieu par un défaut d'alphabétisation et ensuite par une méconnaissance des codes et des pratiques tant de l'administration que du voisinage dans les quartiers où elles habitent »[8].

D'après les rapports sur le sujet, l'expression serait née de l'action spontanée de femmes africaines « qui ont puisé à la fois dans leurs traditions et dans leurs capacités à évoluer dans les conditions de vie nouvelles »[9]. Elles sont écoutées et suivies par les familles qui ont des liens proches et éloignés, car elles incarnent la raison et donnent l'exemple d'une adaptation sans perte totale des traditions. Leur rôle

---

8. *Les Relais féminins de l'immigration africaine en Île-de-France et en Haute-Normandie*, Rapport pour le FAS de Sonia Fayman et Micheline Keil, juin 1994. Par ailleurs, Catherine Delcroix dirige une recherche sur le sujet à l'ADRI.

9. Rapport cité.

même est perçu de fait comme traditionnel. Dans le cas de l'immigration africaine, elles prennent la parole contre les mutilations sexuelles, condamnent la polygamie et rationalisent leur prise de position. Leurs actions sur le terrain étaient déjà encouragées par Yvette Roudy, ministre de la Condition féminine en 1982.

Aujourd'hui la fonction est retenue et s'étend à d'autres populations, représentant d'autres problèmes d'adaptation. L'affaire du foulard sert encore une fois de catalyseur. En septembre 1994, à la suite des réactions à la circulaire de François Bayrou, ministre de l'Éducation nationale, prononçant « l'interdiction des signes ostentatoires » dans les écoles publiques, Simone Veil, ministre de la Santé, des Affaires sociales et de la Ville, invitée à RTL, déclare proposer à François Bayrou des « médiateurs ou des médiatrices qui pourraient peut-être sur le terrain aider… Il y a des jeunes femmes, au fond musulmanes, qui s'assument, mais qui en même temps sauraient très bien expliquer, je crois, pourquoi le port du voile, en l'état actuel, risque plutôt d'empêcher ces jeunes filles d'arriver, de faire ce qu'elles souhaitent[10]. »

En effet, ces « femmes-relais » âgées de 30 à 45 ans incarnent une image réussie de l'immigration. Elles affirment devoir leur « émancipation » à l'École de la République, comme les « anciennes vagues » d'immigrés en France qui, aujourd'hui, servent d'exemple rassurant de l'efficacité de l'institution principale de la nation. Elles arrivent comme des « institutrices du social » pour réparer le « mal » que peut causer le port du foulard aux filles en question aussi bien qu'à la société française. Elles sont censées agir individuellement auprès des jeunes filles, souvent de même origine nationale, religieuse ou ethnique. Elles font l'éloge de la laïcité et de la liberté individuelle et blâment la nature oppressive des communautés religieuses. Elles se donnent comme l'exemple même de la compatibilité entre l'Islam et l'Occident, entre la tradition et la modernité, en soulignant leur attachement à leurs racines et à leur culture religieuse, nationale ou ethnique, mais aussi aux valeurs universelles incarnées par les sociétés démocratiques occidentales. Serait-ce là le résultat d'une stratégie des pouvoirs publics que de convaincre les familles qu'il ne s'agit pas d'une assimilation à la société française mais d'une assimilation à la modernité et à l'universalité ?

Ainsi, la politisation des identités procède des relations avec l'État et ses institutions qui lui donnent une forme, un contenu, en les situant de fait sur un champ de compétition pour le pouvoir. Politisation ou ethnicisation ? Le rapport est en réalité est très étroit. Même si le terme d'« ethnicité » dérange pour des raisons idéologiques, n'est-ce pas là pourtant une réalité

---

10. Émission de Michèle Cotta, RTL, 2 nov. 1994.

vécue dans les années 1980 et 1990? L'apparition de l'islam dans l'espace public ne correspond-elle pas à une forme d'ethnicité, telle qu'elle est définie aux États-Unis, et les efforts pour structurer une communauté religieuse avec ses institutions qui revendiquent une reconnaissance publique à la définition même de communauté ethnique en France? L'évolution du débat enregistré aux États-Unis sous l'influence des querelles multiculturalistes témoigne même déjà d'un glissement supplémentaire du clivage ethnique vers un clivage racial qui réduit la société à un champ de confrontation entre une «communauté noire» et une «communauté blanche». En France, toute référence à l'identité ou à une quelconque communauté renvoie à l'islam.

C'est lors de leur politisation que les identités prennent de nouvelles formes pour exprimer les anciens griefs. Aux États-Unis, l'histoire de l'esclavage, enracinée dans les mémoires, dans les mentalités et les institutions, s'analyse comme l'origine des inégalités sociales d'aujourd'hui. En France, l'islam, lié à l'histoire coloniale du passé et à l'immigration d'aujourd'hui, constitue de fait la ligne de démarcation ethnique. Sa présence rappelle non seulement l'identité chrétienne de l'Occident, mais plus particulièrement les tensions entre la religion, récusée lors de la construction de État républicain, et l'identité de la nation française.

Mais le véritable problème réside dans le fait que l'idéologie qui guide les principes providentiels de l'État français devient source de contradictions quant à ses effets inattendus. Même si encourager la création d'associations immigrées ne constituait au départ qu'un moyen de «contrôler» la société, peut-être aussi une manière d'apprivoiser, voire d'homogénéiser les différences grâce à la socialisation politique assurée par leur biais, les mécanismes politiques engendrés par l'installation des migrants des années 1960 conduisent en définitive à la constitution de communautés.

En même temps, l'acquisition d'un «savoir-faire» politique à l'intérieur des associations situe les communautés face à l'État. Dans cette confrontation, le rôle de l'État se réduit à son utilité instrumentale, la recherche d'identification se faisant grâce aux services fournis par l'État-providence et aux sommes versées aux institutions communautaires ou identitaires. De plus, le vide idéologique et institutionnel étatique dans le domaine religieux risque de laisser le champ libre à toute pression que pourrait exercer une communauté religieuse musulmane.

6

La politisation des identités en Allemagne

« Die im Grundgesetz angelegte Spannung zwischen weltbürgerlichen und nationalstaatlich-völkischen Verfassungsnormen ist bis heute nicht aufgelöst worden. »

« La tension entre les normes constitutionnelles cosmopolites et ethno-nationalistes, qui ont à l'origine été incorporées dans la Loi fondamentale, n'est, à ce jour, toujours pas dissoute. »

(Dieter OBERNDÖRFER, *Die offene Republik Zur Zukunft Deutschlands und Europas.*)

En Allemagne aussi, les années 1980 marquent un tournant dans le traitement de l'immigration. Les pouvoirs publics semblent prendre conscience que « les invités sont là pour rester ». De leur côté, les Turcs[1] abandonnent le discours du retour et le remplacent par celui d'une installation permanente avec des droits politiques. Dans cet esprit, certaines associations publient des brochures et distribuent des tracts invitant les familles originaires de Turquie à « voir plus clairement les erreurs du passé [en Allemagne] » et à cesser de penser au retour qui les a, jusque-là, cantonnées dans une identité repliée sur elle-même.

---

1. Dans ce chapitre nous allons nous référer tantôt aux « Turcs » tantôt à « ceux de Turquie » ou encore aux « ressortissants turcs ». L'usage de l'un ou l'autre de ces termes est fonction du contexte dans lequel ils apparaissent : « Turcs » dans un cadre national, « ressortissants turcs » dans un cadre légal et juridique, « de Turquie » dans le respect des différences ethniques et religieuses en Turquie qui posent un problème d'identification dans le pays. Bien entendu, dans les entretiens rapportés ici, le choix des termes relève de la responsabilité de l'interlocuteur.

Comme en France, des organismes spécialisés encouragent pourtant les étrangers (terme officiel en Allemagne) à s'organiser autour de leurs « différences ». En France, la « différence » a été définie en termes culturels. Avec les associations, elle a trouvé un terrain légal pour s'exprimer publiquement. En Allemagne, la différence se définit non seulement comme culturelle mais aussi comme « structurelle ». Les individus ayant une nationalité, une religion différentes existent en République fédérale en tant que groupe à part. D'ailleurs, les militants turcs ou kurdes revendiquent le « droit à la présence permanente » et non le « droit à la différence », puisque la différence est permanente. La citoyenneté devient ainsi un moyen de garantir le séjour et non d'assurer une intégration culturelle.

Partant de là, plusieurs points séparent la conception de la présence des étrangers ou des immigrés dans les deux pays. D'abord, les politiques sociales qui s'y rapportent se veulent politique d'intégration des travailleurs et de leur familles en France et « politique des étrangers » (*Ausländerpolitik*) en Allemagne. De même, l'État français intervient dans la vie des associations, tandis que l'administration allemande encourage les étrangers à s'auto-organiser (*Selbsthilfe*) pour créer leurs associations.

Parallèlement, alors que les États-Unis constituent un antimodèle pour une France où l'on perçoit la nation américaine dans son fractionnement en communautés ethniques, l'Allemagne voit dans le « modèle américain » l'exemple d'une démocratie où peuvent s'organiser et s'exprimer les différentes cultures (les Allemands ayant vécu cette expérience en tant qu'émigrants aux États-Unis). Les débats publics et scientifiques aussi bien que les mesures politiques concernant les modes d'organisation des étrangers en Allemagne renvoient de la sorte à des analyses inspirées du cadre américain et référées à des groupes ethniques ou à des minorités. Contrairement au cas français, les pouvoirs publics manifestent leur souhait de voir les Turcs s'organiser en une communauté ethnique unifiée autour d'intérêts communs qui implique qu'ils dépassent leurs clivages idéologiques, religieux, ethniques et linguistiques… en résumé, tous les conflits propres à la Turquie, transposés et exprimés en Allemagne.

La Commission pour les Étrangers (*Ausländerbeauftragte*), l'équivalent du FAS français, a été créée en 1981, à Berlin d'abord et plus tard au niveau fédéral, pour encourager précisément les associations à « s'ouvrir vers le monde », ce principe représentant d'ailleurs l'un des critères de financement de leurs activités. Indépendante de tous les ministères, cette commission cherche à agir contre le cloisonnement ou la marginalisation réelle des étrangers dans le domaine social, culturel, économique, politique, à les aider à se rassembler en communautés et à orienter toutes leurs activités vers l'Allemagne. Reste que l'objectif déclaré est, comme en France, de favoriser l'émergence d'une élite, porte-parole d'une communauté ethnique structurée autour d'une identité et d'intérêts partagés, devant permettre l'expression de revendications adressées à l'Allemagne qui témoignerait par là d'une installation durable dans le pays. Toutes les mesures mises en place obéissent à cette visée et correspondent à une acceptation permanente des étrangers en République fédérale comme une réalité incontournable. Elles oscillent entre l'*Ethnos* et le *Demos*[2], c'est-à-dire entre une idée de la nation définie à partir des critères ethniques (*Ethnos*) et les exigences d'un État démocratique (*Demos*), l'autre facette de l'identité allemande.

Cependant, comme en France, la compétition pour les ressources mises à la disposition des étrangers pour la construction d'une communauté rend difficile toute coopération entre les groupes et les associations. Touchant une population détenant un même passeport, elle risque en outre de remettre en cause l'idée d'une communauté ethnique turco-musulmane unifiée, telle qu'elle est souhaitée par les pouvoirs publics. De plus, les politiques élaborées dans ce domaine présentent des ambiguïtés quant à l'idée même de communauté ethnique partageant sa loyauté avec une allégeance vis-à-vis de la communauté nationale allemande.

Comme pour le cas français, ce chapitre analysera les mécanismes de politisation des identités des ressortissants turcs en interaction avec l'État allemand, les ambiguïtés des discours et les effets induits et pervers des politiques sociales dans la construction d'une communauté ethnique.

LE PLURALISME RELIGIEUX ET L'ISLAM

Entre « le foulard » et « le crucifix »

Dans sa définition de la communauté, la Commission des étrangers se réfère à celle que lui donne la Constitution, à savoir « un rassemblement de personnes qui se sentent liées à une ou plusieurs divinités et à laquelle, éventuellement auxquelles, ils rendent un culte ». Cette conception religieuse de la communauté remonte au début du XIXe siècle, lorsque la liberté religieuse accordée aux catholiques comme aux luthériens revêtait un caractère corporatif, « n'attribuant l'égalité des droits qu'à des communautés constituées en corps »[3].

---

2. J'emprunte la terminologie à l'ouvrage devenu classique de E. Francis, *Ethnos und Demos — Soziologische Beiträge zur Volkstheorie*, Berlin, Dunker & Humbolt, 1965.

3. *Cf.* É. François, *Protestants et catholiques en Allemagne. Identités et pluralisme,* Augsbourg 1648-1806, Paris, Albin Michel, 1993, p. 239.

C'est ce qui différencie le sécularisme allemand de la laïcité française. Bien que tous deux se fondent sur la séparation de l'Église et de l'État, principe affirmé par l'article 137 de la Constitution de Weimar et maintenu par la République fédérale, leur divergence procède de leur relation à l'espace public. Contrairement à la laïcité, qui exclut, en France, la religion de la vie publique, la sécularisation, en Allemagne, n'a pas empêché les Églises catholique et protestante de se constituer en corporations de droit public. Les Églises sont dès lors reconnues juridiquement par leur fonction sociale et morale et prélèvent, avec l'aide de l'État, un impôt versé par tout citoyen membre de l'une des communautés de croyants. En tant qu'institutions parapubliques reconnues officiellement par l'État, les Églises jouent aussi, aujourd'hui encore, un rôle important dans l'équilibre de la société allemande.

Résultat de longs conflits entre l'Église et l'État, en France la laïcité ne s'est imposée pour sa part dans les institutions nationales et publiques qu'à la fin du XIXᵉ siècle, tandis que les traces de la sécularisation allemande remontent aux traités de Westphalie de 1648 qui ont non seulement mis fin à la guerre des Religions, mais aussi affirmé la supériorité des allégeances territoriales d'après le principe de *Cujus regio, ejus religio* (« Tel prince, telle religion ») et le déclin du rôle politique de la religion. Systématiquement la laïcité française donne lieu, à présent encore, à un discours antireligieux, tandis que le sécularisme allemand aboutit à la dualité confessionnelle de l'espace public, inscrite institutionnellement. Il en résulte une interpénétration des structures ecclésiastiques, sociales et politiques qui perpétuent leur caractère confessionnel jusqu'à nos jours. L'historien Étienne François souligne la permanence des identités dans les mentalités et les comportements confessionnels « donnant par là même au fait confessionnel une dimension anthropologique, sociale et culturelle qui déborde de beaucoup la sphère proprement religieuse »[4].

De deux manières distinctes, la question religieuse demeure ainsi la question la plus épineuse des deux côtés du Rhin, comme le rappellent les débats passionnés concernant la place de la religion, qu'elle soit chrétienne ou musulmane, à l'École. En Allemagne, plus précisément dans la Bavière catholique et de tradition politique conservatrice, l'« affaire du crucifix » survenue au mois d'août 1995 n'a pas été loin de rappeler celle du foulard en France. Le tollé fut provoqué par une décision de la Cour constitutionnelle de Karlsruhe d'interdire la pose de crucifix dans les salles de classe, en réponse à la plainte déposée par des parents d'élèves adeptes d'un groupe spirituel anthroposophique, inspiré de Steiner, au

---

4. É. François, *ibid.*, p. 15.

nom du principe qu'«aucune religion ne [pouvait] être privilégiée par rapport aux autres» et que, par conséquent, le symbole du christianisme ne pouvait être affiché dans la classe si les parents s'en plaignaient.

Bien qu'aussi imprécise que l'arrêt énoncé en 1992 par le Conseil d'État français ou même que la circulaire, en 1994, de François Bayrou, ministre de l'Éducation nationale, cette décision de la Cour constitutionnelle a été vécue par les Bavarois comme une seconde *Kulturkampf* : «La guerre contre les catholiques», titre *Die Zeit* le 25 août 1995. Les réactions ont en effet été unanimes sur un point. La croix ou le crucifix font partie de la culture nationale, spécialement en Bavière. Ainsi l'a souligné un article dans le dossier spécial consacré au sujet par *Der Spiegel* : «La croix fait partie de la culture en Bavière au même titre que l'horloge du clocher de la ville», même si la Cour considérait de son côté ce symbole religieux «comme une contrainte et non comme un choix»[5].

Le débat s'est au fond apparenté à celui qui, au siècle dernier, avait porté en France sur «l'éloignement de Dieu» de l'École primaire. Une «École sans catéchisme et sans Histoire sainte ni Évangile», «une École sans crucifix et autre emblème religieux» défendue par Jules Ferry et ses partisans au nom de la neutralité confessionnelle. Tel avait été alors le mot d'ordre de la laïcité, attaqué par ses opposants qui la jugeaient fondée sur une jurisprudence «intolérante et despotique». Pour ces opposants, la chrétienté était «à la base de notre civilisation»[6]. Le plus significatif est, en outre, que cette argumentation a été reprise dans le débat public avec autant d'émotion lorsqu'il s'est agi récemment de l'École libre, de la révision de la loi Falloux ou de l'affaire du foulard.

Les mêmes termes resurgissent donc en Allemagne et en France lors des disputes sur le crucifix, la religion et la neutralité de l'État. Mais en Allemagne, la religion fait partie du programme scolaire cependant que, de surcroît, deux partis politiques la CDU (*Christliche democratische Union*) et la CSU (*Christliche soziale Union*) intègrent l'adjectif «chrétien» dans leur intitulé, exprimant explicitement leur rapport étroit avec l'Église catholique (particulièrement fort dans le cas de la CSU bavaroise). En tant que président de la CDU, le chancelier Helmut Kohl a d'ailleurs déclaré que «la croix comme symbole de la foi chrétienne ne constitue pas une menace mais une aide, une orientation établie par les valeurs chrétiennes

---

5. T. Schmid, «Le Christ, garant de la cohésion sociale? Polémique autour d'un arrêt de Karlsruhe», *Courrier international*, n° 252, 31 août-6 sept. 1995 (repris du *Wochenpost*, Berlin).

6. Pour le rapport des débats qui ont eu lieu entre la Chambre et le Sénat, voir L. Capéran, *Histoire contemporaine de la laïcité française. La révolution scolaire,* Paris, Librairie Marcel Rivière & Cie, 1960, p. 81-137.

pour la majorité des gens», ajoutant que la CDU «continuera à œuvrer pour les valeurs chrétiennes de la société allemande»[7]; c'est ainsi qu'il définit plus loin l'ouverture d'une société plurielle.

Une place pour l'islam

Pourtant lorsque la France traversait une crise existentielle motivée par la remise en cause de la laïcité liée à l'affaire du foulard islamique, la classe politique allemande percevait cette attitude française comme exagérée. La presse d'Outre-Rhin a surtout rapporté à ce propos les inquiétudes françaises sur la menace qui pesait sur la tradition républicaine, de même d'ailleurs que la presse française s'est pratiquement limitée à rapporter uniquement les faits sur l'affaire du crucifix en Bavière. Néanmoins, un article du *Spiegel* remet plus finement en question l'argument qui porte sur le «respect des normes traditionnelles communes dans les écoles publiques» en France. «Quelles normes communes, l'islam est la deuxième religion en France[8]!» s'exclame le journaliste, qui fait sûrement allusion au fait que l'islam est la troisième religion en Allemagne et que le spectacle quotidien des filles en foulard à l'école et ailleurs y paraît en somme naturel.

L'étonnement de l'opinion allemande face à l'ampleur du débat sur le foulard en France conduit à deux interprétations. La première repose sur une conception différente de la séparation de l'Église et de l'État dans les deux pays et sur une intériorisation plus distincte du pluralisme religieux. La décision de la Cour constitutionnelle de Karlsruhe est intéressante aussi à cet égard. Comme le souligne un journaliste du *Frankfurter Allgemeine Zeitung* «Qu'est-ce qui se passera [ici] quand des parents chrétiens se plaindront que les filles musulmanes portent le foulard?» Mais cela n'étant pas le cas pour l'instant, la deuxième interprétation serait que la non-acceptation des étrangers comme faisant partie de la société globale, et encore moins de la nation, s'y traduit par une «indifférence» vis-à-vis des habitudes vestimentaires de chacun. Ne faut-il pas alors chercher dans cette indifférence la reconnaissance de l'idée que les étrangers forment une population à part? Si «l'Allemagne n'est pas un pays d'immigration», peu importent les coutumes religieuses des invités tant qu'elles ne touchent pas à l'ordre public.

Pourtant, depuis les années 1980, la Commission allemande des étrangers s'interroge sur les moyens d'inclure l'islam dans le pluralisme religieux. En effet, elle juge que l'organisation de l'islam turc autour de

---

7. *Frankfurter Allgemeine Zeitung*, 12 août 1995, p. 1.
8. *Der Spiegel*, n° 45, 6 nov. 1989.

tendances politiques ou de confréries rattachées à la Turquie ne coïncide plus avec le discours d'installation permanente prodigué par ailleurs.

Son idée d'une « communauté musulmane » se fonde, cela va de soi, sur la place officielle de la religion dans l'espace public allemand et le rôle des Églises dans la prise en charge des étrangers, rôle attesté dans les années 1960 par l'accueil des travailleurs venus de tout le bassin méditerranéen assuré par les organismes caritatifs confessionnels. Ainsi la *Caritas* catholique s'était occupée principalement des populations de cette confession venue d'Italie, d'Espagne, du Portugal, de Pologne et de Croatie, tandis que le *Diakonisches Werk* protestant avait traité les Grecs ou les Serbes orthodoxes, et que les musulmans originaires de Turquie ou de Bosnie l'avaient été par un organisme syndical proche du SPD, l'*Arbeiterwohlfahrt,* créé à cet effet. Mais aujourd'hui, après trente ans de présence de l'islam sur le sol allemand, se limiter encore à cette formule semblait revenir à inviter les Turcs à trouver les points de repère dans leur propre pays ou dans des organismes islamiques internationaux qui cherchent à promouvoir l'islam en Europe.

L'urgence des mesures s'impose, aussi, au regard du danger d'endoctrinement des enfants par les imams qui, venus de Turquie, défendent leur vision du monde, selon des procédés que la Commission des étrangers juge « antidémocratiques ». À ce propos, il n'est pas indifférent de rappeler que ce concept d'endoctrinement se trouve idéologiquement chargé en Allemagne du fait de l'expérience du nazisme, ce qui conduit à s'interroger sur la façon d'accorder à l'islam, « troisième religion du pays », les mêmes droits qu'aux deux autres confessions, protestante et catholique, spécialement en ce qui concerne l'enseignement religieux dans les écoles publiques. Il ne s'agit pas seulement de l'adapter aux législations et aux pratiques en cours propres à chaque *Land*, mais de savoir qui va être responsable de l'enseignement de l'islam dans ce cadre.

Depuis les années 1990, les tentatives menées dans trois *Länder* ont représenté trois modèles d'intégration de l'islam dans les écoles publiques. À Berlin, l'enseignement religieux étant dans son ensemble rattaché aux Églises, l'instruction coranique a été placée sous la tutelle de l'État turc par l'intermédiaire du *Diyanet*, son organe officiel. Dépendant du premier ministre de Turquie, le *Diyanet*, secrétariat d'État chargé des affaires religieuses, est représenté en Europe par un organisme appelé DITIP qui recrute et répartit les imams dans les écoles publiques des grandes villes européennes. Comme celle des instituteurs laïcs turcs, leur présence s'inscrit dans le cadre d'ententes bilatérales qui ont d'abord porté sur les cours de la langue d'origine et, depuis 1984, sur les cours de religion organisés tous deux en dehors des programmes scolaires.

Le deuxième modèle est celui de Hambourg. Dans ce *Land* de tendance social-démocrate (SPD), les professeurs de langue, bien que de nationalité turque, bénéficient d'un statut de fonctionnaire, et ce sont eux-mêmes qui ont instauré l'enseignement de l'islam dans le cadre du programme appelé « *Religionspedagogik* » appliqué à toutes les religions.

Quant au troisième modèle adopté en Westphalie du Nord, il confie à des professeurs de théologie, des scientifiques et des pédagogues chrétiens la charge de mettre sur pied un programme d'enseignement de l'islam.

La population turque et les autorités allemandes ne se satisfont d'aucune de ces formules. À Berlin, les opposants à l'État turc rejettent le *Diyanet* et son agence, le DITIP. C'est pourquoi un projet d'école coranique de Berlin, rattachée à la fédération islamique de Berlin, donc en principe indépendante de l'État turc et ouverte à tous les musulmans de la ville, a été déposé vers la fin des années 1980 mais n'a pu obtenir l'autorisation de prendre en charge l'enseignement religieux jusqu'à ce jour. Les débats suscités par cette initiative contrecarrée ont souligné les liens personnels existant entre le directeur de l'école et le président de la fédération islamique de Berlin, lui-même appartenant au parti religieux en Turquie ; et sans doute faut-il voir là une des raisons de son échec[9].

À Hambourg, les associations religieuses turques se sont opposées à l'enseignement de l'islam par des instituteurs laïcs ignorant l'islam à leur sens, et en Westphalie du Nord, ce sont les pouvoirs publics qui ont exprimé leur crainte de voir se développer un islam orthodoxe plutôt qu'un islam séculier.

Mais, encore une fois, il ne s'agit que d'expériences localisées dues au fédéralisme allemand, l'enseignement de la religion musulmane dans les écoles publiques posant toujours la question plus générale de sa reconnaissance au même titre que les confessions chrétiennes. Le 1er mars 1979, la centrale des centres culturels islamiques avait présenté dans ce sens une demande de reconnaissance inscrite dans le cadre légal des corporations de droit public (*Körperschaft des öffentlichen Rechts*) dont bénéficient les autres religions en Allemagne. Mais elle n'a pas abouti, les autorités ayant exprimé leur méfiance vis-à-vis d'organisations rattachées soit à l'État turc, soit aux partis politiques en Turquie, mais qui dans l'ensemble sont perçues comme non démocratiques[10].

---

9. Discussion sur la fondation d'une école privé par l'Islam-Kolleg e.V. Extrait du protocole de la Commission pour l'école, 28 févr. 1990.

10. Entretien avec Hans-Thomä Venske, responsable des étrangers pour l'Église évangélique à Berlin (avr. 1993) ; voir aussi de Hans-Thomä Venske, *Islam und Integration. Zur Bedeutung des Islam im Prozess der Integration türkischer Arbeiterfamilien in der Gesellschaft der Bundesrepublik*, Hambourg, 1981.

CONSTRUCTION D'UNE COMMUNAUTÉ ETHNIQUE

L'impossible communauté religieuse

Ces développements mettent en cause la capacité de l'islam à s'organiser en une communauté que la Constitution allemande définit en substance comme un rassemblement de personnes liées par des conceptions communes et par un consensus en la matière. Un islam divisé et politisé, même s'il s'inscrit à l'intérieur d'un même groupe national, ne semble pas correspondre à cette idée de « rassemblement ».

Les clivages idéologiques, politiques et religieux font que les Turcs musulmans sont plutôt membres d'une *communauté segmentée*, une communauté où les individus entretiennent des rapports conflictuels bien qu'ils partagent les mêmes références nationales et religieuses. Au printemps 1980, à Berlin, le port du foulard à l'école par les jeunes filles de nationalité turque avait indigné une partie de leur compatriotes immigrées qui se reconnaissait dans les principes laïcs d'une République turque fondée selon les principes de Kemal Atatürk, qui d'ailleurs en avait interdit le port dans les établissements scolaires du pays en 1926. Ce n'était donc pas la classe politique berlinoise qui s'opposait aux musulmans de Berlin, mais plutôt les ressortissants turcs qui le faisaient entre eux, les uns défendant les principes kémalistes de façon aussi convaincue que les Républicains en France défendaient les leurs, les autres associant la religion à l'identité turque ou kurde, en général sous l'influence des partis religieux.

De tels incidents reflètent les clivages idéologiques à l'intérieur d'une collectivité qui se définit non seulement par une appartenance confessionnelle mais, aussi, par une appartenance nationale commune. La ligne de démarcation n'est évidemment pas claire. La fragmentation propre à l'immigration révèle plusieurs appartenances religieuses (sunnîtes, alevîs), nationales et ethniques (turques, kurdes) des ressortissants turcs en Allemagne, correspondant chacune à des organisations particulières. Cela ne remet pourtant pas en cause la structure communautaire. Comme on l'a vu dans le cas français, les conflits internes au groupe sont plutôt signes de son enfermement que de son éclatement. Les appartenances s'affirment même avec plus de certitude dans le cas allemand, où la référence commune à la Turquie et au statut d'étranger immigré réunit précisément les Turcs en raison de leur nationalité caractérisée dès le départ comme communauté segmentée par les idéologies, les identités ethniques, religieuses ou linguistiques et les intérêts différents.

Les grandes tendances, qui sont notamment à la source des groupes religieux, sont transposées de la vie politique turque. En effet, la « communauté des croyants et des pratiquants » s'y trouve tout autant divisée entre des organisations concurrentes exprimant chacune une tendance politique pour ou contre l'État turc, certains immigrés ayant cependant choisi l'Allemagne et l'Europe en général comme des espaces démocratiques plus ouverts, comme des terrains d'action. Entre les deux principales organisations, l'une appelée « Vision nationale » qui représente le Parti de la prospérité, et l'autre, « Diyanet » ou DITIP, représentant la « vision » officielle de l'État turc, se manifestent également plusieurs autres associations dont les plus répandues sont celles intitulées « centres culturels turcs » et qui forment aussi un réseau. Ces centres ont été créés dès le début de l'immigration turque en Europe par les *Süleymanci*, les disciples de Süleyman Turhanan, chef d'une confrérie en Turquie. Dans les années 1970, leur implantation dans les pays d'immigration pouvait apparaître comme une réaction contre le kémalisme qui interdisait la présence et la représentation d'une confrérie ou d'une secte dans la Turquie républicaine. Soutenus, cependant, par les consulats, les adeptes de cette tendance avaient trouvé un champ d'influence, dans l'immigration surtout. Ils étaient les premiers à tisser tout un réseau de centres culturels en Allemagne et en Europe (d'où l'adjectif culturel) pour assurer l'enseignement du Coran aux enfants. Pratiquant un discours « apolitique » de la religion, ils avaient attiré les familles qui ne voulaient pas s'encombrer d'une étiquette politique qui aurait pu rendre difficile le retour.

Depuis les années 1980, après la dernière intervention politique des militaires en Turquie, un islam de plus en plus politisé a gagné du terrain dans le pays comme dans l'immigration. Les imams, certains attachés religieux à Ankara, ont même changé d'approche une fois arrivés en Allemagne, spécialement en ce qui concerne une grande majorité des leaders des *Süleymanci*. Plus étonnant encore est la trajectoire de Cemalettin Kaplan, « le Calife », dirigeant de l'association nommée « État fédéré islamique anatolien ». Décédé en juin 1995 à Cologne, celui-ci avait été attaché aux affaires religieuses à Ankara et vice-président du Diyanet : il était devenu ensuite membre du clergé musulman chargé du maintien de la loi (*müftü*) à Adana jusqu'en 1981 ; il s'était en outre présenté en 1977 aux élections comme candidat du Parti du salut national, l'ancêtre du Parti de la prospérité actuel. C'est à sa retraite que Necmettin Erbakan, président du parti en question, l'aurait envoyé en Allemagne pour qu'il collabore avec Vision nationale. Mais, en réalité, Kaplan a forgé sa vision de l'islam à la suite de son voyage en Iran, en 1983, après lequel il crée à son retour en Allemagne sa propre association où il prêche un État turc islamiste à l'image de l'Iran, néanmoins adapté à l'histoire turco-ottomane et se désigne lui comme le Calife (article R. Çakir dans *Milliyet*)

Les familles turques, de leur côté, n'expriment aucune distance vis-à-vis de la vie politique en Turquie. Au contraire, elles choisissent leur camp en fonction de l'identité régionale, ethnique et bien sûr politique affichée par l'association à laquelle elles se rattachent, au regard aussi des liens personnels avec tel ou tel imam ou responsable. On trouve là l'explication partielle de la prolifération des associations islamiques qui se disputent adeptes et militants, et par conséquent les ressources financières liées à leur adhésion, en créant des salles de prière rivales dans le même quartier et en justifiant plus généralement leur utilité par des services rendus ou par l'accessibilité de leurs locaux.

Ainsi, à Berlin par exemple, la Fédération islamique créée en 1982 n'a pas empêché les divisions. Malgré ses efforts de neutralité, le président de cette organisation regroupant les diverses associations religieuses musulmanes de toutes les nationalités n'a pu faire oublier sa propre nationalité turque, ni son adhésion au Parti de la prospérité, au point que la Fédération est apparue comme une organisation nationale représentant un parti religieux non moins turc. De la sorte, certains ressortissants turcs ont rejoint la Fédération, tandis que d'autres ont opté pour sa concurrente, le DITIP, représentant de la Turquie officielle, ou pour Vision nationale, ou bien pour le mouvement de Kaplan, ou encore pour le courant nationaliste des « Loups gris ».

À la recherche d'une communauté nationale

L'islam divisé et politisé empêche les pouvoirs publics allemands de progresser dans leur visée de structurer une communauté religieuse. Qui serait en effet, dans ces conditions, l'interlocuteur, le porte-parole de la communauté ? Et de quelle communauté s'agirait-il ? La neutralité s'imposant comme critère, comment dégager un vis-à-vis qui ne soit ni l'expression de l'État turc en général, ni celle de l'un ou de l'autre des gouvernements successivement en place, ni celle des partis d'opposition ? Faut-il dès lors chercher l'unité en fonction du critère de la nationalité ? Faut-il définir une communauté fondée sur une histoire et des intérêts fondés sur une appartenance nationale ? Pour sa part, Barbara John, responsable de la Commission des étrangers de Berlin, affirme que « l'État est prêt à aider les Turcs à se structurer en un groupe qui réunirait des individus ayant des intérêts différents, au-delà des divisions religieuses, ethniques, idéologiques… qui empêchent la communauté de se former ». « On compte 7 000 Grecs à Berlin, et ils sont organisés en 13 groupes, les 33 000 (ex-)Yougoslaves se sont structurés autour de 6 groupes, et les Turcs, à peu près 125 000, se divisent en plus de 100 groupes. » « Ils ne constituent pas une communauté » ajoute-t-elle[11]. Ertekin Özcan, de son

---

11. Entretien, Berlin, mai 1990.

côté, dénombrait en 1987 plus de 3 000 associations turques de toute nature en Allemagne, politiques, sportives, culturelles, cultuelles ou sociales[12]. Les mêmes divisions idéologiques, religieuses, linguistiques, ethniques, etc., expliquent leur diversité et leur multiplicité.

Ni la multiplicité de l'immigration turque en Allemagne, due à son ampleur, ni son organisation segmentée ne font pourtant obstacle au sentiment d'appartenance à une même communauté ethnique. Certes, les ressortissants turcs s'organisent, agissent ou prennent simplement position pour ou contre la représentation officielle de leur pays. Ils s'approprient ou rejettent telle ou telle idéologie, acceptent ou refusent les gouvernements en place ou leurs politiques. Mais leur point de repère reste la Turquie comme élément de référence identitaire commun. Leur critère d'ethnicité renvoie en somme à la « turquitude », à une communauté ethnique fondée sur la nationalité turque mais indépendante de la Turquie officielle.

Au début de l'immigration, chacun des courants transposés de la vie politique turque et reconstitués en Allemagne avait trouvé un appui auprès des partis allemands. Comme si les ententes bilatérales entre les deux pays avaient reposé aussi sur leurs allégeances politiques, les groupes de gauche ou de droite s'étaient alliés à un partenaire allemand de même tendance. Les grands partis, tels le SPD et la CDU, avaient ainsi chacun leur organisation et leurs militants turcs. Le groupe *Progressive Volkseinheit der Türkei in Berlin West e.V.* (le groupe populaire progressiste de Turquie, ou HDB, Union populaire et révolutionnaire en turc), créé en 1973, filleul du SPD, était surtout actif à Berlin-Ouest. La CDU parrainait une vaste association, la *Freiheitliche Türkisch-Deutscher Freundschaftsverein e.V.* (Amicale libérale turco-allemande ou *Hür Türk*, traduit littéralement « le Turc libre »), créée en 1985, dont le siège central était — et est encore — à Bonn. Refusant toutes les adhésions de membres provenant de partis extrémistes de droite ou de gauche en Turquie et en Allemagne, cette association, dirigée par un député allemand de la CDU et un fonctionnaire des Renseignements généraux turcs à la retraite, se voulait « conforme à la Constitution de la République turque et à celle de la République allemande ». L'objectif déclaré des deux côtés consistait à réunir les différents groupuscules en fonction de leur tendance modérée et de leur assurer un fonctionnement démocratique.

Tardive pour la deuxième, la création de ces deux structures répondait-elle à une stratégie de contrôle des activités politiques des étrangers venus de Turquie ou encore à un dessein de restructuration générale visant

---

12. E. Özcan, *Türkische Immigrantenorganisationen in der Bundesrepublik Deutschland*, Berlin-West, Hitit Verlag, 1989, p. 23.

à dégager des interlocuteurs officiels ? En tout cas, l'une et l'autre se sont bien vues comme des intermédiaires reconnus entre l'État allemand et l'État turc, aussi bien qu'entre les partis au pouvoir et ceux de l'opposition. Les dons versés par leurs membres respectifs ont permis, entre autres, de financer les partis en Turquie. Certes, il en est de même pour l'association Vision nationale qui a alimenté et alimente toujours les caisses du Parti de la prospérité, mais avec cette différence toutefois qu'elle n'a pas d'équivalent dans l'éventail politique allemand et qu'elle n'est considérée comme interlocuteur officiel ni par l'État turc, ni par l'État allemand.

Ainsi, ce concept d'interlocuteur renvoie dans un premier temps à une relation d'État à État. En France aussi, les amicales algériennes ne s'étaient-elles pas approprié le rôle d'intermédiaire entre le pouvoir français et le pouvoir algérien en matière d'immigration ? Dans les deux cas, ces organisations se sont préoccupées, au départ, de la vie politique des pays d'origine. Par la suite, elles ont développé des actions sociales et culturelles afin d'aider leurs ressortissants à maintenir des liens avec leurs « origines ». Dans les deux cas, la notion d'interlocuteur met en évidence l'idée de retour de la part des États respectifs. Implicite en France, cette approche s'inscrit explicitement dans les ententes bilatérales entre la Turquie et l'Allemagne. Mais contrairement au cas de la France où les amicales ne concernaient que la première génération et n'ont pas aujourd'hui d'influence sur les jeunes, les organisations érigées en porte-parole en Allemagne cherchent toujours à sensibiliser l'ensemble de l'immigration turque, toutes générations confondues. Est-ce parce que l'Allemagne « n'est pas un pays d'immigration » et que la présence des étrangers, toujours perçue comme provisoire, conduit la République fédérale à ne considérer comme interlocuteur que l'État turc ou, tout au moins, les associations qui le représentent en Allemagne ?

Mais les politiques d'intégration des étrangers mises en œuvre à partir des années 1980 font basculer, jusqu'à un certain point, cet équilibre. La Commission des étrangers refuse le terme de *Gastarbeiter*; pour mettre en évidence leur présence permanente, elle les appelle des « concitoyens étrangers » (*ausländische Mitbürger*). Dans ces conditions, faudrait-il encore désigner des porte-parole pour l'ensemble de la communauté turque ? À Berlin, en tout cas, la Commission propose de les aider à restructurer leurs réseaux au-delà des intérêts politiques orientés vers la Turquie, à se rassembler pour défendre des intérêts économiques, sociaux et politiques en République fédérale, bref à développer leur « capital social », pour reprendre le langage administratif, en attribuant aux travailleurs sociaux un rôle d'interlocuteurs et non plus de conseillers auprès des pouvoirs publics en quête d'information sur les mœurs et coutumes des étrangers de nationalité turque, sur leurs modes d'installation et leurs projets de retour au pays.

COMMUNAUTÉ ETHNIQUE OU MINORITÉ

La logique d'une communauté ethnique est désormais à l'origine de mesures politiques vis-à-vis des étrangers. Ce phénomène s'accompagne d'interrogations sur un changement du mode de distribution des ressources disponibles qui consisterait à verser une fraction des subventions accordées aux organismes officiels chargés de l'accueil des étrangers — tels que les *Caritas*, la Croix-Rouge, l'Église évangélique ou les *Arbeiterwohlfahrt* — aux étrangers eux-mêmes, afin de promouvoir leur auto-organisation (*Selbsthilfe*). L'idée est de voir les étrangers créer leurs propres organismes pour combattre la délinquance, la pauvreté, la criminalité. La procédure rappelle le libéralisme américain où les associations volontaires issues des communautés ethniques elles-mêmes sont en même temps des institutions d'entraide ou de bienfaisance au service de leurs membres, soucieuses également de gérer les problèmes sociaux qui les touchent plus particulièrement. Mais cette logique de communauté ethnique structurée et intégrée se prenant en charge implique parallèlement la lutte pour la reconnaissance de l'égalité des droits.

Les enjeux d'une telle restructuration sont par conséquent importants tant pour la population turque que pour l'Allemagne. Pour la première, il s'agit de donner désormais l'image non plus d'une communauté segmentée, divisée et conflictuelle, mais, au contraire, d'une collectivité unie par des intérêts communs, mieux armée pour lutter contre les inégalités, les discriminations et le racisme ambiant. Les militants associatifs reprennent à leur compte les discours des pouvoirs publics, suivent leurs consignes pour organiser ou structurer cette communauté ethnique. Ils rassemblent leurs forces pour créer des associations-parapluies dans chaque *Land* en vue de regrouper l'ensemble des ressortissants turcs. Cela devient pour eux d'ailleurs la seule façon d'obtenir une légitimité et de faire « reconnaître leur présence » en tant que groupe uni par un seul objectif : l'installation permanente et l'égalité des droits. Au bout du compte, la communauté ethnique se définit par son programme d'action politique, et c'est dans son cadre que les associations et leurs membres expriment leur identification.

Pour l'Allemagne, aider la population étrangère à relier les réseaux existants entre les différents groupes de manière à briser leur isolement et à détruire leurs clivages internes s'inscrit dans un programme de « paix » sociale. Mais plus que de paix sociale au sens strict, il s'agit surtout de préserver la démocratie en repoussant les politiques et les pratiques qui maintiennent la population étrangère à l'écart. Les débats sur la citoyenneté et la nationalité vont aussi dans ce sens à partir de l'année 1985.

Depuis 1992, l'enjeu devient en outre plus important du fait des actes racistes. Les incendies criminels qui ont causé la mort de cinq personnes dont deux enfants à Mölln, en novembre 1992, et d'une famille turque à Solingen, en avril 1993, ont sensibilisé l'opinion publique à la situation et aux droits politiques des étrangers établis sur le sol allemand depuis trois générations. Accrues depuis la réunification des deux Allemagnes, ces exactions ont creusé davantage le fossé entre les Turcs ou les étrangers en général et les Allemands, chacun se repliant sur soi-même, marquant ses frontières identitaires et même territoriales. Les quartiers habités par les Turcs sont presque devenus des forteresses où non seulement « un skin ne peut pénétrer », mais où d'autres se sentent « touristes ». À Berlin, les murs de Kreuzberg se sont garnis de portraits de jeunes, victimes d'actes racistes, comme pour mieux marquer les limites territoriales du quartier et les frontières d'une identité collective. De même, tout rassemblement formel ou informel dans le cadre des associations ou de rencontres sportives ou autres commence par une minute de silence à leur mémoire. Des numéros spéciaux des magazines bilingues édités par les Turcs en Allemagne portent sur le racisme, énoncent la chronologie des actes de violence, ainsi que les noms de leurs victimes. Certaines associations extrémistes, comme les Anti-Fa, appellent en plus à la vengeance, tandis que d'autres, plus modérées, distribuent des tracts pour inviter les Turcs à rompre le silence et à agir, que d'autres encore organisent des débats où ils condamnent la passivité de la classe politique et l'inefficacité de la police vis-à-vis des auteurs de telles violences et tiennent l'État allemand pour responsable des vagues de xénophobie. Les intérêts communs qui cimentent la communauté ethnique se rapportent dès lors à une lutte contre le racisme, qui devient le principal élément structurant de l'identité collective.

La construction d'une minorité nationale

L'expression *türkische Minderheit*, « minorité turque », s'est installée dans le langage des intellectuels et des militants proches du SPD. Plus largement, ce que les pouvoirs publics appellent « communauté ethnique » trouve un écho transformé dans l'idée de minorité ethnique chez les dirigeants d'associations ou les militants actifs dans l'immigration turque en Allemagne. Ils entendent désigner, par ce terme, la présence structurelle d'une population culturellement différente comptant presque 2 millions d'individus de toutes catégories sociales : chômeurs, ouvriers qualifiés ou non, étudiants, cadres, commerçants, industriels, qui expriment tous leur appartenance à des cultures régionales, linguistiques ou ethniques différentes. À eux tous, ils constituent « la Turquie en Allemagne » écrit Faruk Sen, directeur des Études turques à

Essen. Pour lui, l'expression « "Turc d'Allemagne" deviendra une terminologie qui va s'imposer à l'opinion». «Nos artistes, nos hommes d'affaires, notre culture, notre religion, notre télévision, notre presse ne sont qu'un aspect de la Turquie en Allemagne. En plus, nous avons établi un réseau de communication interne avec sept journaux quotidiens, un hebdomadaire et un mensuel publiés régulièrement en Allemagne», ajoute-t-il comme pour confirmer la présence d'une minorité structurée qui cherche à se consolider[13], ce qui le conduit à utiliser et proposer le terme de *türkische Minderheit* dans les débats politiques au sein du SPD dont il est membre[14].

Ainsi la minorité turque trouve un fondement dans la nationalité, son dénominateur commun en Allemagne. Il faut, bien entendu, en chercher la raison dans la définition de la Turquie elle-même en tant qu'État-nation et dans son intériorisation comme tel. Mais la question se pose aussi de savoir si c'est l'identité nationale allemande définie par l'ascendance qui conduit les non-Allemands à se considérer de même, à se définir à partir des mêmes critères ethniques d'abord et à se constituer en minorité par la suite. Ou bien est-ce l'environnement politique et le statut juridique qui maintiennent la différence de la nationalité comme élément constitutif de la construction d'une minorité? Ou bien encore, pour reprendre une formule de Uli Bielefeld, « la logique d'étatisation de l'ethnicité» conduirait-elle les autres communautés ethniques à s'institutionnaliser en tant que minorités ethniques[15]?

Le discours des militants originaires de Turquie sur les minorités a puisé, dans un premier temps, ses sources dans l'exemple américain. Élaboré dans le cadre des études sociologiques sur les *Race Relations* aux États-Unis, l'usage du terme de minorité de l'autre côté de l'Atlantique a cependant changé de sens et de cible selon les périodes. Alors qu'il s'agissait dans les années 1930 de minorités ethniques d'origine européenne, le concept a pris une ampleur politique dans les années 1960, avec les luttes pour l'égalité des droits et des statuts par référence aux Noirs et à leur « différence fondamentale »[16]. Le mouvement des droits civils et surtout les programmes d'*Affirmative Action* ont donné un statut officiel aux minorités désignées par des politiques, catégorisées par des quotas et protégées par la loi. Le traitement privilégié fondé sur la compensation des inégalités de départ a fait des Indiens d'Amérique, des

---

13. F. Sen, *Bonn-Ankara Hatti (La ligne Bonn-Ankara)*, Önal Verlag, Köln, 1993, p. 25.
14. Entretien, Essen, avr. 1993.
15. U. Bielefeld, « L'État-nation inachevé. Xénophobie, racisme et violence en Allemagne à la fin du XXᵉ siècle », revue *M*, n° spécial : *Allemagne An V*, déc. 1994-janv. 1995.
16. *Cf.* P. Gleason; « Minorities (almost) all : The minority concept in American social thought », *American Quarterly*, vol. 43, n° 3, sept. 1991, p. 393-324.

Noirs, des Hispaniques et des Asiatiques des « minorités éligibles pour le programme d'*Affirmative Action* », tel qu'il est désigné dans le langage de l'administration fédérale.

Le discours des militants turcs met cette inspiration en évidence lorsqu'il revendique une reconnaissance et une égalité des droits dans le domaine social et surtout politique. Mais deux différences non négligeables demeurent cependant, l'une par rapport au passé des dites minorités aux États-Unis et des étrangers en Allemagne, à leurs relations distinctes avec l'État ainsi qu'aux histoires spécifiques de leur immigration, et l'autre par rapport aux statuts juridiques. Les groupes catégorisés comme minorités sont citoyens des États-Unis, alors que les Turcs invités sont étrangers en Allemagne. Cette divergence définit la minorité sur des bases différentes dans les deux pays : minorité ethnique référée à l'origine nationale, ou raciale, ou de sexe aux États-Unis, minorité principalement nationale en Allemagne.

Par ailleurs, le discours sur les minorités est aussi influencé par l'Europe et les institutions européennes, notamment le Conseil de l'Europe et le programme sur le droit des minorités. Les militants reformulent leurs revendications en insistant cette fois-ci sur les aspects culturels d'une minorité, en particulier lorsqu'ils demandent la reconnaissance de la langue turque et son enseignement dans les écoles publiques.

Une minorité ethnique ne constitue donc pas une donnée en soi. Elle se construit autour d'intérêts communs exprimés en termes identitaires allant de la volonté de maintenir une culture jusqu'à la nécessité de survivre contre les agressions racistes. Mais c'est surtout la nature des relations avec le pouvoir qui définit son contenu. Comme le souligne Norbert Rouland : « il n'existe pas de minorités en soi, elles ne se définissent que structurellement. Ce sont des groupes mis en situation minoritaire par les rapports de force et de droit qui les soumettent à d'autres groupes au sein d'une société globale dont les intérêts sont pris en charge par un État[17]... »

Un exemple concret aux yeux des ressortissants turcs est fourni par les juifs qu'ils qualifient de minorité. La « minorité juive » constitue d'abord un mauvais exemple d'assimilation, puisque ce n'est pas l'invisibilité culturelle et politique qui a empêché leur extermination. Un slogan inscrit à l'hôtel de ville de Berlin en 1981 établissait un parallèle entre les juifs et les Turcs : « Ce que les juifs ont laissé derrière est à venir pour les Turcs ». Le slogan est perçu par ces derniers comme un avertissement sur leur sort.

---

17. N. Rouland, H. Jiordon (sous la dir. de), *Les Minorités en Europe. Droits linguistiques et Droits de l'homme*, éd. Kimé, 1992.

Dans l'immédiat et non sans implication pour le futur, la « minorité juive » est prise comme un exemple d'union, d'organisation en tant que groupe de pression, de pouvoir d'influence à la fois nationale et internationale. La leçon à en tirer est double pour les Turcs : d'abord éviter que l'histoire des juifs d'Allemagne ne se reproduise à leur détriment, ensuite s'unir afin de mieux lutter contre le racisme, l'inégalité des droits et la marginalisation politique. C'est sur la base de ces critères que des responsables et des militants très différents essaient de structurer une minorité ethnique dans toute la diversité sociale et culturelle de la population turque d'Allemagne, qu'il s'agisse des cercles d'hommes d'affaires aussi bien que des clubs de jeunesse, des équipes de sports, des groupes folkloriques, des mosquées ou encore des associations de culture régionale et même des groupes politiques. Toutes cherchent dès lors une plate-forme commune pour s'exprimer en dépassant leurs particularités sociales ou culturelles d'abord fragmentées pour se (re)constituer dans cette perspective nouvelle par la suite.

La minorité se définit dès lors par sa nationalité sous le couvert d'une « organisation-toit » (*Dachorganisation*) ou « association-ombrelle ». Elle cherche ainsi à répondre aux vœux des pouvoirs publics et des partis politiques, obéissant au mot d'ordre : « Débarrassons-nous des divisions internes et unissons-nous » tel que l'exprime Hakki Keskin, député SPD au parlement de Hambourg. Ainsi apparaissent des organisations appelées « unions » (*Vereine*) qui regroupent une vingtaine d'associations chacune et qui se désignent comme porte-parole de la « communauté turque » de tel ou tel *Land*. Cette évolution traduit l'extension du système corporatiste qui caractérise la société civile des non-citoyens sur la base de la résidence et au regard d'une égalité de droits correspondant à une forme de citoyenneté que nous analyserons ultérieurement. Plus encore, elle traduit la volonté d'intégration des Turcs, organisés désormais en minorité dans la structure sociale de la République fédérale, selon une logique de portée générale où les institutions parapubliques jouent un rôle important dans les décisions politiques. C'est ce qui conduit Peter Katzenstein à se référer à l'État allemand comme à un « État semi-souverain ».

Il faut ajouter que certaines circonstances poussent à cette structuration. Ainsi, en 1984, l'assassinat de deux jeunes Turcs par les *skinheads* est à l'origine de la création de l'Union des migrants turcs de Hambourg (*Bündnis türkischer Einwanderer*), fondée à l'initiative de Hakki Keskin, professeur à Berlin qui venait d'être nommé à Hambourg, alors membre actif de la SPD. Ce dernier précise : « Nous avons écarté toutes les organisations extrémistes de gauche comme de droite et rassemblé celles qui ont une assise à Hambourg, y compris une association religieuse formée par les jeunes étudiants proche du Parti de la prospérité. Nous avons ainsi réuni une vingtaine d'associations… les plus démocratiques. »

Le modèle provient toutefois de la *türkische Gemeinde zu Berlin* (TGB, la communauté turque de Berlin), organisation créée en 1983 à l'image de la *jüdische Gemeinde zu Berlin* (communauté juive de Berlin), par un ingénieur chargé de la formation professionnelle des jeunes Turcs récemment immigrés en Allemagne dans le cadre du regroupement familial. Son président actuel, un instituteur turc nommé par Ankara de 1976 à 1982 qui, à la fin de son mandat, avait choisi de s'établir à Berlin, présente la TGB comme l'interlocuteur privilégié entre les diverses institutions syndicales et caritatives allemandes et les représentants officiels de l'État turc. Il met ainsi en évidence le glissement du concept d'interlocuteur officiel, puisque ce n'est plus d'État à État que se règlent les questions concernant la présence des Turcs sur le territoire allemand, mais par l'intermédiaire des représentants officieux, émergeant de la société civile, même s'ils affichent leurs affinités avec l'État d'origine.

La *türkische Gemeinde zu Berlin* fait en même temps état de ses liens avec le SPD aussi bien qu'avec la CDU et la FDP pour montrer que « les intérêts de 140 000 Turcs enracinés à Berlin vont au-delà des orientations partisanes ». En rappelant son poids électoral potentiel à Berlin, la TGB se mobilise pour l'exploiter en privilégiant la lutte pour la reconnaissance de l'égalité des droits pour les Turcs. Elle agit aussi comme un bureau de communication entre les ressortissants turcs de Berlin et ceux du reste de l'Allemagne et même d'Europe. Elle envoie des messages aux institutions étrangères sensibles aux questions d'immigration et à la situation des minorités pour les informer, par exemple, des actes racistes négligés par la presse locale ou nationale, de ses débats et réunions, des relations diplomatiques entre la Turquie et Israël, des rapports qu'elle entretient avec la *jüdische Gemeinde zu Berlin*, ou pour montrer son ouverture vis-à-vis d'autres communautés ou minorités. Il s'agit plus que d'ouverture, c'est comme si l'association voulait prouver à l'opinion allemande aussi bien qu'à ses propres adhérents ses efforts dans la formation d'une « minorité » afin de les sensibiliser, voire de les convaincre de la réalité de sa lutte contre le racisme que le soutien des organisations juives ne peut que renforcer.

Il convient de noter également que ce modèle berlinois suscite la concurrence. Depuis 1992, la *türkische Gemeinde zu Berlin* est concurrencée par une autre union, l'Union des immigrés de Turquie de Berlin-Bradenburg (BETB). Créée à l'initiative de trois militants venus comme étudiants vers la fin des années 1970, actifs dans le SPD ainsi que dans le mouvement associatif, cette organisation fournit l'exemple même de la dynamique interne de l'immigration et de l'installation de la population originaire de Turquie ainsi que de ses relations vis-à-vis de l'État allemand. Les dirigeants de cette nouvelle association affirment s'intéresser « uniquement à l'Allemagne », alors que « la TGB est un organe des consulats qui essaie de se constituer en lobby ». Leur perspective consiste à former un groupe de pression pour la définition d'une politique d'immigration, de modes d'adaptation des institutions nationales à la réalité d'une société multiculturelle, l'élaboration d'une loi antidiscriminatoire et son inscription dans la Constitution. Ils se félicitent de voir que « la CDU s'ouvre à l'immigration et que ses discours admettent la présence des étrangers », tout en affichant clairement leur affinité avec le SPD, le FDP et les Verts (*Bündnis 90*), « qui attachent plus d'importance et réservent plus de place dans leur campagne aux thèmes relatifs à l'immigration ou à la présence des étrangers ».

Ainsi, l'instrumentalisme d'une identité dite « d'origine » définie par la nationalité et exprimée par ses liens avec le pouvoir dans les pays de départ comme d'arrivée est, de même qu'en France, source de compétition entre diverses organisations. Mais toutes répondent dans l'ensemble aux attentes des pouvoirs publics, leurs dirigeants reproduisant la même rhétorique et réalisant le même travail d'encadrement. Des processus différents dans les deux pays produisent des résultats relativement identiques. En France, la stratégie implicite « d'éclatement des communautés » entraîne une fragmentation et une politisation des identités qui mènent, en raison de la concurrence entre les organisations, à une sorte de « tribalisme » à l'échelle locale. En Allemagne, la stratégie de « formation d'une communauté » adoptée par les pouvoirs publics n'empêche pas davantage les divisions, en dépit des regroupements à l'échelle des *Länder*. Barbara John, responsable de la Commission pour les étrangers à Berlin note cependant « un "progrès" dans l'organisation des Turcs ». « Ils se regroupent au centre gauche et au centre droit. Le centre droit dépend du consulat, le centre gauche dépend de l'État-providence allemand » affirme-t-elle. Le progrès enregistré est que l'on tend dans ce sens vers la formation d'organisations représentatives d'une « communauté où règne le consensus » tel que le définit la Constitution plutôt que d'une multitude de groupes formels ou informels en conflit.

Cependant, l'attribution de ressources à ces structures rivales dont les projets sont en partie subventionnés par les mêmes organismes conduisent, comme en France, à des divisions qui mettent en évidence des stratégies individuelles plutôt que le souci de représentation collective d'une minorité. La question est de savoir, dès lors, s'il s'agit d'instrumentaliser les divisions politiques existantes pour créer une « communauté » dépendante des pouvoirs publics allemands qui désigneraient ainsi leurs propres interlocuteurs.

Cette approche, qui contredit en fait le principe d'auto-organisation des étrangers défendu par les commissions pour étrangers, écarte de plus l'idée élaborée par les militants qu'une minorité nationale puisse exister dans la République fédérale. Un rapport préliminaire présenté le 12 mars 1993 par la Commission de Berlin aux associations pour l'approbation de nouvelles mesures concernant les étrangers avait été intitulé initialement *Bericht über die Lage ethnischer Minderheiten* («Rapport sur la situation des minorités ethniques»). Mais le 3 mars 1994, il a été rendu public sous le titre de *Bericht zur Integration und Ausländerpolitik* («Rapport sur l'intégration et la politique pour les étrangers»). Le changement reflète les désaccords entre les différents ministères, les partis et la Commission. Le porte-parole de la Commission à Bonn manifeste, à ce propos, qu'il préfère le terme de «ressortissants» turcs (*die türkische Staatsangehörige*) à celui de «minorité» turque (*türkische Minderheit*)[18], car pour lui, précise-t-il, le terme de minorité a un sens culturel, synonyme de «mode de vie», et non pas un sens politique désignant des «droits spécifiques».

Ces hésitations terminologiques ne sont pas innocentes. D'une part elles se rapportent à la conception même de la démocratie allemande, et d'autre part à l'allégeance des étrangers vis-à-vis de cet État. En effet, le concept même de minorité renvoie à l'idée d'inégalité dans le domaine politique. Aux États-Unis, où il a trouvé un fondement dans la discrimination raciale et dans les mesures destinées à la compenser, l'usage du terme avait déjà donné lieu à des disputes idéologiques. L'américanisme comme idéal, fondé sur l'égalité entre les citoyens, rejetait la notion de minorité en raison de ses implications morales pour la démocratie. En Allemagne, l'existence d'une minorité nationale reconnue comme telle risquerait d'une autre manière de rendre le statut d'étranger permanent et structurel et de confirmer la vision allemande d'une nation avant tout ethnique.

Par ailleurs, le concept de minorité renvoie à une multiplicité d'allégeances, à autant d'allégeances que de références identitaires. Dans cette perspective, la minorité que formeraient les nationaux turcs se définirait par son allégeance partagé entre l'État allemand et l'État turc, ce sentiment correspondant au projet de double nationalité revendiquée par les associations de toutes tendances politiques. Mais le plus intéressant en ce qui concerne les efforts des militants qui s'emploient à former une minorité nationale turque est le décalage, qu'ils soulignent, entre différentes stratégies des pouvoirs publics allemands, celles des associations qu'ils animent et celles de l'État turc. Alors que l'État allemand recherche dans la logique communautaire et ethnique la possibilité de trouver des interlocuteurs

18. Entretien, avr. 1993.

représentatifs, les Turcs en profitent pour revendiquer par ce biais la reconnaissance de leur présence sous la forme de droits spécifiques, voire de leur existence en tant que minorité nationale définie par leur lien avec l'État et la société allemande. Quant à l'État turc, il vise la constitution d'un *lobby* turc en Allemagne destiné à défendre l'image de la Turquie en Europe auprès des institutions supranationales. Ces stratégies distinctes se retrouvent dans les modes d'organisation : communauté ethnique, minorité nationale ou *lobby* turc se réfèrent tous trois à une structure centrée sur la nationalité. Mais les relations que des responsables issus de l'immigration turque entretiennent avec la société civile allemande engendrent une nouvelle identification et apportent une autre orientation à leur action. Les dirigeants d'associations culturelles ou religieuses, de fédérations d'associations, les intellectuels, les hommes d'affaires qui soutiennent en partie les organisations à vocation identitaire et leur font des dons importants, notamment pour la construction de mosquées, s'attribuent de plus en plus le rôle d'«ambassadeurs de l'immigration turque en Allemagne ».

Une minorité dans la minorité

Tous les ressortissants turcs ne se reconnaissent pas pour autant dans l'idée d'une minorité nationale. Au sein de la minorité turque en Allemagne, les Kurdes se définissent comme une minorité ethnique en Turquie, tandis que les *alevîs* (les chîites turcs) se considèrent comme une minorité religieuse. Cette fragmentation des identités propre à l'immigration les conduit à revendiquer le même traitement que les Turcs, qu'ils estiment cependant être d'une autre communauté ethnique, en ce qui concerne leurs propres associations culturelles, l'accès à la radio, à la télévision, les cours de langue ou d'instruction religieuse. En résumé, par la voix de leurs militants, les Kurdes et les alevîs cherchent séparément une reconnaissance en tant que communauté, ayant chacune sa culture, son histoire, distincte de celle de la communauté turque. Cette différenciation existe aujourd'hui en Turquie. Mais dans le contexte allemand, cette manifestation d'identités distinctes les situe dans une position de « minorité dans la minorité », alors qu'ils ne sont pas reconnus comme minorité en Turquie[19].

Il va de soi que les organismes d'accueil, soumis à la logique de la nationalité et de la religion, n'avaient pas distingué les Turcs des Kurdes sur une base ethnique et encore moins confessionnelle. L'immigration

---

19. Pour la définition de minorité dans le cadre de la Turquie, voir R. Kastoryano : «Intégration politique par l'extérieur », *Revue française de Science politique*, vol. 42, n° 5, oct. 1992, p. 786-802.

fondée sur l'accord bilatéral de deux États ne pouvait en effet que s'appuyer sur la définition officielle de sa population, référée aux principes de l'État-nation. Mais aujourd'hui la contestation des États favorise des réappropriations identitaires qui débouchent sur la revendication de réaménagements institutionnels, voire sur des stratégies séparatistes, l'Allemagne et l'Europe en général constituant pour certaines populations immigrées un espace politique démocratique qui leur permet de se débarrasser des tabous imposés par la formation d'ensembles politiques religieusement et linguistiquement homogènes.

Il en découle des revendications qui heurtent les relations diplomatiques entre la Turquie et la République fédérale. Inversement, la réticence des pouvoirs publics allemands à reconnaître une « communauté kurde » s'inscrit aux yeux de certains dans le cadre de la politique étrangère de la République fédérale[20]. Cependant, la tentative de créer la « Communauté kurde de Berlin » (*kurdische Gemeinde zu Berlin*) avait comme but de rassembler à l'été 1994 une vingtaine d'associations de quatre nationalités (turque, irakienne, iranienne et syrienne) pour revendiquer la reconnaissance d'une minorité kurde en Allemagne au même titre que ses homologues des « minorités turques » et au regard d'une même conception occidentale des Droits de l'homme et de la démocratie. La revendication des Kurdes, politique en Turquie et culturelle en Allemagne, s'inscrit dans la logique d'un mouvement qui est nationaliste en général et qui cherche un appui auprès des pouvoirs publics berlinois afin qu'ils accordent à la *kurdische Gemeinde zu Berlin* le même statut juridique qu'aux autres associations d'étrangers. Quant au financement de leurs projets, il devait selon le fondateur et président de la *kurdische Gemeinde*, s'appuyer sur une répartition des ressources accordées aux associations turques calculée en fonction du nombre des membres kurdes de celles-ci.

Mais *la kurdische Gemeinde zu Berlin* eut une durée de vie très courte. La reconnaissance d'une telle organisation de la part de la Commission des étrangers de Berlin aurait marqué une distance avec la position officielle de la Turquie sur le sujet. Mais, aussi et surtout, cela aurait peut-être permis aux Kurdes de créer un autre espace politique d'identification que celui offert par l'aile radicale du mouvement kurde qu'est le PKK, l'objectif étant de les éloigner de la référence à la Turquie et, comme pour d'autres associations, d'orienter ainsi leurs revendications vers le pays de résidence et non vers les territoires à conquérir.

© ARMAND COLIN. La photocopie non autorisée est un délit.

---

20. J. Puskeppeleit, D. Thränhardt, *op. cit.*, 1990, p. 106-116.

Reste à définir qui est kurde. « Celui qui se définit comme kurde, dont les parents sont kurdes font partie de notre "communauté" », dit le fondateur de la *kurdische Gemeinde* qui se déclare lui-même comme « Kurde de Turquie ». Cette définition superpose l'adhésion individuelle et l'appartenance ethnique fondée sur des ancêtres déclarés, dans la mesure où il n'existe aucun indice dans les recensements officiels ou sur les pièces d'identité nationale qui laisse paraître une catégorie kurde. Mais la politisation d'une identité minoritaire à l'intérieur d'une « minorité » pose un problème d'identification. Celui-ci est dû en grande partie à la perception que les Allemands ont des Turcs et qui se fonde sur la nationalité. « Les attaques racistes ne ciblent pas Kurdes et Turcs différemment » aiment à préciser les responsables associatifs turcs pour souligner une lutte et des intérêts communs qui devraient les unir. Mais plus qu'un problème d'identification, la politisation de l'identité kurde en Allemagne pose, tout autant que la structuration de la minorité turque, la question de l'allégeance : allégeance à une identité kurde, allégeance à la société allemande, allégeance à l'État allemand, l'État turc se trouvant dans le camp adverse.

Le choix de l'identité kurde et de son institutionnalisation se situe donc inévitablement encore une fois dans le prolongement de la vie politique turque. Elle est source de nouvelles divisions ethniques et politiques entre les Turcs, à Berlin ou ailleurs en Allemagne. Au-delà, les efforts de rassemblement et la volonté de représentation d'une minorité entraînent ainsi des fragmentations qui trouvent cette fois une légitimité dans l'opinion internationale. Les dirigeants de fédérations d'associations, soucieux de construire une structure et d'obtenir un statut de minorité nationale en Allemagne, sensibles par conséquent aux droits des minorités, même en Turquie, élaborent dans cette perspective des discours sur l'importance de l'unité de la nation turque. Ils accusent les pouvoirs publics allemands d'utiliser des « divisions pour briser une solidarité nationale et affaiblir sa force en tant que minorité ». Les représentants des fédérations d'associations font des déclarations dans la presse turque et allemande concernant l'État-nation turc, le statut de citoyen des Kurdes ou des alevîs, et le besoin d'une cohésion nationale peut-être plus forte en Allemagne qu'en Turquie.

Des deux côtés du Rhin, la politisation des identités met de la sorte en évidence un rapport de forces qui s'établit entre une communauté en formation et l'État. L'interaction entre la logique politique de chacun des pays et les populations en question définit les éléments constitutifs d'une telle structure. En France, l'ampleur du débat sur la laïcité ou la place de la religion dans l'espace public situe l'islam au cœur des projets de construction d'une communauté des populations musulmanes issues pour l'essentiel de l'immigration maghrébine. En Allemagne, en revanche, la lutte contre le racisme et la recherche d'interlocuteurs parmi les Turcs conduisent ces derniers à se définir sur une base ethnico-nationale (qui inclut la religion) et à revendiquer, à partir de là, un statut de minorité avec des droits égaux. On assiste donc à la « nationalisation » des Turcs en République fédérale, alors qu'apparaît en France une « islamisation » des musulmans. Mais pendant que la « minorité turque » en Allemagne puise ses références identitaires dans l'État turc et sa représentation, les musulmans en France se situent aussi bien par rapport que face à l'État français.

Dans les deux pays, les stratégies des États, qui oscillent entre les principes fondés sur la représentation des traditions politiques et des mesures pragmatiques afin de rétablir une cohésion sociale, s'accompagnent d'une cascade d'effets pervers. En Allemagne, la constitution d'une communauté va, au regard de l'État-providence, dans le sens du corporatisme au même titre que les groupes d'intérêts professionnels, les syndicats ou les Églises. Une telle approche favorise une intégration « structurelle » tout contribuant au développement d'une identité collective à part. En France, les dispositions mises en place par l'État-providence ont le même effet sur la population immigrée, à la différence majeure que l'État affiche une stratégie explicite d'« intégration culturelle et politique ». Mais aussi bien en Allemagne, en France, qu'aux États-Unis d'ailleurs, la reconnaissance de telles structures pose le même problème de l'allégeance vis-à-vis de la communauté politique. La ligne de démarcation, religieuse en France, nationale en Allemagne, ou encore « raciale » aux États-Unis, renvoie de la même façon à la question d'identification avec la communauté nationale en réduisant les relations avec les États respectifs à leur fonction utilitaire.

7

La négociation des identités

« *There is the hope, not always vivid in the minds of negotiators,
that the process of negotiation will give rise to a shared commitment to
tolerance, equality and mutual aid.* »

« Il existe l'espoir, même s'il n'est peut-être pas très clair dans l'esprit des négociateurs,
que le processus même de négociation va donner lieu à un compromis,
à la tolérance, à l'égalité et à l'aide mutuelle. »

(Michael WALZER, *What it Means to be an American*.)

Dès lors que les identités, considérées jusque-là comme appartenant à la sphère privée, se trouvent débattues dans l'espace public, elles donnent lieu à des négociations avec les États afin d'aboutir à leur reconnaissance. Du point de vue de la population concernée, revendiquer la reconnaissance d'une identité collective constitue la suite logique de la politisation des identités. De leur côté, face à l'émergence de communautés qui cherchent à se structurer et gagner une légitimité, les États sont amenés à redéfinir ou, au contraire, à renforcer les principes fondamentaux qui avaient présidé à leur création. Cela apparaît comme un moyen d'établir les limites de cette reconnaissance en situant les demandes identitaires dans le cadre d'une représentation institutionnelle.

Les États français et allemand, soucieux de se désigner des interlocuteurs, ont considéré les associations comme des organisations dotées d'une représentativité. Mais ces associations, loin de représenter la population issue de l'immigration dans son ensemble, aussi bien dans ses divisions culturelles, nationales, ethniques, linguistiques, religieuses que dans la diversité de leurs aspirations sociales et de leurs revendications politiques, sont perçues par l'ensemble des sociétés française et allemande comme les supports d'une structure communautaire. C'est sous ce prisme que leurs dirigeants, consultés par la classe politique et les médias, participent aux débats nationaux qui les concernent, agissent sur l'opinion, influencent les décisions gouvernementales en sensibilisant à leur tour la conscience nationale.

Ainsi, le migrant n'est plus reconnu uniquement à travers sa fonction économique. Qu'il reste « étranger » en Allemagne ou qu'il se définisse comme d'origine étrangère en France, une fonction politique est désormais projetée sur lui. Des questions apparues dans les sondages depuis les années 1980, telles que : « Seriez-vous hostile ou non à l'élection en France d'un président de la République d'origine musulmane ; à l'élection d'une personne d'origine musulmane comme maire de la commune où vous habitez ? », ou encore que : « Pensez-vous que les musulmans de France devraient avoir ou non, au niveau national, des représentants pour parler en leur nom ? »[1], posent directement le problème de la reconnaissance d'une identité culturelle ou religieuse dans le domaine politique, et indirectement celui d'une appartenance communautaire — même si 75 % des Français interrogés expriment leur hostilité à l'élection d'un président de la République d'origine musulmane et 63 % à l'élection d'un maire de la même origine.

En Allemagne aussi, le fait que la grande majorité de la population venue de Turquie n'ait pas de droits civiques n'empêche pas les partis politiques de recourir aux sondages pour « mesurer » leurs orientations sur des sujets qui, comme les préférences électorales par exemple, impliquent une reconnaissance politique même si elle ne s'accompagne pas d'une représentation effective.

Une telle reconnaissance ouvre la voie à des négociations identitaires qui posent finalement la question de la citoyenneté. Il s'agit en réalité de négocier de nouveaux modes et de nouveaux moyens d'inclusion des populations issues de l'immigration dans la communauté politique sur la base d'un équilibre différent entre des structures communautaires qui prennent forme et les institutions nationales. Cela remet nécessairement en cause le lien classique établi entre la communauté culturelle et l'appartenance politique, la première comme source d'identification, la deuxième comme droit de participation civique avec des droits égaux.

---

1. Sondage IFOP, *Le Monde*, RTL, *La Vie, L'Islam en France,* 20 nov. 1989.

QUESTION DE CITOYENNETÉ

Les concepts mêmes de citoyenneté et de nationalité se définissent avant tout par l'appartenance à une communauté politique qui, d'après Max Weber, est née de la modernité. De plus, les pratiques sociales de la citoyenneté ont été à l'origine de son extension à d'autres domaines tels que la santé, l'éducation, l'accès aux avantages sociaux en général. Au lendemain de la Deuxième Guerre mondiale, grâce à la conférence du sociologue britannique T.H. Marshall, la citoyenneté s'est trouvé reconsidérée en termes de classe sociale; et, depuis les années 1980, elle s'est inscrite au croisement du droit et de la philosophie politique comme un thème majeur des sciences sociales et s'est, en particulier, située au centre du débat européen sur les travailleurs immigrés et leurs droits.

Comme droit social général, la citoyenneté se situe en fin de compte dans la continuité des droits politiques. Mais, en ce qui concerne les travailleurs étrangers et leurs familles, aussi bien en France qu'en Allemagne, leur accès à ces droits s'est placé au contraire dans le simple prolongement des droits sociaux dans la mesure où ils se sont installés dès leur arrivée dans une « citoyenneté sociale » de par leur accès aux mêmes avantages sociaux que les nationaux. Le passage de cette citoyenneté sociale à la citoyenneté légale s'effectue dans leur cas par la naturalisation qui considère la durée de séjour, l'apport en travail et en service... mais auxquels il faut ajouter une identification « naturelle ».

Toutefois, la citoyenneté, dans ses pratiques sociales, se manifeste par une participation directe ou indirecte à la vie publique des individus comme des groupes et des immigrés comme du gros de la population. Dans ce sens, elle s'exprime par un sentiment d'engagement vis-à-vis de communauté politique[2]. Certes, la différence principale entre la France et l'Allemagne réside dans les lois qui régissent la citoyenneté et qui affectent les modes de participation aussi bien que les stratégies des acteurs. Mais dans les deux pays, les processus de politisation des identités ont conduit les immigrés, juridiquement citoyens ou étrangers, à agir dans l'espace public, cet espace commun de socialisation et d'exercice du pouvoir, et à manifester ainsi leur engagement et leur appartenance, au moins de fait, à une communauté politique.

---

2. Pour citoyenneté comme sentiment d'appartenance et citoyenneté comme engagement, voir J. Leca « Individualisme et citoyenneté », *in :* P. Birnbaum et J. Leca (sous la dir. de), *Sur l'individualisme,* Paris, Presses de la FNSP, 1986, p. 159-213.

Citoyenneté et engagement politique

En France, au lendemain des élections municipales de mars 1989, les journaux rapportent que plus de 500 jeunes « d'origine maghrébine » (surtout kabyle) ont été élus, dont 54 maires adjoints[3]. Créée peu avant, l'association France-Plus se désigna comme l'« ambassadeur des droits civiques » et se félicita du résultat[4].

De toute évidence, les élections municipales représentent un enjeu important pour des populations qui, du fait de leurs origines sociales ou culturelles, se trouvent cantonnées dans des espaces urbains. Celles de mars 1989 ont permis aux Beurs de mettre en œuvre la fonction politique des associations par le biais d'une appropriation de leur « territoire d'identité » et d'agir en tant que force organisée. Leurs discours se situaient au niveau national, face à l'avancée de Le Pen, et même international à propos de l'affaire Rushdie. Les militants craignaient que la mobilisation des musulmans autour de l'affaire Rushdie en Grande-Bretagne n'influence l'opinion française, qui n'avait pas besoin d'un grand effort d'imagination pour associer une fois de plus l'islam à l'immigration, et n'ouvre de la sorte le champ au Front national qui en aurait fait son cheval de bataille pour réaliser un score proche de celui des élections de 1983. « Il faut faire quelque chose » disaient les jeunes actifs dans le milieu associatif en confirmant par là la raison d'être de leurs organisations définies par eux-mêmes comme « une arme politique ».

À ce moment-là, plusieurs associations ont été créées et leurs dirigeants présentés sur les listes de différents partis de centre-droit ou de gauche. France-Plus et SOS-Racisme, les grandes machines médiatiques de l'immigration d'une part, les associations locales de l'autre se sont disputé les places vraiment « éligibles » (ou non) sur ces listes. La concurrence engendrée par le clientélisme des partis a trouvé de ce fait un écho dans l'instrumentalisation des dirigeants des grandes associations d'envergure nationale implantées dans des municipalités à forte concentration de populations issues de l'immigration des années 1960. De leur côté, les petites associations locales ont participé à la course pour s'inscrire sur les mêmes listes. À Saint-Denis, par exemple, l'association Génération Beur, s'est mise en compétition avec SOS-Racisme pour obtenir une bonne place sur la liste socialiste.

---

3. Article de R. Solé dans *Le Monde*, vendredi 23 juin 1989.

4. D'après une déclaration officielle de l'association France-Plus, celle-ci aurait parrainé la candidature de 572 personnes dont 55 % figurent sur la liste du PS, 45 % sur les listes de droites (CDS-UDF). Des candidats ont aussi été sollicités pour la liste d'extrême gauche, du PCF et des écologistes.

Par ailleurs, certaines associations qui avaient une forte assise locale ont présenté des listes autonomes constituées « de Français de souche et de Français d'origine italienne, algérienne, etc., un vrai mélange » selon le représentant de l'une d'elles. Malgré les critiques de ceux qui qualifiaient ces listes de « ghetto », les jeunes cherchaient, grâce à ces listes, à mettre en évidence une réalité locale, et à attirer l'attention des autorités sur le fait que les revendications des « associations parisiennes » comme SOS-Racisme ou France-Plus ne correspondaient pas à leur expérience. Ces grandes associations étaient devenues la voix des jeunes issus de l'immigration aux yeux des pouvoirs publics et des médias alors que, les petites, pour leur part, ambitionnaient de susciter chez les jeunes une identification surtout locale afin de les encourager à participer à la politique de leur « cité » (terme le plus fréquemment utilisé).

Cette mobilisation marque leur engagement politique dans la communauté nationale. Cela s'opère par le passage d'une *participation civile*, qui se manifeste surtout à l'intérieur du mouvement associatif, à une *participation civique* qui se traduit par l'acte de voter. Il s'agit en fait du passage d'une citoyenneté qui jusque-là se définissait par un engagement limité aux institutions de type communautaire à une citoyenneté qui se manifeste désormais par le droit qui les intègre directement dans la communauté politique.

Quant aux étrangers, l'absence de participation civique, en France comme en Allemagne, les conduit à chercher des voies *indirectes* pour s'intégrer dans la communauté politique et faire ainsi preuve de leur engagement. Celui-ci s'exerce plus particulièrement localement, comme l'a montré la mobilisation de certaines associations pour le droit de vote des étrangers aux élections municipales dans les deux pays par exemple.

Mais dans les faits, cet engagement s'est concrétisé par la mise en place des structures telles que des « conseils consultatifs » pour étrangers (*Ausländerbeiräte*) en Allemagne ou des « commissions extramunicipales des immigrés » et des « conseillers associés » en France. Ces organisations permettent aux « non-nationaux », selon la terminologie officielle en République fédérale, de s'engager pour le bien commun, ici la ville. En Allemagne, les conseils consultatifs, créés vers le milieu des années 1970 et installés désormais dans la majorité des centres urbains, ont conduit les étrangers à s'organiser afin de représenter auprès de la municipalité des intérêts communs à tous concernant en particulier les écoles, les crèches, les espaces verts ou les commerces. L'établissement des listes autonomes de candidatures à ces instances suscite une forte concurrence et occasionne parfois des tensions interethniques dans les villes concernées tout comme au sein des associations ou entre elles ; mais, dans l'ensemble, la mobilisation des candidats turcs met en évidence une volonté de participer à un jeu démocratique pour la mise en marche d'un processus de représentation.

Toutefois, la portée purement symbolique des attributions de ces conseils empêche leurs membres élus d'exercer une quelconque influence sur les décisions communales. En fait, ils se contentent de soumettre aux autorités locales les problèmes auxquels font face les commerçants ou les étudiants *étrangers* ou encore, par exemple, de présenter des rapports qui font état du dysfonctionnement des bureaux d'accueil. L'intérêt porté à leur élection est pourtant massif. À Bamberg, par exemple, à l'automne 1994, le taux de participation des étrangers à la désignation du Conseil consultatif s'est élevée à 48,5 % en général, et à 78 % chez les Turcs dont les candidats ont obtenu quatre sièges[5].

En France, une procédure similaire a été mise en place dans le cadre des « commissions extramunicipales » et des « conseillers associés », mentionnés ci-dessus. En dépit de son rôle tout aussi purement consultatif et symbolique qu'en Allemagne, un conseiller associé dit : « On vote, on donne notre point de vue »; un autre ajoute : « On a le sentiment et la fierté de figurer dans le procès verbal »[6]. À l'instar de l'Allemagne, ces conseillers votent en effet comme les nationaux; ils participent aux débats sur les étrangers dans la ville, désignent des porte-parole censés les représenter et revendiquent, cela va de soi, des droits égaux pour tous.

Ainsi la participation aux institutions globales dans lesquelles la « vertu civique » est censée s'acquérir conduit à un engagement de fait dans la vie politique nationale. Elle inaugure l'exercice même de la citoyenneté et, plus encore, la mise en œuvre d'une nouvelle « identité de citoyen » qui se construit par l'engagement des individus et fait naître un sentiment de fierté motivé par l'intégration dans les institutions établies (communautaires ou nationales) qui représentent les intérêts de leurs participants. La formation de cette identité nouvelle est en somme le résultat d'un processus d'« acculturation politique », c'est-à-dire de l'intériorisation des valeurs nationales du pays d'accueil et de ses règles du jeu politique.

Citoyenneté, nationalité et identité

La formation de cette « identité de citoyen », qui s'exprime à la fois dans les institutions dites « communautaires » et « nationales », va à contre-courant des analyses classiques de la citoyenneté qui opèrent l'amalgame

---

5. *Cf.* L. Yalçin-Heckmann, « The Perils of Ethnic Associational Life in Europe : Turkish Migrants In Germany and France », *The Politics of Multiculturalisme in the New Europe : Racism, Identity, Community, in :* T. Modood and P. Werbner (eds), Zed Publications, London (à paraître).

6. Rapport rédigé par G. Paris, et T. Romieu, *La Participation des communautés étrangères à la gestion des municipalités*, cours tutorat de Rémy Leveau, Paris, IEP, avr. 1989.

entre l'engagement politique et le sentiment national, puisque la citoyenneté se trouve systématiquement rattachée à son cadre qu'est l'État-nation où se confondent ses aspects identitaire et politique. Mais que la citoyenneté soit politique, juridique, sociale, économique, et son contenu identitaire, culturel ou légal, cette combinaison se résume en un sentiment de loyauté dirigé à la fois vers le groupe, la communauté, la société civile et l'État. C'est dans leur interpénétration que se profilent les stratégies des acteurs : une stratégie de plus en plus collective en France qui apparaît dans le vote, et une stratégie collective, certes, mais de compensation en Allemagne où l'identité de citoyen ne fait pas de ce dernier un « spectateur qui vote », pour reprendre l'expression de J.-J. Rousseau, mais un acteur qui cherche à faire voter par son influence sur l'opinion publique ou sur les décisions gouvernementales.

En France, les élections municipales de 1989 ont été un catalyseur pour les jeunes issus de l'immigration qui ont pris conscience d'appartenir à une « catégorie spécifique » telle que celle des Beurs. Leur mobilisation a rendu explicite une « stratégie collective » d'intégration en tant que jeunes d'« origine maghrébine ». « Notre vote compte, il faut voter utile » disaient les dirigeants d'associations. Cette stratégie qui situait le « je » dans le « nous » face au pouvoir a puisé ses ressources dans la lutte contre le racisme et le Front national qui les avaient pris pour cible et elle s'est imposée à eux comme une *obligation* de se manifester collectivement. Le « nous », n'a rien été d'autre qu'une façon de se distinguer de l'ensemble de l'électorat français. Déjà, lors des élections présidentielles de 1988, « un nouveau type de corrélation entre le vote Le Pen, l'inscription sur les listes électorales et le vote Beur était en train de se dessiner »[7]. De même, lors des élections municipales de juin 1995 où le thème de l'immigration a été réintroduit dans le débat public à la suite du score de 15 % réalisé par le Front national au premier tour des élections présidentielles organisées le mois précédent, quelques dirigeants d'associations inscrits sur les listes électorales ont développé les mêmes arguments. Dans les départements du Nord et du Pas-de-Calais, se sont constituées des listes autonomes, comme en 1989, cependant que d'autres candidats d'origine maghrébine ont figuré sur des listes variées, tout en précisant qu'ils « ne voulaient plus être considérés comme des Beurs de service » (ainsi qu'ils pensaient l'avoir été pour le Parti socialiste en 1988), et ont cherché par conséquent à se débarrasser de l'étiquette « Beur » et à ne plus représenter une population ciblée. Il faut voir là une nouvelle stratégie d'« invisibilité » par rapport

---

7. F. Dazi, R. Leveau, « L'intégration par le politique, le vote des "Beurs" », *Études*, sept. 1988.

aux élections municipales de 1989. Philippe Bernard faisait d'ailleurs état dans *Le Monde,* en juin 1995, de ce que « les élus municipaux issus de l'immigration vont être plus nombreux [… mais] sans label ».

Cependant, aussi bien en 1989 qu'en 1995, le discours des élus d'origine maghrébine portaient sur la République, les valeurs universelles et leur devoir de représenter tous les habitants de la commune, sur le fait aussi que leur élection ne constituait pas le résultat d'un « vote communautaire ». Il n'empêche que leur engagement politique, qui puisait ses sources dans la lutte contre le Front national et contre le racisme en tant que représentant une population demeurée spécifique d'une élection à l'autre, a mis en évidence l'affirmation d'une identité collective face aux mêmes problèmes de société perçus et vécus par tous en raison d'une origine commune et du développement d'une « ethnicité » fondée sur des bases identiques. La compétition suscitée par leur électorat, non seulement entre associations, mais aussi entre partis politiques et même entre courants internes aux partis n'a fait que confirmer cette évolution.

Cette stratégie collective en plein développement ne contredit pas les stratégies individuelles examinées dans les chapitres précédents. Elle la complète ; elle remet en cause la représentation du « modèle français d'intégration » et non pas le statut de citoyen politiquement défini. Toujours lors des élections municipales de 1989, l'idée d'une « nouvelle citoyenneté » s'est installée dans le discours des militants. Elle se définit comme « une citoyenneté qui ne soit plus réservée aux seuls nationaux mais ouverte à tous, aux Français et étrangers qui en revendiquent l'exercice sur la base de la résidence ». À Saint-Étienne, l'association « Grain magique » a présenté dans cet esprit une liste autonome : « Pour une citoyenneté urbaine et active » ou « Une citoyenneté contre la galère ». Ces thèmes se retrouvent en 1995, quand la citoyenneté se trouve placée cette fois-ci aux antipodes de l'exclusion, ce qui met en évidence son aspect social, sans pour autant lui enlever son aspect politique, légal, voire identitaire.

En effet, de façon générale, peut-être même contradictoire, les statistiques font toutefois apparaître une augmentation des acquisitions de la nationalité française. Les « déclarations de nationalité » et les natu-ralisations marquent une augmentation de 3,5 % en 1985 et de 1,8 % en 1989 et continuent, par la suite, de croître de 2,2 % par an[8]. Des raisons

---

8. A. Lebon, *Regards sur l'immigration et la présence étrangère en France*, Paris, La Documentation française, 1990, p. 23, et *Situation de l'immigration, la présence étrangère en France, 1993-1994*, Paris, La Documentation française, 1994, p. 32-34.

démographiques expliquent en partie ce phénomène : les jeunes issus de l'immigration et nés en France ou arrivés jeunes ayant atteint l'âge de la majorité légale. Mais un autre facteur intervient. En 1987, les débats publics de la Commission des Sages sur le Code de la nationalité ont permis à ces jeunes de se rendre compte de leur accès automatique à la nationalité française. En 1988, l'enjeu représenté par les élections présidentielles a accéléré la naturalisation de certains et motivé d'autres jeunes, ceux qui avaient déjà la nationalité française, à demander leur carte d'électeur, cela largement grâce à la campagne de France-Plus qui a fait le tour des banlieues pour appuyer ces démarches. C'est ce que constate le représentant de l'association de la nouvelle génération immigrée (ANGI) : « Quand l'association a été créée [fin 1981], tout le monde était de nationalité algérienne. Et puis, petit à petit, les gens ont changé de nationalité, ont fait une demande de naturalisation, parce qu'est arrivé un moment où le choix peut-être s'imposait. Maintenant la majorité des gens ont la nationalité française, pas tous encore, mais peut-être on y arrivera. » Sans doute cette évolution n'est-elle pas étrangère au fait que les radios libres aient organisé des débats avec les têtes de listes des différentes formations politiques et diffusé, pour l'occasion, des programmes d'information proches d'une pédagogie d'instruction civique à l'intention des « nouveaux Français ».

En Allemagne, parallèlement, compte tenu des conditions d'acquisition de la nationalité, les militants ont développé des « stratégies de compensation ». Celles-ci n'ont pas exclu l'intégration ; bien au contraire, elle ont conduit à chercher des voies indirectes pour y aboutir. L'absence de poids électoral s'y est trouvée compensée à l'échelle locale par une forme de *citoyenneté* qui dérivait surtout de sa *pratique sociale* et qui se définissait par la formation de groupes d'étrangers destinés à se situer face à l'État fédéral ou aux *Länder*. Par ailleurs, de plus en plus de Turcs militent désormais à l'intérieur des partis allemands, notamment dans le SPD, le FDP et depuis quelques années avec les Verts, quand bien même leur présence comme membres actifs ne s'accompagne d'aucun pouvoir de représentation.

Quant au droit de vote local des étrangers, bien que le parlement de Hambourg l'ait accordé en 1987, la Cour constitutionnelle a rejeté cette mesure en 1989, au motif que seule la possession de la nationalité allemande pouvait donner accès au droit de vote local ou fédéral. La coïncidence formelle est totale avec la légalité française où « sont électeurs tous les nationaux français, majeurs, des deux sexes jouissant de leur droit civil et civique », ainsi que le précise l'article 3 de la Constitution. Mais la difficulté d'acquérir la nationalité allemande pour les « étrangers de sang » maintient les jeunes dont les parents ou les grands-parents sont venus de

Turquie dans leur nationalité d'origine au nom de ce principe et, par conséquent, en dehors de la participation électorale.

En 1990, cependant, une nouvelle loi sur les étrangers (*Ausländergesetz*) a introduit pour la première fois le critère de socialisation pour les petits-enfants des *Gastarbeiter* candidats à la naturalisation. Selon cette loi, un jeune étranger peut obtenir la naturalisation de droit s'il en présente la demande entre 16 et 23 ans, s'il réside en RFA depuis huit ans de façon régulière, s'il a fréquenté un établissement scolaire depuis six ans, dont au moins quatre ans dans un établissement d'enseignement général, et enfin s'il n'a pas commis de délit. Par ailleurs le prix de la naturalisation, qui variait entre 3 000 DM et 5 000 DM, a été abaissé à 100 DM pour ces jeunes. Il est encore trop tôt pour évaluer les effets de cet assouplissement des procédures d'acquisition de la nationalité allemande sur la participation politique, mais les statistiques indiquent en tout cas une recrudescence des naturalisations, passées de 37 000, toutes nationalités confondues, en 1980, à 101 377 en 1990[9]. L'accroissement est particulièrement spectaculaire à Berlin où le nombre des naturalisés a crû de 1 843 en 1982 à 7 056 en 1990 et 9 200 en 1992[10].

En outre, en 1994, une mesure plus avancée a été annoncée par le nouveau gouvernement de coalition. Elle concerne la troisième génération d'enfants d'origine turque et prend la forme de ce que les responsables associatifs appellent «la citoyenneté enfantine» (*Kindesstaatsangehörigkeit*). L'objectif d'un tel projet de loi est d'abord d'accorder, dès sa naissance, la nationalité allemande à l'enfant né de parents étrangers si l'un de ses parents est lui-même né en République fédérale. Cela introduit en somme un «double droit de sol», déjà traditionnellement reconnu en France, mais s'assortit cependant d'une restriction : le couple marié doit fournir la preuve de sa résidence en Allemagne pendant au moins dix ans avant la naissance de l'enfant. De plus, à 18 ans, l'enfant peut faire marche arrière et choisir entre la nationalité allemande et celle de ses parents. Enfin, il ne faut pas oublier que si l'expression de la volonté se trouve ainsi privilégiée, comme dans les nouvelles dispositions françaises, le choix d'une nationalité unique s'impose en Allemagne du fait de l'interdiction de la double nationalité. Ce projet entrerait-il en vigueur qu'il faudrait encore attendre longtemps pour mesurer ses conséquences. Pour

---

9. *Daten und Fakten zur Ausländersituation*, Bonn, publié par Beauftragte der Bundesregierung für die Belange der Ausländer, juill. 1992.

10. Il faut noter qu'il s'agit, jusqu'en 1989, de Berlin-Ouest seulement et, depuis, de la ville unifiée. *Statistisches Landesamt, in Bericht zur Integrations – und Ausländerpolitik*, Senat von Berlin, Miteinander Leben in Berlin, Die Ausländerbeauftragte des Senats, mars 1994.

l'instant, la différence dans les procédures d'octroi de la nationalité aux étrangers ou enfants d'étrangers dans les deux pays exerce un effet incontestable sur les modes de *participation civique*.

En France, que les stratégies des acteurs revêtent une forme de plus en plus collective et que la conception de la citoyenneté s'assortisse maintenant de la conscience d'une identité particulière n'empêchent pas la participation à la communauté politique à titre individuel, en grande partie du fait d'un accès à la nationalité plus facile qu'en Allemagne. En Allemagne, en revanche, dans l'ensemble, malgré la forte participation aux associations et aux élections de conseillers consultatifs dans certaines villes, le statut des nationalités aboutit dans les faits à un plus grand isolement politique des «non-Allemands». L'inclusion dans le système corporatiste et la forte mobilisation associative en matière politique n'impliquent pas l'inclusion dans la communauté civique. Au-delà, les conseils consultatifs, seuls canaux de représentation des non-nationaux dans les villes, tendent au contraire à maintenir la séparation. Il en résulte un amalgame des étrangers qui, en raison de leurs divisions par nationalités, débouche pourtant sur de nouvelles segmentations qui maintiennent chaque groupe national dans son espace propre. La preuve en est que les candidats turcs à ces conseils commencent à constituer des listes séparées au gré de chaque tendance partisane en Turquie, sans nul souci de représenter l'ensemble des étrangers dans la cité, mais plutôt dans celui de régler leurs comptes dans le cadre d'une communauté certes segmentée mais néanmoins réelle. Dans un éditorial publié dans le journal communautaire de la ville d'Ulm, un imam turc reproche ainsi aux candidats inscrits sur des listes pour «l'union» et «l'égalité des droits», présentées par ses compatriotes laïcs, de ne pas faire écho de la voix des courants religieux. La citoyenneté comme identité et comme engagement se limite de la sorte au groupe restreint, sans accès à la communauté politique globale et sans lien non plus avec la communauté de voisinage et les autres populations étrangères.

Si donc une «citoyenneté sociale» qui inclut l'étranger dans les structures corporatistes existantes se traduit par une participation directe dans la société civile, cette participation n'est qu'indirecte en ce qui concerne la citoyenneté proprement politique. Seule la citoyenneté «légale» ouvre un *droit* de participation à la communauté politique au sens plein. Néanmoins, dans les deux pays, la réalité sociale tend à bouleverser l'imbrication de la communauté nationale et de la communauté politique, le lien entre l'identité et le droit, ainsi que celui entre la culture et la politique. Tant en France qu'en Allemagne, en effet, les registres d'appartenance et d'engagement politique montrent que la pratique de la citoyenneté se détache d'une conception exclusivement liée à l'identité nationale.

En France, le concept de citoyenneté remplace en quelque sorte celui de « civilisation », un souvenir de grandeur qui n'est plus partagé par tout le monde, ni de la même façon. Dans le discours qui le lie au phénomène d'exclusion, le concept de citoyenneté apparaît surtout comme une mesure de compensation du social par le politique et par le droit ; alors que pour les migrations pendant l'entre-deux-guerres, Émile Témime, dans son ouvrage *Histoire des migrations à Marseille*, rapporte le témoignage d'un immigré italien à Marseille qui déclare n'avoir « connu de problème particulier ni dans son installation, ni dans sa vie professionnelle, [et] ne songe à demander la citoyenneté française qu'après un demi-siècle de résidence à Marseille ».

Aujourd'hui cette citoyenneté se limite de plus en plus à un droit de participation civique et n'exclut plus toujours en théorie l'expression des identités collectives, même si cela met en cause l'idéologie républicaine. Le principe de nouvelles identifications ethniques définies de surcroît en termes religieux au sein de l'État laïc devient, en somme, un enjeu de citoyenneté à négocier.

En Allemagne, cependant, le refus d'intégrer d'autres groupes nationaux ou religieux que les « Allemands » dans la communauté politique ne peut que souligner davantage le particularisme de la nation telle qu'elle s'y conçoit. L'identification à la communauté ethnique ne trouve alors sa place que dans la société civile où s'exerce une citoyenneté. *Le droit de participer à l'exercice du pouvoir* par le biais de la citoyenneté légale y reste à conquérir. La double nationalité revendiquée par les Turcs trouve son fondement dans une logique qui renverrait la nationalité à une identité et la citoyenneté à un droit qui permettrait précisément de négocier une personnalité morale ethno-nationale construite sur une double référence à la société civile allemande, par la résidence, avec les droits et les devoirs qui lui sont liés, et à la nationalité turque — pour ceux qui s'y reconnaissent — au plan de l'identité, ce qui conduit à la construction d'une minorité nationale. *C'est cette identification ethnique exprimée par le statut de minorité qui devient l'enjeu de citoyenneté à négocier.*

Ainsi, les négociations des deux côtés du Rhin résultent du fait que les revendications identitaires religieuses ou ethniques se heurtent précisément aux principes fondateurs des États.

QUESTION DE RECONNAISSANCE

La question de la citoyenneté est d'autant plus importante qu'elle se confond avec celle de la reconnaissance. Or, des deux côtés du Rhin, les revendications se heurtent précisément aux principes fondateurs des États.

Mais la demande de reconnaissance en tant que minorité vise à permettre aux groupes qui affichent une identité spécifique de sortir de leur marginalité politique. Dans cette perspective, elle traduit une lutte pour l'émancipation. Mais, contrairement à l'émancipation des Lumières qui sépare la religion de la vie publique et l'individu de sa communauté pour assurer son *identification* primordiale avec la communauté nationale, la demande de reconnaissance exprimée dans ce cas naît d'une *volonté de participation* avec des droits égaux qui serait reconnue à des identités religieuses ou communautaires à inscrire dans le cadre des structures de l'État.

Un islam français

Le 11 janvier 1995, « M. Pasqua reconnaît un Conseil représentatif des musulmans » et déclare lors de l'inauguration de la mosquée de Lyon, au début de 1995, que « la question de l'islam doit être traitée comme une question française ».

La reconnaissance de l'islam se pose en réalité avec autant d'acuité que pour les autres religions mais presque un siècle plus tard. En novembre 1989, l'affaire du foulard a cristallisé celle-ci en un rapport de force entre l'identité nationale française d'un côté et celle des dernières vagues d'immigrés de l'autre, la première refaçonnée autour de la laïcité et la deuxième autour de l'islam. Pour la classe politique, l'« affaire » a révélé une prise de conscience de l'installation d'une religion supplémentaire dans la société et dans ses institutions, spécialement à l'École publique. Pour les militants associatifs islamistes, elle a été vécue comme l'affirmation identitaire d'une partie de la population immigrée. C'est ce qu'il leur fallait néanmoins négocier avec les pouvoirs publics : négocier la présence permanente et structurelle de l'islam et de son expression culturelle. Des responsables politiques et certains intellectuels se sont fait, dans cette circonstance, un devoir de rappeler aux Français les principes fondamentaux de la République, en tant que noyau dur de la personnalité nationale, et aux migrants les règles de conduite qui s'imposeraient à eux dans un État dont la laïcité est considérée comme la « religion officielle », la valeur constitutive de l'État-nation et le pilier de cohésion sociale.

L'affirmation de l'islam, tout comme l'émergence d'une ethnicité qui se cristallise déjà au travers de certains modes de participation politique, s'oppose à la doctrine d'une nation caractérisée par son unité culturelle et l'identité commune de ses citoyens. Ce principe d'unité prétend occulter toute différence culturelle, régionale, linguistique ou autre dans le domaine public. C'est, par exemple, ce que confirme le rejet par le Conseil constitutionnel du terme de « peuple » dans son application aux Corses, en soulignant que l'expression « le peuple », lorsqu'elle s'applique au peuple français, doit être considérée comme une catégorie unitaire non susceptible d'une quelconque division en vertu de la loi[11]. L'idée d'assimilation d'un « corps étranger » défini par sa nationalité y obéit à cette logique d'inclusion intégrale des étrangers naturalisés ou de leurs enfants français à la naissance ou à l'âge de 16 ans, peu importe.

D'après Danièle Lochak, pourtant, « l'ignorance des différences de la part de l'État se limite à la religion »[12]. L'auteur constate, en effet, que si la France rejette la notion de « minorité », le terme n'apparaît dans les textes juridiques que par référence à une « minorité religieuse ». On en voit pour preuve que le problème de la reconnaissance et de la représentativité ne se trouve pas posé pour la population portugaise qui compte près de 400 000 individus, structurés par des associations de toute nature et dont les liens de solidarité villageoise caractérisent sans conteste un mode d'organisation communautaire. C'est que l'invisibilité des Portugais dans l'opinion relève en réalité de la religion, même s'ils fréquentent des églises séparées. De même, il y a peu, pour les Italiens, les Polonais et les Arméniens, la référence à la communauté n'a été appréhendée que sous l'angle d'une structure locale et passagère qui facilitait la transition entre le passé et le futur et ne renvoyait pas à une institutionnalisation permanente.

C'est cette vision de la communauté qui disparaît avec les religions ressenties comme différentes. La séparation de l'Église et de l'État confère des statuts juridiques institutionnels au clergé catholique, aux protestants de la Fédération nationale des Églises protestantes de France, ainsi qu'aux juifs régis par le Consistoire créé sous Napoléon. On voit dans cette « reconnaissance » l'expression d'un respect de la liberté du culte et de la neutralité de l'État laïque. Même si la classe politique s'est mobilisée autour de l'affaire du foulard justement au nom de la laïcité, cette mobilisation a érigé ainsi l'islam au cœur de l'identification collective des populations issues de l'immigration maghrébine. La place à accorder à l'islam en France fait resurgir dans le débat public la vieille dualité entre religion et État.

De fait, la demande de reconnaissance de l'islam a conduit les militants associatifs à se réorganiser. À l'échelle locale, ils se sont efforcés de dépasser les clivages nationaux, ethniques et idéologiques, et de définir

---

11. Décision 91/290 DC, statut de la Corse (9 mai 1991). D'après cette décision, le « peuple corse », composante du peuple français, est contraire à la Constitution, laquelle ne connaît que le peuple français composé de « tout citoyen français sans distinction d'origine, de race, de religion » (art. 2).

12. D. Lochak, « Les minorités dans le droit public français : du refus des différences à la gestion des différences », *Conditions des minorités depuis 1789*, CRISPA-GDM, Paris, L'Harmattan, 1989, p. 111-184.

des éléments communs qui réuniraient l'ensemble des musulmans dans chaque commune, la construction d'une mosquée, par exemple. À l'échelle nationale, s'est créée, en 1983, l'Union des organisations islamiques de France et, en 1985, la Fédération nationale des musulmans de France. « Il y a une prise de conscience que des représentants sont nécessaires » dit le fondateur de cette dernière. Il conteste à ce propos la représentativité de la mosquée de Paris, seule institution musulmane reconnue officiellement par l'État, ainsi que le rôle d'interlocuteur unique attribué à son recteur nommé par le gouvernement français d'abord et par l'État algérien après 1962. « Il vaut mieux que les représentants émergent de la communauté » ajoute-t-il. Former une « communauté » devient dès lors « une option »[13] pour définir une identité d'action ou de réaction et l'affirmer publiquement au travers des institutions représentatives reconnues par l'État.

Au terme des débats passionnés concernant la place de la religion dans la société française qui ont été suscités par l'affaire du foulard, le ministre de l'Intérieur, Pierre Joxe, a créé, en 1990, un Conseil de réflexion sur l'islam en France, le CORIF. La représentation suppose-t-elle le préalable de la réflexion sur les moyens d'adapter les exigences de l'islam aux normes de la société ou vice versa ? « À défaut de pouvoir représenter l'islam, j'ai retenu une suggestion de Jacques Berque qui m'a dit qu'il était possible en revanche de symboliser l'islam » explique Pierre Joxe dans un entretien publié par la revue *Débat*[14]. Comme si l'État voulait structurer de cette manière la mobilisation de l'adversaire, il s'efforce par conséquent de rassembler « symboliquement », par l'intermédiaire du CORIF, les musulmans en France au-delà de leur diversité nationale et même religieuse. « L'idée est que le Conseil pourrait devenir l'embryon d'une structure représentative de l'islam pour les pouvoirs publics à l'instar de la Conférence épiscopale ou la Fédération protestante de France[15]. »

En 1994, c'est peu après la publication d'une circulaire de François Bayrou, ministre de l'Éducation nationale, interdisant tout signe religieux ostentatoire dans les établissements scolaires, que Charles Pasqua reconnaît officiellement le Conseil représentatif des musulmans de France

---

13. Harry Goulbourne développe le concept de « *communal option* » qu'il analyse comme une réaction des minorités ethniques face à la majorité et les valeurs universelles qu'elle défend. H. Goulbourne, *Ethnicity and Nationalism in Post Imperial Britain*, London, Cambridge University Press, 1991, p. 41.

14. « La France vue de l'Intérieur. Entretien avec Pierre Joxe », *Débat*, n° 61, sept.-oct. 1990, p. 15.

15. Entretien avec A. Boyer, chargé de cultes, du ministère de l'Intérieur, *Actes*, avr. 1992.

(CRMF), créé l'année précédente. Il désigne son président le Dr Boubakeur, qui est en même temps le recteur de la mosquée de Paris, comme interlocuteur officiel. Médecin de profession, auteur d'une charte du culte musulman en France, le recteur Boubakeur affirme, dans un entretien accordé au journal *Le Monde* du 31 mai 1995, son indépendance vis-à-vis de l'État algérien dont il est lui-même originaire : « Les musulmans entendent œuvrer à l'émergence d'un islam de France [...] ne se réclamant d'aucune autorité étrangère. » De son côté, le ministre Charles Pasqua déclare : « J'ai toujours désiré que l'islam passe du statut de religion tolérée en France à celui de religion acceptée par tous et qui fasse partie du paysage spirituel français ». L'islam s'intègre de la sorte dans une logique que Danièle Lochak qualifie de « gestion pragmatique des différences ». Logique qui consisterait à « introduire graduellement la dose minimale d'institutionnalisation nécessaire pour résoudre concrètement les problèmes pratiques nés de l'existence des "groupes minoritaires" avec pour objectif d'aboutir à "une reconnaissance officieuse" qui, à son tour, aboutirait sur l'institutionnalisation des différences »[16].

Ce processus vise clairement à orchestrer une transition de l'islam en France à l'islam de France, d'une simple présence des musulmans et de leur pratiques visibles dans l'espace français à un islam qui s'exprimerait et se développerait dans le cadre d'institutions nationales. Ce dernier suppose sa libération des influences « étrangères », surtout de celles des pays d'origine. Un dirigeant de la Fédération nationale des musulmans de France commente à ce propos que, déjà avec le CORIF, « le but de Joxe était clair : il ne voulait plus que l'Algérie monopolise l'islam en France. Il a mis Cheikh Haddam [recteur de la mosquée de Paris à l'époque] à égalité avec d'autres associations. Une parmi d'autres. »

Avec l'« islam de France » se trouvent transformées les relations entre la conception de l'autorité et celle du public. Dans les pays musulmans, cette relation situe les croyants, citoyens ou non, face à des autorités nationales étroitement liées à la religion, sauf dans le cas de la Turquie. Dans l'immigration, le croyant ne se trouve plus que face à un imam devenu le leader d'une communauté surtout locale, tandis que c'est sa représentation institutionnelle à l'échelle nationale qui lui confère un rôle politique.

Le débat est loin d'être clos. « Libérer » l'islam pourrait-il aider à le « nationaliser », à en faire un « islam français »? Ainsi s'est opérée la transition, ne serait-ce que dans le langage, des juifs *de* France au « judaïsme français ». Dans les deux cas, la représentation apporte évidemment une

---

16. D. Lochak, *op. cit.*, 1989.

protection juridique garantie plus largement par toutes les organisations représentatives développées à l'initiative de l'État qui, en l'occurrence, intervient à la fois comme arbitre et comme dispensateur d'une reconnaissance officielle. C'est au regard de cette expérience que les organisations représentatives existantes, notamment les institutions juives, plus anciennes, nées et développées dans le respect de la laïcité, deviennent la référence pour les associations d'immigrés non islamistes. France-Plus, par exemple, propose la création d'un consistoire musulman en arguant, selon l'un de ses militants, que « l'islam laïc est tout à fait compatible avec la vie en France ». Le président de la Fédération des musulmans de France rejette en revanche ce projet, en raison précisément de l'argument annoncé par France-Plus : « On veut à tout prix nous faire copier le modèle du consistoire qui est fait avec des gens qui sont juifs mais qui ne sont pas religieux. » Il est intéressant de noter que le même débat a divisé les juifs pratiquants ou croyants et les juifs laïcs au moment de la centralisation du consistoire, lorsque sa direction a voulu insister sur sa laïcisation en écartant tout contenu religieux[17].

Il convient également de constater qu'aujourd'hui cependant des musulmans se réfèrent au statut juridique des institutions juives et que certains juifs, de leur côté, s'appuient sur les revendications de reconnaissance des musulmans pour exprimer de plus en plus le sentiment d'appartenir à une « communauté juive », marquant l'abandon du concept de judaïsme français au profit de celui de « juifs de France ». Inspirée par des aspirations des musulmans et les redéfinitions permanentes de la laïcité qu'elles suggèrent, l'Église de France elle-même relance le débat sur ses relations avec l'État. C'est par ce biais que rebondit le problème de l'École libre par l'intermédiaire de la révision de la loi Falloux. La reconnaissance de l'islam engendre ainsi une révision générale du positionnement des religions dans l'espace public qui remet en cause le concept de laïcité républicaine, son universalisme et ses pratiques en même temps que le lien entre État et religion en France.

L'institution de structures représentatives des groupes ou communautés particulières trouve sa justification dans le rôle de régulateur des conflits attribués à tout État démocratique moderne. La pluralité des intérêts, des identités, des allégeances dans l'espace public est inévitablement source de tensions et même de conflits violents dans certains cas. La reconnaissance de l'islam, considérée par l'opinion dominante comme génératrice de conflit, est vécue par la population musulmane comme la réparation d'un rejet. L'État, de son côté, comme pour affirmer une

---

17. *Cf.* P. Cohen Albert, *The Modernization of French Jewry : Consitory and Community in the Nineteenth Century*, Brandeis University Press, 1977.

continuité historique, se réfugie derrière une stratégie « inclusionniste » qui la conduit à encourager les institutions représentatives à faire de leurs présidents ses interlocuteurs principaux et à considérer dès lors leurs membres comme appartenant pleinement à la communauté politique.

L'enjeu d'une telle reconnaissance est important. Il relève, entre autres, de l'importance de l'« électorat musulman », bien qu'il soit sociologiquement varié et politiquement différencié. Sinon, comment interpréter l'absence, à première vue surprenante pendant la campagne présidentielle de 1995, de thèmes évoquant la « distance » de l'islam comme système culturel ou comme système politique qualifiés l'un et l'autre de communautaires dans les campagnes électorales ? Tout simplement parce que l'acculturation culturelle et politique ont fait leur chemin, que la représentation d'une population de citoyens français de confession musulmane s'impose, même si elle ne s'exprime pas en ces termes. L'enjeu se révèle même tellement important qu'il relance le débat public sur les conditions d'attribution de la nationalité. La gauche veut revenir au droit de sol « automatique », tandis que la droite conservatrice reste silencieuse sur le « choix » de la nationalité à 16 ans, qu'elle a pourtant introduit, et que l'extrême droite préconise la législation du droit du sang. Jean-Marie Le Pen, en particulier, déplore lors d'une émission de télévision que la nationalité soit « accordée de façon trop laxiste » et plaide pour une citoyenneté « héritée et méritée ». Insistant ainsi sur le lien, selon lui indissociable, qui existe entre nationalité, citoyenneté et identité, le président du Front national entend écarter les « nouveaux citoyens » de l'identité collective de la nation française qu'il voudrait voir transmise par héritage comme en Allemagne. Plus encore, et de façon surprenante, la recommandation de Valéry Giscard d'Estaing lors de l'utilisation du terme d'« invasion » pour qualifier l'immigration a été d'inscrire la naturalisation dans le droit du sang comme en Allemagne.

Une minorité turque en Allemagne

En Allemagne, la demande de reconnaissance porte de façon plus complexe sur le statut de minorité ethnique reposant à la fois sur une identité nationale turque et sur une identité religieuse musulmane, deux éléments ressentis comme « étrangers » à l'identité collective allemande. La minorité nationale se définit par son statut juridique étranger, et la minorité religieuse par la marginalisation de l'islam par rapport aux autres religions qui jouissent d'un statut officiel. Il n'empêche que la demande de reconnaissance exprimée par les Turcs s'est accélérée sous l'impact des attaques racistes, spectaculaires depuis 1990, en la situant au cœur du débat comme un droit de protection contre « la haine de l'étranger » (*Ausländerhass*) ou encore contre une certaine «hostilité vis-à-vis de l'étranger» (*Ausländerfeindlichkeit*). La difficulté tient à ce que la revendication de ce droit renvoie à nouveau à la citoyenneté légale qui, ainsi conçue, privilégie, il est vrai, l'aspect juridique en laissant de côté l'aspect identitaire. De là le pas supplémentaire vers l'admission de la double nationalité, qui affecterait frontalement la Loi fondamentale allemande dans sa confusion de la citoyenneté et de la nationalité, devient élément de conflit soumis à des négociations.

Les revendications des Turcs en faveur de la double nationalité introduisent, elles, clairement les distinctions entre nationalité, citoyenneté et identité. Même si la nationalité et la citoyenneté sont indissociables, comme en France, cette distinction existe pourtant dans le langage politique. La citoyenneté (*Staatsbürgerschaft*) ou la nationalité (*Staatsangehörigkeit*) se réfèrent toutes deux à l'État, mais la première comme appareil, la deuxième comme appartenance. La référence à la double nationalité trouve son fondement dans cette dualité : la «minorité» en question manifeste une volonté d'intégration dans la communauté politique par la demande de la citoyenneté et exprime son «attachement» à la nationalité d'origine.

Mais ces ambiguïtés se trouvent renforcées notamment par des expressions qui hésitent sur la façon de nommer ces étrangers qui ont pris racine sur le territoire national : entre l'appellation de «non-Allemands» pour la droite libérale et celle de «concitoyens étrangers» pour les Verts. Ces deux expressions mettent en évidence le lien ou, à l'inverse, l'absence de lien que certains voudraient créer ou renforcer entre citoyens et nationaux. Quant à la substance des débats, elle porte sur les conditions d'accès à la citoyenneté qui renvoient à leur tour à un réexamen de la conception de l'État et à son rapport à la définition de la nation. En revendiquant la reconnaissance d'un statut de minorité, les Turcs, de leur côté, définissent la citoyenneté comme un outil juridique destiné à permettre la représentation politique, et la nationalité comme une identité ethnique, d'ailleurs semblable à celle que les Allemands conçoivent pour eux-mêmes. Le statut de minorité maintient, au fond, séparées les identités respectives, et les débats sur la double nationalité aboutissent à définir une double référence d'identité.

Mais reconnaître les Turcs comme une minorité ethnique oblige d'abord les Allemands à admettre le caractère permanent de leur présence avec les différences ethnico-nationales et religieuses qu'elle implique. Cette obligation consiste, pour la classe politique allemande, à rejeter le discours officiel qui soutient que «l'Allemagne n'est pas un pays d'immigration» et à convenir que l'Allemagne, comme les autres pays européens, est *devenue*, tout au contraire, un pays d'immigration où résident de façon stable 6 millions d'étrangers environ. C'est seulement si cette réalité est acceptée que les populations « non allemandes » pourraient espérer accéder à une représentation politique alors qu'elles sont installées depuis des générations en République fédérale.

Cependant, le plus singulier est que, comme en France, le thème des étrangers, de l'immigration, de la citoyenneté a été absent de la campagne électorale allemande de l'automne 1994. Il n'empêche que dès le lendemain des élections, le protocole du nouveau gouvernement de coalition a élaboré une « formule » pour la troisième génération d'enfants de Turcs, « la citoyenneté infantile » (*Kindesstaatsangehörigkeit*) déjà mentionnée, et a réintroduit la double nationalité dans le débat public. Rappelons que d'après cette « formule », le jeune Turc, devrait, à 18 ans, faire son choix entre la nationalité allemande et celle de ses parents. En fait, cette nouvelle formule revient à reconnaître la double nationalité jusqu'à la majorité comme un « essai », une mise à l'épreuve de la pratique de la citoyenneté ainsi que de celle de la double nationalité.

« Citoyenneté au compte-gouttes ! » se sont exclamés les journaux turcs, tandis que les porte-parole des diverses organisations turques réagissaient avec véhémence. En réalité, comme la revendication de la double nationalité, cette formule a révélé encore une fois les méfiances réciproques de l'État allemand et des Turcs. L'État allemand ne regrette pas seulement la non-identification des Turcs à la nation allemande dans le cas de l'acquisition de la citoyenneté, mais il exprime aussi sa méfiance quant à l'exercice de leur devoir de citoyen, puisque que celui-ci ne peut s'effectuer qu'à 18 ans, à l'âge de la majorité. Les Turcs, de leur côté, justifient leur demande de la double citoyenneté en arguant que seul l'octroi de la citoyenneté allemande pourrait mettre un terme aux actes racistes commis à leur encontre. Ainsi au lendemain des violences de cette sorte perpétrés à Mölln et Solingen, leur presse a exprimé ce sentiment avec des titres tels que : « Les nazis incendient et l'Allemagne dort » ou encore : « Un autre crime allemand ». De même, le verdict prononcé contre les criminels de Solingen a été rapporté par la presse turque en des termes qui mettaient en doute la justice allemande et qualifient simultanément l'État turc de « protecteur des droits de ses ressortissants », comme pour rappeler à l'opinion allemande que « leur État représente la sécurité » à la fois juridique et identitaire. De plus, ce sentiment se trouve maintenant renforcé par l'arrivée en Allemagne fédérale des *Aussiedler* et des demandeurs d'asile. Les *Aussiedler* venus de l'Europe de l'Est et de la Russie sont naturalisés de droit grâce à leurs « ancêtres allemands », tandis que les demandeurs d'asile sont protégés par l'article 16 de la Constitution qui leur permet de trouver refuge dans la République fédérale. Pour leur part, les nationaux turcs résident en Allemagne depuis trente ans sans jouir encore de droits civiques.

Reste que le pouvoir de négociation des Turcs en Allemagne puise en grande partie sa force dans leur poids économique. Si la citoyenneté est, par définition, un statut qui permet d'influer sur les décisions politiques, c'est sur une base économique que les nationaux turcs cherchent à manifester leur potentiel. Un rapport publié à Bruxelles en 1991 estime à environ 57 milliards de DM l'apport économique direct ou indirect des Turcs, somme dépassant de loin les dépenses de l'État-providence pour les étrangers qui n'atteignent que 16 milliards de DM[18]. De fait, parmi les 1 800 000 Turcs en Allemagne, on compte, en 1992, 35 000 entrepreneurs, allant du restaurateur à l'industriel, qui emploient au total 150 000 Turcs et 75 000 Allemands, dont le chiffre d'affaires annuel s'élève à 25 milliards de DM et qui ont payé, en 1991, un milliard de DM d'impôts[19].

Ces acteurs économiques jouent non seulement un rôle important dans les relations entre l'Allemagne et la Turquie, mais tiennent de plus entre leurs mains le sort des projets d'investissements allemands dans les Républiques turcophones de l'ancienne Union soviétique. « Nous avons ouvert des bureaux de représentation des produits turcs et allemands en Azerbaïdjan, au Kazakhistan », dit un industriel turc de Berlin. Nombreux sont aussi ceux qui investissent dans l'ex-RDA.

Mais, plus intéressant encore, « les Turcs consomment plus que les Allemands » selon un article du *Spiegel* sous-titré : « Les Turcs sont l'avenir de l'Allemagne »[20]. « Ils sont plus nombreux à rouler en Mercedes, ont davantage de magnétoscopes, de chaînes hi-fi, d'ordinateurs, voire de meilleurs placements. » En conséquence, de plus en plus d'entreprises allemandes passent des publicités sur les chaînes de télévision ou dans la presse turque locale. D'ailleurs, pendant l'hiver 1992-1993, les violences antiturques de Mölln et Solingen semblent avoir mobilisé les entreprises plus que la classe politique, nombreuses ayant été celles qui ont publié des messages de solidarité avec les étrangers. La Lufthansa manifeste ainsi : « Nous sommes tous les jours des étrangers ». La firme BMW observe que « Sans les étrangers nous serions pauvres ». L'entreprise Siemens, de son côté, affirme : « Nous ne pouvons tolérer l'intolérance » et poursuit en rappelant : « Nous prenons position parce que nous sommes étrangers dans 150 pays. Nous nous sentirons toujours concernés quand il s'agira de nos concitoyens étrangers. »

---

18. « Migrations New Sheet », Bruxelles, déc. 1991, cité par *The Economic and Political Impact of Turkish Migration in Germany*, Zentrum für Türkeistudien, mars 1993.

19. Statistiques de l'Union des entrepreneurs turcs de Berlin. Voir aussi « Zentrum für Türkeistudien », *Konsumgewohnheiten und wirtschaftliche Situation der türkischen Bevölkerung in der Bundesrepublik Deutschland,* Essen, sept. 1992.

20. *Le Courrier international*, n° 152, sept. 1993.

Les statistiques en France qui reflètent en même temps les lois de la citoyenneté ne permettent pas de repérer aussi clairement l'apport économique des populations immigrées. En effet, une fois la nationalité française acquise, celles-ci sont classées comme «Français par acquisition» et deviennent numériquement invisibles. Cela montre les registres différents, voire les conceptions différentes de l'intégration dans les deux pays. Mais en Allemagne, la sécurité, fondée sur la présence économique, peut-elle compenser l'insécurité politique? Les hommes d'affaires turcs s'interrogent sur les risques que représenterait pour l'économie allemande le retrait de leurs investissements. Un industriel turc de Berlin déclare à ce propos : «J'ai investi dans les nouveaux *Länder* de l'ex-RDA, mais je n'ai pas encore touché un *Pfennig* d'intérêt, et en plus nous nous faisons injurier et tabasser là-bas : pourquoi continuer?» Un dessin de Greser illustre parfaitement cette idée. Il montre le chancelier Helmut Kohl tenant entre ses mains une énorme allumette «moustachue» et disant : «N'enflamme pas mon pote!»; en dessous figure le commentaire suivant : «Enfin Bonn agit : une campagne géniale contre la xénophobie. Un conseil du gouvernement fédéral.» Le choix des symboles n'est évidemment pas innocent.

Si, en France, l'État a fini par reconnaître le Conseil représentatif des musulmans dans le souci d'apaiser les tensions sociales, en Allemagne, la crainte d'un déséquilibre économique engendré par les conflits raciaux va-t-elle convaincre la classe politique de reconnaître la «minorité turque» et de lui attribuer des droits politiques? Autrement dit, son intégration économique peut-elle ouvrir la voie à une représentation politique et constituer un atout pour les Turcs dans la négociation de leurs intérêts collectifs? L'histoire apporte une réponse partielle à cette question dans la mesure où, au XIXe siècle, le milieu économique avait su intégrer l'Allemagne dans la compétition économique internationale lors de la Grande Dépression de 1873-1896. C'est sur cette base qu'elle acquit ensuite une importance et fit sentir son poids sur les décisions politiques du pays. En vertu de la même logique, des secteurs d'activité dont l'organisation des médecins turcs depuis 1990, puis dernièrement les associations d'hommes d'affaires de différents *Länder* se préparent désormais à agir comme groupes de pression capables de négocier les intérêts collectifs allant de la protection des droits sociaux et culturels aux mesures à prendre contre la xénophobie. Se souvenant du rôle joué par le facteur économique dans la redéfinition de l'identité allemande après la guerre, ils se fondent également sur leur réussite dans ce domaine pour se transformer en force politique. Dans cette perspective, évitant soigneusement de se poser en victimes, ils cherchent au contraire à attirer l'attention sur leur apport à la société allemande et à susciter par là «le respect» des autorités allemandes.

« Le noyau dur de l'identité de l'Allemagne est l'économie » considère Barbara John, responsable de l'*Ausländerbeauftragte* de Berlin lors de notre entretien en mai 1993. Cette affirmation fait-elle référence au « miracle économique » qui, avec la prospérité et le bien-être qu'il apporte, donne un nouveau contenu à l'identité du pays au-delà de la vieille référence ethnique ? Ou bien cette approche tient-elle lieu d'interprétation de la « citoyenneté », d'ailleurs non moins traditionnelle, liée au statut d'origine médiévale de bourgeois (*Bürger*) ? En Allemagne, cette seconde perception de la citoyenneté se rapporte plus à l'appartenance à la société civile qu'à l'allégeance à la communauté politique ; la société civile s'y définit en effet comme une « société de bourgeois » (*die bürgerlische Gesellschaft*) qui non seulement se distingue de l'État et de ses institutions mais s'y oppose. Dans ce sens, tout individu qui participe à la vie publique dominée par la compétition économique peut être considéré comme citoyen. « Cela suggère que le citoyen est synonyme de bourgeois, les deux faces de la même pièce de monnaie » écrit Ralf Dahrendorf[21]. C'est dans cette logique qu'il faudrait peut-être interpréter l'expression de *ausländische Mitbürger* (« concitoyens étrangers ») introduite dans le débat public par les Verts, la formule revenant à accepter les ressortissants turcs dans la société allemande par le biais d'une citoyenneté économique, faute de citoyenneté politique. Leur « embourgeoisement » serait-il alors un pas vers la naturalisation, comme le laisse entendre le terme allemand *Einbürgerung,* même s'il est utilisé en référence à l'État (*Staatsbürger*) et non pas à la cité comme c'est le cas du bourgeois ?

Cette conception très spécifique de la citoyenneté met l'économie au service du politique, contrairement au cas français où c'est le politique qui prime sur l'économie, du moins dans le discours. Mais cela donne plus de poids politique aux Turcs en Allemagne, qui sont du coup citoyens sans l'être, qu'aux Maghrébins en France, pourtant légalement citoyens, spécialement pour les jeunes générations. En Allemagne, les enfants et petits-enfants d'immigrés turcs expriment leur identification avec la société globale au regard de la réussite de leurs parents ou grands-parents ou, encore, de certains Turcs, vécue dans chaque circonstance comme le fondement d'une « fierté ethnique ». Alors qu'en France le débat sur l'immigration s'installe dans celui sur l'exclusion sociale et le phénomène banlieue qui conduit à un sentiment de dévalorisation de soi et à une attitude de colère. Mais en Allemagne, une image de réussite économique devient une motivation pour légitimer la revendication d'un statut de

---

21. R. Dahrendorf, *The Modern Social Conflict. An Essay on the Politics of Liberty,* California University Press, 1988, p. 34.

minorité et permet d'afficher l'attachement au pays d'origine et d'introduire le débat sur la double citoyenneté. Les entrepreneurs, tout particulièrement, s'érigent en intermédiaires entre les classes politiques et industrielles à la fois turques et allemandes. Ils interviennent dans les négociations économiques entre la Turquie et l'Allemagne, se font mécènes en faveur des peintres turcs nés et formés en Allemagne, investissent pour la promotion de la vie culturelle en Turquie. Ils soutiennent aussi les associations en fonction de leurs affinités politique et de leur position par rapport à la Turquie. En résumé, dans l'ensemble, leurs efforts tendent vers la formation de *lobbies* reconnus dans les deux pays, reposant sur des institutions communautaires déterminées non seulement par la vie politique turque, mais en se situant dans le système allemand ou en s'y opposant, réagissant également à toute déclaration du gouvernement de Bonn vis-à-vis de la Turquie.

L'enjeu de cette dualité est décisif pour les deux pays. Pour la Turquie, elle est l'objet d'une récupération dont les conséquences économiques et politiques, notamment auprès des institutions européennes, ne sont pas négligeables. Aussi le concept de double nationalité a-t-il été intégré dans la Constitution turque, permettant même depuis peu d'attribuer l'identité turque à un jeune né en Turquie mais ne possédant plus la nationalité ou à un jeune né en Allemagne dont les parents sont nés en Turquie. En Allemagne, les Turcs représentent parallèlement un potentiel électoral important et les partis rivalisent pour définir la place à accorder aux non-Allemands dans la communauté politique. Une étude réalisée en 1994 sur le comportement électoral qu'auraient eu les Turcs s'ils avaient été citoyens allemands a révélé que 49 % auraient voté pour le SPD (alors qu'ils étaient 67 % en 1986[22]), 11 % pour les Verts, 10 % pour le FDP, 6 % pour la CDU[23]. Bien que le nombre d'électeurs citoyens allemands d'origine turque âgés de 18 ans et au-delà ne dépasse pas 35 000 individus, les partis publient de la propagande dans les journaux communautaires comme s'ils voulaient réaliser une sorte d'investissement électoral. Le FDP aimerait miser sur le vote des Turcs pour dépasser le seuil de 5 % en dessous duquel il ne peut y avoir d'élus ; le SPD soutient leurs grandes associations de peur de voir les militants de celles-ci adhérer à d'autres partis. C'est pourquoi les partis allemands expriment

---

22. F. Sen, « L'intégration des Turcs en RFA et ses limites », *Migrations et Société*, mai-août 1990.

23. F. Sen, Y. Karakasoglu, *F. Almanya'da yasayan Türklerin ve diger yabancilarin seçme ve seçilme hakki, partiler ve çifte vatandaslik üzerine görüsleri*, Zentrum für Türkeistudien, Essen, sept. 1994 (opinion des Turcs et d'autres étrangers sur le droit de vote, les partis, la double nationalité en République fédérale allemande).

en particulier leur opinion sur la situation politique de la Turquie ou sur les relations qu'ils entendent développer entre les deux pays.

En définitive, ces comportements démontrent surtout que l'image des Turcs a changé. Ils ne sont plus perçus simplement comme des travailleurs étrangers, mais considérés comme « citoyens » appartenant à la société civile, participant aux interactions sociales et économiques de nature démocratique. Ils sont même acceptés comme acteurs politiques, car en dehors des militants associatifs ou de ceux dont l'influence se fait sentir ici à l'intérieur des partis allemands, il existe aujourd'hui quatre députés d'origine turque : un au parlement de Berlin (Vert), un autre au parlement de Hambourg (SPD), et deux (un SPD et un Vert) au Parlement fédéral à Bonn. Le plus jeune d'entre eux, Cem Özdemir, député Vert à la *Bundestag* est né en Allemagne. Son élection en 1994 a été annoncée dans la presse turque comme une victoire turque avec des titres tels que : « Nous avons conquis Bonn ». La presse allemande dans son ensemble, quant à elle, a préféré lui attribuer une identité régionale du sud de l'Allemagne (*Schwabe*) : « C'est un Turc *Schwabe* qui n'a rien à voir avec l'identité allemande mais avec l'identité *Schwabe* » pouvait-on y lire. Quant à l'intéressé lui-même, il s'est expliqué en ces termes : « Je m'amuse à sensibiliser mes "compatriotes régionaux" en leur parlant leur dialecte, c'est une façon de désarmer leur racisme » (entretien en mars 1995).

Sur le fond, ce député se définit surtout comme un « nouvel indigène » (*neuer Inländer*). C'est ainsi qu'il désigne les jeunes de sa génération et de celles à venir. Par ce biais, il souligne l'opposition ou plutôt la rupture avec la génération précédente assimilée à des *Ausländer* (étrangers) ou, parfois, à des *Einwanderer* (immigrés). « Les *neue Inländer* sont une partie importante de notre République. Ils ont connu la liberté d'une société civile et urbaine ; ils sont sûrs d'eux-mêmes et suivent leur propre voie ; ils ne cèdent pas à la pression des parents ni aux influences extérieures » déclare-t-il comme pour attester leur identité de citoyen. De fait, ces jeunes Turcs sont plus nombreux à avoir été formés dans les écoles allemandes (*Bildungsinländer* ou « formés de l'intérieur »), à s'y être imprégnés de culture locale, à avoir passé l'*Abitur* (le bac allemand) en RFA et même à avoir obtenu des diplômes d'universités allemandes. « Mais cela sans passeport » rappelle le député de Bonn. Dès lors l'acquisition de la nationalité allemande, dans ce cas synonyme de citoyenneté, s'impose non seulement comme un droit mais aussi comme un devoir. Cette association de devoir et de citoyenneté met en évidence une identification avec la société allemande, ainsi que l'affirme en outre le jeune parlementaire : « Je dis aux jeunes que les problèmes de l'Allemagne sont nos problèmes, que nous avons notre mot à dire et que nous devons contribuer à la recherche de leurs solutions. » C'est sur ces bases que se développe désormais une campagne qui vise à convaincre les ressortissants turcs, toutes générations confondues, de solliciter la nationalité allemande.

La réalité est cependant plus complexe. Le pragmatisme se mêle à l'affectif tant vis-à-vis de la Turquie que de l'Allemagne. Un journal communautaire publié à Ulm fournit une indication suggestive à ce propos. Sur la couverture de son numéro de mars 1995, il présente les deux passeports, turc et allemand, avec ce titre en gros caractères : « Vous n'avez rien à perdre, vous avez beaucoup à gagner ». À l'intérieur, les lecteurs trouvent quatre pages qui expliquent aux Turcs les avantages liés à l'acquisition de la nationalité allemande ne portant pas préjudice à leurs « intérêts » en Turquie. « Le droit d'élire et d'être élu, la liberté de choisir une profession, pas d'expulsion, la libre circulation dans l'Union européenne, l'accès à tous les droits qu'ont les Allemands et aux mêmes devoirs », tels sont les arguments. Par ailleurs, ajoute-t-on, « vous ne perdez pas vos droits sur vos biens, votre argent, votre héritage, vos primes d'assurance en Turquie ».

Il n'est donc plus question, dans ce sens, d'identité turque, mais de droit dans une Turquie située dès lors sur le même plan que l'Allemagne. Toutefois les revendications demeurent toujours conjointes puisqu'elles touchent à l'égalité des droits et à la reconnaissance d'une identité collective construite en Allemagne à partir d'une identification à la Turquie. Les militants associatifs, les membres des organes consultatifs, les députés ne se chargent en fait que d'une tâche d'instruction civique concernant, au bout du compte, les démarches administratives à entreprendre pour acquérir la citoyenneté allemande. Quant au reste, l'identité turque est toujours présente dans les activités culturelles, les cours de langue ou de religion assurés par les associations. Sa reconnaissance est revendiquée pour la langue dans le cadre d'un enseignement bilingue inspiré de celui dispensé aux Hispaniques aux États-Unis ou encore dans celui des institutions publiques pour la religion. Au-delà, c'est même cette identité qui est à l'origine de la demande de citoyenneté et de représentativité lorsqu'elle a pour fin de dresser un barrage contre le racisme. Elle se traduit alors par l'exigence d'une loi antidiscriminatoire, de l'égalité dans le domaine professionnel ou de l'égalité sur le marché du logement. La revendication de droit se lie bien à l'identité.

Les négociations identitaires entre États et communautés s'inscrivent ainsi visiblement dans une continuité historique du rôle de l'État en France et de celui de la société civile en Allemagne, ainsi que des relations entre les deux pays et leurs populations immigrées respectives. Cependant, malgré les différences de traditions politiques qui privilégient en France, la participation à une communauté politique dite « républicaine », alors que celle-ci s'oriente vers la société civile en Allemagne, les négociations identitaires remettent en cause la définition et la pratique de la citoyenneté : une citoyenneté contre l'exclusion sociale en France, comme d'ailleurs aux États-Unis, et une citoyenneté pour l'inclusion politique en Allemagne. Les deux approches conduisent au dépassement d'un concept de citoyenneté limitée strictement dans le cadre de l'État-nation, par conséquent à une dissociation de la citoyenneté de la nationalité qui réduit la première aux droits politiques et donne à la seconde sa dimension purement identitaire, laquelle se développe et s'élabore lors du processus de négociation pour sa reconnaissance. La multiplicité des identifications et des allégences culturelles, ethniques ou religieuses qui en découle conduit à un déplacement des frontières entre ce qui a été défini comme privé et public et qui se pose à partir du lien entre religion et État en France et nationalité et État en Allemagne. Dans l'ensemble, le débat débouche en fin de compte sur la relation entre culture et politique et sur de nouvelles définitions de l'appartenance que l'on qualifie maintenant de « postnationale » et qui trouve surtout une signification dans les projets de construction d'une Europe politique.

8

L'Europe unie, nouvel espace de négociation des identités

> « L'Europe n'a d'unité que dans sa multiplicité. Ce sont les interactions entre peuples, cultures, États qui ont tissé une unité elle-même plurielle et contradictoire. »
>
> (Edgar MORIN, *Penser l'Europe.*)

Toutes les identités se négocient désormais dans le cadre de l'Europe unie. Qu'elles soient nationales, régionales, linguistiques, religieuses, majoritaires, minoritaires, les identités se redéfinissent par des jeux d'interaction et d'identification complexes dans l'espace européen. Les États-nations se raccrochent aux acquis historiques et renforcent leurs particularités en les inscrivant dans des « modèles » qu'ils veulent défendre : modèle de souveraineté, modèle d'État-nation, modèle d'intégration, modèle de citoyenneté, modèle de nationalité. Paradoxalement, ces modèles se trouvent d'autant plus sollicités qu'une convergence des politiques se manifeste, notamment en matière d'immigration, d'intégration et de citoyenneté. C'est comme si les efforts pour mettre en place un « agenda politique européen » provoquaient parallèlement une valorisation des spécificités nationales.

Quant aux populations issues de l'immigration, elles s'appuient de plus en plus sur l'idée d'une Europe politique pour intensifier leur quête de reconnaissance avec les États qui constituent les seuls cadres concrets de protection. Structurer des réseaux de solidarité transnationaux à partir d'une nationalité (d'origine ou effective) et d'une religion commune au-delà et à travers les frontières devient un moyen d'influencer les États de l'extérieur. Ces réseaux, tout comme ceux des groupes professionnels, forment les fils d'une toile d'araignée couvrant l'espace européen, cet « espace sans frontières intérieures dans lequel — selon l'Acte unique européen de 1986 — la libre circulation des marchandises, des biens et des capitaux est assurée ». Une organisation transnationale semble devoir permettre aux populations issues de l'immigration de contourner les politiques nationales et surtout de négocier avec les États de résidence une reconnaissance au-delà des limites établies par les modèles nationaux.

Cette négociation des droits et des identités à l'échelle européenne fait apparaître une multiplicité d'appartenances et d'allégeances partagées entre le pays d'origine, le pays de résidence et l'Europe et conduit à une nouvelle conception de la citoyenneté. De fait, le droit de vote aux élections locales des personnes ayant la nationalité de l'un des pays de l'Union européenne, stipulé par le traité de Maastricht en février 1992, introduit d'emblée une séparation entre la citoyenneté (exercice de droit en fonction de la résidence) et la nationalité (appartenance), même si le traité projette au niveau européen sa conception nationale : est citoyen de l'Union, celui (ou celle) qui a la nationalité de l'un des pays membres de l'Union (art. 8). La pratique de cette citoyenneté de l'Union met en évidence la diversité des situations et la multiplicité des allégeances pour le citoyen de l'Union comme pour les populations issues de l'immigration des années 1960, dont certains membres d'origine non européenne sont parfois citoyens de leur pays de résidence et d'autres fois juridiquement étrangers.

L'ensemble de ces relations entre l'Europe, les États-nations et les immigrés étrangers à l'identité européenne conduit à une redéfinition des concepts d'universalité, de particularité, de nationalité et de citoyenneté, concepts qui sont à l'origine de la formation d'une identité européenne. Plus encore, la recomposition politique de l'Europe crée des paradoxes au sein même des États-nations qui la composent. Les particularités culturelles et politiques de chacun des États sont à nouveau sollicitées, accompagnées d'un discours irrationnel qui s'oppose à la raison des institutions européennes.

UNIVERSALITÉ/PARTICULARITÉ

L'universalité du concept d'État-nation repose sur la Déclaration des droits de l'homme et du citoyen, du moins en France. De son côté, la Déclaration universelle des droits de l'homme proclamée par l'ONU en 1948 s'adresse à tous les individus. Elle a une portée « plus globale et universelle qui traduit un consensus apparent de la société internationale, une bonne conscience collective *urbi et orbi*»[1]. Le citoyen est donc l'individu. À partir de cette approche, l'universalité héritée de la Révolution française doit être réinterprétée dans sa portée générale avec les autres pays européens au travers des institutions européennes, notamment le Conseil de l'Europe, ainsi que les concepts de Droits de l'homme ou de citoyenneté à un niveau plus spécifique. D'après un sondage publié en juin 1993 par *Eurobaromètre*, bulletin publié par la Commission européenne, 81 % des Européens pensent que les décisions concernant les «droits de l'homme» devraient être prises en commun (entre pays de l'Union), et 79 % pensent la même chose en ce qui concerne les «droits du citoyen»[2].

Ainsi l'Europe unie introduit un «supranationalisme normatif»[3] qui dépasse le cadre des États-nations, voire qui s'impose aux États. Même si la question des Droits de l'homme reste de la compétence exclusive des États, ces derniers se trouvent contraints d'accepter les nouvelles normes juridiques produites par les institutions européennes dans la mesure où la Convention européenne des droits de l'homme autorise le citoyen européen (dans ce cas celui qui a la nationalité de l'un des États qui a accepté le recours individuel) à saisir directement le Conseil de l'Europe, et un étranger (qui n'a pas la nationalité de l'un des pays de l'Union) à avoir recours à la Cour européenne des droits de l'homme. En cas d'expulsion, par exemple, l'étranger peut s'opposer aux décisions nationales au nom du droit au respect à la vie familiale (§ 1 de l'article 8), après avoir épuisé les voies de recours internes. Ainsi, le principe de la Convention repose sur l'idée que «l'individu, jusqu'alors isolé et ignoré dans les rapports entre États, devienne une personne, un citoyen dans la communauté des nations européennes»[4]. Nombreuses sont les requêtes individuelles déposées à la Cour européenne des droits de l'homme. Quant à l'opinion publique, 50 % des interviewés membres de l'Union pensent qu'il faut obéir aux décisions de la Cour et 22 % pensent le contraire[5].

---

1. F. Sudre, *Droit international et européen des Droits de l'homme*, Paris, PUF, 1995, p. 91.

2. Les tableaux sur les décisions politiques à prendre au niveau national ou communautaire faisaient apparaître surtout «la coopération pour le développement des pays du tiers monde» en premier (78 % en décembre 1991 et 78 % décembre 1992), tout en sachant que les questions posées dans les sondages d'*Eurobaromètre,* organe officiel des institutions européennes, vont dans le sens souhaité pour aboutir à l'Union. *Eurobaromètre*, vol. 38, déc. 1992, p. 40.

3. B. de Witte, «The European Community and its Minorities», *in :* Brölmann *et al.* (eds), *Peoples and Minorities in International Law*, Kluwer Academic Publishers, Pays-Bas, 1993, p. 167-185.

4. Déclaration de François Mitterrand cité par Louis-Edmond Petit, dans la préface à l'ouvrage de V. Berger, *Jurisprudence de la Cour européenne des droits de l'homme*, Paris, Sirey, 1994 (4ᵉ éd.).

5. Parmi les Douze, les proportions pour l'Allemagne sont de 46 % pour et 20 % contre, et pour la France, 45 % pour et 30 % contre; *Eurobaromètre*, vol. 38, déc. 1992, p. 82.

Droit de solidarité, droit de minorité

Les juristes considèrent aussi une classification de droits : droits civils et politiques en premier lieu, droits économiques, sociaux et culturels ensuite, et « droits de solidarité »[6] enfin. Ces derniers se réfèrent à la liberté de l'action collective dans un cadre communautaire et affirment que « c'est seulement dans la communauté que le plein développement de la personnalité de l'individu est possible »[7]. L'introduction de ce « droit de solidarité » souligne ainsi l'ambivalence qui existe entre le droit individuel et le droit collectif, nouvelle préoccupation des États et des groupes, et qui apparaît non seulement dans l'opinion mais, aussi, dans les discours politiques.

Le droit de solidarité pour les populations issues de l'immigration pourrait renvoyer au droit de minorité. D'où son défi aux États-nations. Le concept de minorité développé en relation avec la réalité sociale, culturelle et politique des pays de l'Europe centrale et orientale, où le problème de démocratie se pose depuis 1989 en termes de reconnaissance des minorités, se trouve à l'origine de l'application du droit de minorité par les institutions européennes à d'autres pays de l'Europe occidentale. Pourtant ce concept est tellement chargé d'idéologie qu'il voyage mal. Par exemple, le 10 novembre 1994, le Conseil de l'Europe a élaboré une convention-cadre tendant à garantir les libertés individuelles des minorités sans porter atteinte à l'unité et à la cohésion de l'État. Mais la France ne l'a pas signée, car son ministre délégué aux Affaires européennes a considéré que ce texte n'était « pas compatible avec la Constitution »[8].

Bien entendu, le terme de « minorité » n'est pas sans ambiguïté. Désigne-t-on des minorités culturelles, linguistiques, territoriales et officiellement reconnues comme telles, comme les Catalans, les Basques en Espagne, ou s'agit-il de minorités constituées d'immigrants, mais également reconnues officiellement, comme aux Pays-Bas ? La définition proposée par la Convention des droits de l'homme se révèle large : « Le terme "minorité" désigne un groupe numériquement inférieur au reste de la population et dont les membres sont animés de la volonté de préserver leur culture, leurs traditions, leur religion ou leur langue[9]. » En France, qu'il s'agisse des identités régionales ou religieuses, ou encore des identités collectives exprimées par les populations issues de l'immigration, le terme est rejeté. En Allemagne, il renvoie seulement aux minorités allemandes

---

6. Voir F. Sudre, *op. cit.*, 1995, p. 153-158.
7. Art. 29, § 1 de la Déclaration, cité par F. Sudre, *ibid.*, p. 154.
8. *Le Monde*, 21 mars 1995.
9. Art. 2 de la proposition de convention de 1991, cité par F. Sudre, *ibid.*, p. 156.

installées hors du territoire. Il n'empêche que tout donne à penser que les ressortissants turcs s'inspirent implicitement de cette Convention quand ils expriment la volonté de structurer une communauté nationale turque ou kurde en République fédérale, même si les militants se réfèrent plus explicitement aux États-Unis, en particulier lorsqu'ils évoquent l'*Affirmative Action,* pour revendiquer les droits d'une minorité.

Parallèlement, la classe politique de chaque pays insiste au contraire sur les spécificités des traditions en matière de citoyenneté et de nationalité dans le débat sur l'immigration. En effet, bien que l'immigration soit de plus en plus considérée par l'opinion publique européenne comme un thème relevant de la compétence de l'Union au niveau intergouvernemental, tout comme le droit d'asile[10], ses aspects tangibles mettent inévitablement en cause les modèles propres à chaque État. Dans *Le Monde* du 10 mars 1994, par exemple, Jean-Pierre Chevènement (président du Mouvement des citoyens) et Anicet Le Pors proposent de redéfinir le traité de Maastricht « en prenant appui sur les valeurs constitutives de la nation française : la culture de service public, la laïcité, le modèle français d'intégration, fondé sur le principe d'égalité contre la logique des minorités et faisant une large part au droit du sol ». Quant à l'Allemagne, le « modèle de citoyenneté » difficilement exportable justifie le manque de discours dans ce domaine. Peut-on penser dès lors au modèle français comme celui le plus universalisable ?

Entre Marché et Union

Pourtant la France et l'Allemagne ont exalté « le mythe de 1992 », celui d'un vaste espace unifié, un lieu de circulation de produits et de ressources dont la formation impliquait un devoir de construire une union politique. Ainsi, pour Raymond Barre : « Faire de l'Union européenne une des grandes puissances de l'avenir, y tenir son rang sans prétention illusoire à la dominer, c'est une nouvelle forme de combat historique de notre pays pour la maîtrise de son destin[11]. » De même François Mitterrand, qui présentait ses vœux pour le nouvel an 1995, a répété encore une fois que

---

10. Une coopération sur l'immigration figure dans le tableau faisant état des 14 thèmes de Maastricht en 4e position, avec 72 % de pour et 17 % de contre en 1992, et en 3e position en 1993, avec 79 % de pour et 14 % de contre. Par ailleurs 59 % des personnes interrogées seraient d'accord pour une politique commune d'immigration (36 % contre) et 59 % d'accord pour une politique commune d'asile politique (33 % contre). *Eurobaromètre*, vol. 38, déc. 1992, p. 32 et p. 40, et vol. 39, juin 1993, p. 34.

11. R. Barre *et al.*, « L'Union européenne : de l'espace à la puissance », *Le Monde*, 29 oct. 1993.

« l'avenir de la France passe par l'Europe ». En Allemagne également, la participation à la construction européenne est souvent ressentie comme un élément de respect de soi, peut-être même comme une façon d'appartenir à une nation politique (l'Europe) et non plus seulement à une nation culturelle (l'Allemagne). Dans les deux cas, les projets communs étaient perçus comme la preuve d'une « volonté de vivre ensemble » et d'avoir un « destin commun » malgré la diversité des « héritages ». Comme le souligne Edgar Morin : « L'Europe n'émerge pas du passé qui la contredit, elle émerge à peine du présent parce que c'est le futur qui l'impose »[12].

Lors de la ratification du traité de Maastricht, en 1992, les opinions publiques ainsi que les classes politiques ont toutefois manifesté leur réserve. La France n'a ratifié le traité qu'avec 51 % des suffrages exprimés lors du référendum de septembre de la même année. En Allemagne également, bien que sa ratification n'ait pas été soumise à un référendum — comme en Belgique, aux Pays-Bas ou au Luxembourg —, elle n'est pas allée de soi non plus. Elle s'est en particulier accompagnée d'interrogations sur la « constitutionnalité » du traité et sa compatibilité avec l'article 38 de la Loi fondamentale, qui garantit au « peuple » (allemand) le droit subjectif de participer à l'élection des députés au Bundestag et constitue de ce fait un principe démocratique déclaré intangible que le transfert des tâches et des compétences accepté et acceptable ne doit pas vider de sa substance. Les magistrats du tribunal constitutionnel fédéral de Karlsruhe ont en conséquence insisté sur la « souveraineté constitutionnelle de la RFA » et la nécessité de protéger sa « vitalité démocratique ».

Paradoxalement, tout en étant source de fierté dans chaque pays, la construction de l'Europe s'accompagne ainsi de discours nationalistes fondés sur le rejet des dispositifs de l'Union. Comme le souligne Jean Leca : « Les hommes, même les modernes, ne vivent pas seulement d'État-providence, de marché et de liens contractuels »[13]. En effet, ils cherchent une communauté d'appartenance où peut s'exprimer leur identité collective et, dans l'espace européen, cette communauté n'est toujours rien d'autre que la nation. Pour la grande majorité des individus, l'identité nationale continue de primer sur l'identité européenne. Ils déclarent être d'abord français (65 %) ou allemands (55 %) et ensuite européens. De même, seulement 47 % des Français pensent que c'est « une bonne chose » d'appartenir à l'Union européenne et 40 % estiment que la France n'en a tiré aucun bénéfice[14].

---

12. E. Morin, *Penser l'Europe*, Paris, éd. du Seuil, 1988, p. 168-169.
13. J. Leca, « Après Maastricht », *Témoin*, vol. 1, n° 1, 1993, p. 29-39.
14. *Eurobaromètre*, juill. 1994, p. VI.

Question de souveraineté

Mais qu'est-ce que l'identité si elle n'est pas liée à la souveraineté des États, diminuée par la contrainte extérieure européenne? En France, lors de la campagne présidentielle de 1995, Jacques Chirac a senti le besoin de souligner sa vision d'une Union européenne « qui respecte la souveraineté des États »[15]. Plus généralement, les résistances auxquelles se heurte l'unification européenne soulignent la prédominance des particularismes nationaux, ainsi que la nécessité de les redéfinir dans un espace politique supranational qui accroît les interactions entre les pays. Cela permet-il d'expliquer le paradoxe inscrit dans le contraste entre l'ouverture qu'incarne l'idée même de l'Union européenne et les replis nationalistes exprimés dans des discours qui cherchent à reformuler les principes fondateurs des États-nations et à mettre en évidence leurs spécificités? Ce paradoxe procède des relations ambivalentes entre les différents États de l'Union européenne, nourries de sentiments de confiance et de méfiance à la fois. La confiance s'exprime dans un projet commun et dans les harmonisations inévitables des diverses modalités pour « fabriquer » des Européens. La méfiance, quant à elle, se manifeste vis-à-vis des voisins tels qu'ils sont, dès qu'il s'agit de la protection des frontières et, par conséquent, dès qu'il est question d'immigration.

De plus, l'affaire se complique dans la mesure où la remise en cause des politiques d'immigration, d'asile politique et d'accès à la citoyenneté dans chacun des pays traduit et mêle une méfiance vis-à-vis de deux catégories d'étrangers : ceux de l'extérieur et ceux de l'intérieur. Les propos de Charles Pasqua, ministre de l'Intérieur, lors des débats sur ses nouvelles mesures concernant la loi sur la nationalité, les contrôles d'identités et l'immigration sont à cet égard révélateurs : « Pour garder la maîtrise de son identité, la France entend définir par elle-même sa situation, la qualité, l'origine de ceux qui sont ou seront associés à la communauté nationale dans l'esprit des valeurs de sa République, dans le cadre de sa Constitution et dans le respect du droit international auquel elle a librement consenti[16]. »

En Allemagne, l'article 16 de Loi fondamentale concernant les demandeurs d'asile a constitué de même un sujet brûlant au début des années 1990. Les débats sur la suppression de cet article ont révélé des propos assez proches de ceux du ministre de l'Intérieur français : « il

---

15. Jacques Chirac demande que le Conseil des ministres voie « son rôle renforcé », car il est « la seule instance qui tire sa légitimité de la souveraineté des États » rapporte *Le Monde*, le 17 mars 1995.

16. *Le Monde*, 17 juin 1993, p. 7.

s'agit du droit d'autodétermination des peuples, droit qui prévaut sur le droit de séjour. Ce droit à l'autodétermination découle de la souveraineté de l'État ; c'est l'indépendance vis-à-vis de toute autorité étrangère, le pouvoir de décider de l'évolution politique, économique, sociale et culturelle de son propre pays[17]. »

Chacun des deux pays développe en définitive une argumentation dictée par sa conception propre d'un « mal » issu de la présence des étrangers : la France craint la non-identification des Français d'origine étrangère avec la communauté nationale ; l'Allemagne soupçonne l'utilisation abusive du droit de séjour des demandeurs d'asile. S'y ajoute, en outre, un sentiment xénophobe qui prétend se justifier par la crise économique qui touche tous les pays européens. Au total, ce « mal » venu d'ailleurs conduit à affirmer un « droit à l'autodétermination » qui paraphrase en quelque sorte, au sein de l'Europe, celui des minorités ou des peuples opprimés. Cette évolution accroît les tensions déjà existantes entre les populations immigrées, les populations majoritaires et les États. La perte de confiance des immigrés ou issus de l'immigration en l'universalité des États-nations fait recourir ceux-ci à une autre conception de l'universalité, celle d'un espace où les étrangers, résidents en Europe, ou même les citoyens perçus comme étrangers s'inscriraient dans une pluralité des cultures au même titre que celles référées aux identités nationales traditionnelles. Telle est, du moins, leur nouvelle représentation de l'Europe.

Transnationalité/nationalité

On comptait, au début des années 1990, plus de 13 millions « d'étrangers » (non européens) vivant en situation régulière dans les 12 pays de la Communauté européenne. 60 % des étrangers en France, 70 % en Allemagne, comme aux Pays-Bas, sont citoyens des pays non communautaires. Dans cette population, la France accueille la majorité des Maghrébins (820 000 Algériens, 516 000 Marocains, 200 000 Tunisiens), et l'Allemagne le plus grand nombre de Turcs (1 700 000). Aux Pays-Bas, les Turcs (160 000) et les Marocains (123 000) forment le gros des communautés extra-européennes immigrées, tandis que la Grande-Bretagne se caractérise par l'importance de ses populations d'origine indienne (689 000), antillaise (547 000) et pakistanaise (406 000)[18].

---

17. Extrait du *Bulletin d'information sur le droit d'asile* du Centre d'information et de documentation de l'ambassade de la République fédérale d'Allemagne, juin 1993.

18. Sources : *SOPEMI-OCDE, Eurostat, INED*.

Ces groupes, organisés de plus en réseaux transnationaux, trouvent un point d'appui dans le nouvel espace politique à l'identité incertaine qu'est l'Europe unie. En effet, même si les politiques d'immigration et d'intégration relèvent toujours des compétences nationales, les populations issues de l'immigration se réfugient dans des solidarités « primordiales » qui traversent les frontières en fonction des nationalités, de l'ethnie, de la religion. C'est ce qui est apparu spécialement au moment de la signature du traité de Maastricht, quand, mettant en évidence une volonté de dépassement des cadres nationaux européens, certains parlaient de « 13e population » ou de « 13e État », ou encore de « 13e nation » pour souligner une forme d'organisation « communautaire transnationale ».

Certains des réseaux qui alimentent cette vision transfrontalière émanent d'initiatives locales, tandis que d'autres sont mis en place par des institutions de l'Union européenne, notamment par le Parlement européen, et d'autres encore sont encouragés par les pays d'origine. Mais tous aident les militants à élaborer des stratégies qui dépassent les systèmes étatiques. « Il faut prendre des habitudes, il faut s'adresser à des organisations supranationales, arriver à un organisme qui sera à Strasbourg, à Bruxelles, qui sera européen et qui devra trancher » dit le responsable d'une association à Marseille.

Stratégies transnationales et réalités nationales

Pourtant, on l'a vu déjà, les actions entreprises par les migrants témoignent avant tout de leur volonté d'intégration dans le pays d'installation. Même si les mobilisations opérées dans cette perspective contribuent, à certains égards, à la formation de « communautés à part », ces dernières leur apparaissent comme des structures indispensables pour négocier avec les pouvoirs publics la reconnaissance d'identités collectives construites dans des cadres qui restent nationaux. L'objectif est clair : il s'agit d'aboutir à une représentativité politique qui ne peut se définir que nationalement pour défendre des droits de séjour, de logement et d'emploi liés à la prise en compte de cette identité. En revanche, les actions menées au niveau transnational se situent, *a priori*, au-delà des interactions et des négociations avec les États. Les associations ne négligent pas d'ailleurs de prendre appui sur le processus de la construction de l'Europe unie, plus encore de son développement espéré en un espace politique ouvert à d'autres négociations. Comme le déclare un dirigeant d'association à Marseille : « On a eu plus de difficultés à négocier le projet avec les Départements ou la Région qu'avec la CEE qui l'a accepté d'emblée alors qu'on n'a pas pu rencontrer le dernier notable de la Région. »

Ainsi, toute revendication à l'échelle nationale sous-entend désormais une pression parallèle au niveau européen. Inversement, toute revendication au niveau européen vise à avoir des effets sur les décisions nationales de chacun des États membres : «Pour nous immigrés des pays tiers, dit l'un des responsables de l'Union des travailleurs africains en France, il faut faire en sorte qu'effectivement nous puissions nous organiser et nous défendre, porter haut nos revendications, parce que la plupart de nos recommandations qui sont reprises par la CEE et qui nous sont souvent favorables ne sont pas toujours bien vues par les pays membres... Faisons de sorte que ce qui est positif à l'échelle européenne puisse se répercuter dans le pays.»

La consolidation des solidarités transnationales vise en somme à influencer les États de l'extérieur. Mais les attentes qu'elle recouvre dans les réseaux d'immigration soulignent un paradoxe propre à la transnationalité. En effet, si la structuration transfrontalière des réseaux associatifs a pour objectif de renforcer leur représentativité au niveau européen, son but pratique est d'aboutir avant tout à une « reconnaissance » nationale. Faut-il préciser que les militants, même les plus actifs au niveau européen, se représentent les États comme les seuls « adversaires » avec lesquels ils doivent compter en dernière instance ?

Cette prédominance des États se fait d'ailleurs sentir dans la difficulté qu'ont les associations à coordonner leurs actions et leurs revendications. Comment définir un dénominateur commun susceptible d'unir les différentes initiatives ? Dans un premier temps, ce sont des motivations d'ordre surtout social, économique, politique et juridique qui donnent une légitimité à la formation des réseaux. Ces motivations correspondent aux préoccupations majeures de l'opinion européenne — immigrés ou pas — en ce qui concerne le chômage (67 %) et ensuite le racisme[19]. De la sorte, les associations dont les activités sont les plus soutenues par les États-providence des pays membres sont celles qui tentent surtout de s'organiser en réseaux, quand leurs dirigeants élaborent un discours sur l'égalité des droits, sur les Droits de l'homme et leur universalité en voyant dans la mobilisation transnationale une façon de lutter contre le racisme et la xénophobie.

---

19. En 1990, 29 % des individus interrogés souhaitaient que le droit des immigrés soit restreint. En 1992, ce taux s'élève à 34 %. De même, en 1991, 60 % de personnes auraient accepté l'arrivée des migrants de la Méditerranée avec des restrictions et, en 1993, seulement 46 % de l'opinion seraient d'accord. *Eurobaromètre*, déc. 1992.

Le « Forum des migrants »

La politique budgétaire des institutions de l'Union facilite leur tâche. Depuis 1986 le Parlement européen, en particulier, met à la disposition des associations dites d'«immigrés» des fonds pour qu'elles puissent coordonner leurs activités. C'est de cette initiative qu'est née une nouvelle structure transnationale appelée « Forum des migrants ». Le Forum vise à devenir « un lieu d'expression pour les populations non communautaires établies en Europe, à travers lequel elles puissent faire part de leurs revendications, mais aussi diffuser l'information émanant des instances européennes »[20]. D'après le responsable chargé du suivi du Forum des migrants à la Commission des communautés européennes, le but serait d'obtenir pour les ressortissants des pays tiers «les mêmes opportunités et les mêmes droits que les autochtones, et de compenser ainsi le manque démocratique». Explicitement, l'objectif est donc de s'opposer de façon légale à la montée du racisme dans les différents pays européens.

Le Forum des migrants rassemble, en principe, les associations d'*immigrés* formées avant tout en vertu du critère de la nationalité d'origine et non pas sur celui d'appartenance légale. Tel est le cas des associations de jeunes issus de l'immigration maghrébine en France ou de celles des *Blacks* en Grande-Bretagne, les premières représentant des jeunes de nationalité française pour la plupart et les secondes de nationalité britannique. Mais sur le fond, il s'agit donc non de nationalité mais d'ethnicité. Par ailleurs, la capacité d'organisation est mesurée en termes de multiplicité des nationalités représentées, de nombre de filiales, d'étendue des réseaux, de pluralité des secteurs qu'elles recouvrent (économique, social, culturel) et, bien entendu, de leur représentativité dans le pays où elles se situent.

Ces critères ne rappellent pas seulement l'ambiguïté de l'identité européenne à définir — qui sera analysée ultérieurement. Ils ne correspondent pas non plus tout à fait aux motivations effectives des militants. L'objectif déclaré des instances européennes les oblige, en réalité, à dissimuler leurs préoccupations identitaires dans leurs stratégies de reconnaissance des «Européens non européens». Les militants britanniques, par exemple, rejettent le terme d'«immigré» qu'ils estiment non adapté à leur situation. Ils souhaitent surtout voir apparaître en Europe une législation sur l'«égalité des races» telle qu'elle existe en Grande-Bretagne, d'où la création en 1990 d'une organisation nommée SCORE (UK) (*Standing Conference on Racial Equality*), destinée à exprimer

---

20. C. Neveu, «Citoyenneté ou racisme en Europe : exception et complémentarité britanniques», *Revue européenne des Migrations internationales,* vol. 10, n° 1, 1994, p. 95-109.

publiquement la crainte d'une Europe qui définirait sa propre identité par des exclusions, en termes non seulement de statut légal de l'étranger mais aussi de race et de racisme.

Mais en réalité le critère principal de structuration de réseau se résume à l'identité. Des identités présumées d'origine ou des identités de « circonstance », pour reprendre encore une fois le terme de Jean Leca[21], construites en relation avec les États, institutionnalisées par les associations forment en fait les maillons de la chaîne transfrontalière, comme le confirment les actions locales de certaines associations, puisqu'elles comprennent désormais des programmes d'échanges culturels de concerts, de débats à travers l'Europe pour marquer un espace identitaire et pour définir leur position sociale et légale dans l'Union. Mais encore faut-il que tous les groupes partagent le même sens de transnationalité. Ce n'est pas le cas pour les Algériens en France par exemple, le transnational renvoyant surtout aux relations entre la France et l'Algérie[22]. Les Turcs, en revanche, « sont surreprésentés dans le Forum des migrants » dit Giuseppe Callovi, spécialiste de la politique européenne d'immigration à la Communauté européenne. La différence s'explique évidemment par le poids du passé qui pèse sur les initiatives et freine celles des Algériens à cause de leur relation avec la France, et montre le détachement historique de la Turquie vis-à-vis des pays d'immigration. Mais, dans la plupart des cas, toutes les associations sont créées et développées en réaction aux contextes français, allemand, britannique ou hollandais et ont, dans l'ensemble, du mal à trouver « une base commune » pour coordonner leur action au niveau européen.

Les réseaux informels et l'islam

Et l'islam ? En effet, si l'identité apporte le ciment des réseaux, l'islam en est le noyau dur. Pour leur part, les représentants des associations islamiques opèrent surtout en liaison avec les pays d'origine ou avec l'aide des organismes internationaux, ou avec les deux à la fois. Les pays d'origine essaient de mobiliser leurs ressortissants pour obtenir une reconnaissance de leur pays (extra-communautaire) auprès des instances européennes. Ce faisant, ils réactivent leurs allégeances par le biais de la religion et contribuent à la création d'une « communauté transnationale ». Quant aux organismes internationaux qui s'intéressent à l'islam en Europe, ils mobilisent des

---

21. *Op. cit.*, 1993.
22. R. Leveau, *Le Sabre et le Turban*, Paris, éd. François Bourin, 1993 (voir, plus précisément, le dernier chap.).

ressources afin de lui permettre de dépasser la diversité nationale des musulmans installés dans les différents pays de l'Union, de susciter une identification religieuse unique et de créer une solidarité transnationale fondée sur celle-ci. C'est en vertu de cette politique que ces réseaux confessionnels s'insèrent dans le système européen et que localement, ils font concurrence aux associations socioculturelles.

Cependant, la coordination des réseaux islamiques en Europe est aussi difficile, sinon plus que celle des associations qui se définissent comme sociales. Cette difficulté tient à ce que les associations islamiques, bien qu'autonomes par rapport à l'État-providence des différents pays européens, se réfèrent de la même façon que les associations dites culturelles aux pouvoirs publics des pays de résidence. « Je m'efforce de ne pas prendre de position qui dépasse les frontières. Nous sommes en France, notre but est de défendre l'islam en France », dit le dirigeant de la Fédération nationale des musulmans de France. De même en Allemagne — comme aux Pays-Bas — les associations islamiques font partie des fédérations d'associations regroupées par nationalité qui cherchent une représentativité en tant que minorité dans le pays d'établissement.

Une autre difficulté résulte de la diversité des nationalités, des sectes, des groupes ethno-culturels de la population musulmane en Europe. Dans un souci de représentation européenne, certains regroupements associatifs ou autres se présentent comme « multinationaux », agglutinant plusieurs nationalités d'origine en même temps qu'ils se ramifient dans les différents pays de l'Union. Tel est le cas de l'organisation *Jamaat-Tabligh*, appelée aussi « Foi et pratique en France ». D'origine indienne et implantée d'abord en Grande-Bretagne, cette organisation a étendu ses réseaux, depuis les années 1960, en France, en Belgique, récemment en Allemagne, aux Pays-Bas, en envoyant des missionnaires dans des communautés locales afin d'encourager la foi des musulmans et, cela coule de source, d'obtenir leur adhésion à l'organisation[23]. Ce mouvement « transcende non seulement les frontières matérielles, mais aussi les sectes, les écoles juridiques, les ordres sufî dans leur conception idéologique », et ses militants expriment le désir « d'être de bons citoyens » en évitant toute prise de position politique car, selon eux, « la politique divise l'islam »[24].

En revanche, d'autres associations islamiques se réclament ouvertement de la position politique de l'Islam dans le système international. Toutefois, la

---

23. G. Kepel, *Les Banlieues de l'Islam*, Paris, éd. du Seuil, 1987.

24. M. Diop, « Structuration d'un réseau : la Jamaat-Tabligh (société pour la propagation de la foi) », *Revue européenne des migrations internationales*, 1994, vol. 10, n° 1, p. 145-157.

plupart de celles-ci restent cantonnées à la nationalité qu'elles représentent, davantage même aux partis politiques dont ils sont les porte-parole en Europe. Ainsi en va-t-il par exemple de Vision nationale, association de la mouvance du Parti, religieux, de la prospérité en Turquie (*Refah Partisi*), qui a créé en Europe une Organisation européenne de la Vision nationale (AMGT), pourvue à l'heure actuelle de 28 bureaux à l'extérieur, dont 10 en Allemagne. L'Organisation développe sa propre « vision multinationale ». En s'opposant au réseau consulaire des affaires religieuses de l'État turc (*Diyanet*), ses militants cherchent à créer une solidarité transnationale fondée sur une identité politique exprimée par la religion. De même, les réseaux algériens du Front islamique de salut ou ceux de sa branche armée, le GIA, poursuivent les mêmes objectifs de légitimation politique auprès de leurs adeptes. Ainsi, si ces réseaux se transforment nécessairement en structures d'accueil au nom d'une identification religieuse ou politique qu'ils partagent avec les musulmans des autres pays, leur présence affecte autant l'Europe que les pays d'origine et plus encore les relations globales entre l'Europe et l'espace musulman tout entier.

L'islam en Europe cherche en somme une unité dans sa diversité. Mais le fait que les organisations qui s'en réclament soient largement mises à l'écart des réseaux formels du Forum des migrants notamment les conduit à intensifier d'autant plus leur travail de développement d'un système de solidarité à référent religieux. Mais à nouveau comme pour les réseaux sociaux, il ne faut voir là, en réalité, qu'une stratégie visant à la reconnaissance d'identités d'abord nationales et ethniques. Malgré l'influence des pays d'origine ou des organismes internationaux qui leur donnent leur poids politique, leurs revendications s'adaptent au contexte européen. Il est question, dans leur cas aussi, de représentation auprès des institutions européennes, cela d'autant plus que la Convention européenne des droits de l'homme reconnaît la liberté d'exercice des droits religieux, car d'après l'article 9 de la CEDH, « toute personne a droit à la liberté de pensée, de conscience et de religion. Ce droit implique la liberté d'avoir ou d'adopter une religion ou une conviction de son choix, ainsi que la liberté de manifester sa religion ou sa conviction, individuellement ou collectivement, en public ou en privé, par le culte et l'enseignement, les pratiques et l'accomplissement des rites[25]. »

---

25. Cité par R. Leveau, « Éléments de réflexion sur l'islam en Europe », *Revue européenne des Migrations internationales*, vol. 10, n° 1, 1994.

CITOYENNETÉ « POSTNATIONALE » ET IDENTITÉ EUROPÉENNE

Avec les réseaux de solidarité transnationaux s'introduit, aussi bien dans l'Europe unie que dans les États-nations, une nouvelle pratique de participation politique. Les acteurs non nationaux résidents européens affirment, à travers elle, leur autonomie par rapport aux systèmes étatiques territorialement définis. En revendiquant l'égalité des droits et de traitement, ils s'efforcent de promouvoir leur statut de « citoyen européen » dans le nouvel espace politique en formation.

De nombreux débats sur la citoyenneté, la nationalité et l'identité européenne ont accompagné la transformation progressive d'un grand marché unique en un espace politique. Jean-Marc Ferry propose un modèle « postnational » pour souligner le dépassement du « principe nationaliste » entraîné par la construction d'une Europe politique[26]. Jürgen Habermas, de son côté, développe le concept de « patriotisme constitutionnel » pour souligner la séparation entre le sentiment d'appartenance qu'implique la citoyenneté nationale et sa pratique juridique au-delà des cadres de l'État-nation[27]. De même, considérant les populations non européennes issues de l'immigration des années 1960, Yasemin Soysal définit comme « postnationale » l'adoption de normes internationales référées à la personne ou à la résidence et non à la citoyenneté légale[28].

Cette conception postnationale de l'appartenance alimente surtout les discours normatifs touchant à la définition nécessaire d'un nouveau modèle de citoyenneté. Mais les projets européens ne vont pas toujours dans le sens de ces discours. Du point de vue juridique, le traité de Maastricht maintient le lien entre la citoyenneté nationale et la « citoyenneté de l'Union ». L'article 8 du traité, en particulier, énonce qu'est citoyen de l'Union toute personne ayant la nationalité de l'un de ses États membres. Le citoyen ainsi défini a le droit de circuler librement dans l'espace européen, le droit de séjourner librement sur le territoire des États membres, et même le droit de voter aux élections municipales et européennes dans un État-membre dont il n'est pas ressortissant, mais simplement comme résident. Ce dernier point réduit la citoyenneté à une pratique politique (droit de vote partiel), la détache de la nationalité (identité nationale), et introduit de fait une notion d'extra-territorialité de la citoyenneté.

---

26. J.-M. Ferry, « Pertinence du postnational », *Esprit*, nov. 1991, n° 11, p. 80-94.

27. J. Lenoble et N. Dewandre, *L'Europe au soir des siècles*, Paris, éd. du Seuil, coll. « Esprit », 1992, p. 17-39.

28. Y. Soysal, *Limits of Citizenship. Migrants and Postanational Membership in Europe*, Chicago University Press, 1994, p. 143.

Par ailleurs, le traité de Maastricht mentionne que les «États doivent préciser, pour information, quelles sont les personnes qui doivent être considérées comme leurs ressortissants». C'est ce qu'a fait, par exemple, la République fédérale allemande en définissant les «ressortissants allemands» (*Staatsangehörige*). Il est intéressant d'observer que ce souci de précision a suscité dans les débats officiels allemands une utilisation de plus en plus fréquente du terme de «ressortissant» en référence aux étrangers, notamment aux Turcs. Au-delà, il semble que l'Allemagne s'inspire de plus en plus des normes européennes dans le traitement de l'immigration. S'agit-il d'une nouvelle façon de remplacer, ne serait-ce que dans le langage, la référence «ethnique» relative à la citoyenneté et à la nationalité allemande qui octroierait le statut de citoyen de l'Union aux populations venues de l'Est et se réclamant des ancêtres allemands, ce qui leur donne le droit «d'être allemand»? Auquel cas, en revanche, les «ressortissants turcs» résidant en Allemagne depuis les années 1960 seraient renvoyés à leur nationalité d'origine, au regard d'une autre identité «ethnique»?

Pratiques institutionnelles et identité européenne

Il n'empêche que les pratiques qui remettent en cause l'adaptabilité des citoyennetés nationales au sein des cadres juridiques européens sont loin de dessiner une citoyenneté «postnationale». L'Europe se bâtit plutôt sur les institutions supranationales dont la conception et le fonctionnement s'opposent au concept de postnational. Alors que ce dernier entraînerait à reconnaître la diversité culturelle et à accepter le pluralisme comme fondement de l'appartenance européenne, celui de supranationalité maintient les modèles nationaux. Le projet du Parlement européen dans la création du Forum des migrants en est un bon exemple. En effet, tout comme les États-providence des pays membres, le Parlement européen a consacré des crédits pour déclencher une certaine compétition entre différentes associations locales et nationales, qu'elles soient isolées ou organisées en fédérations d'associations, à la condition qu'elles représentent les migrants non européens en fonction de leur nationalité (même celle d'origine pour ceux qui ont acquis la nationalité du pays de résidence).

Cependant, les critères de sélection des associations à admettre dans le Forum des migrants reflètent plusieurs contradictions à la fois quant au concept de citoyenneté et à celui d'identité européennes. Déjà la terminologie met en évidence l'ambiguïté des définitions de l'immigré et de l'étranger. Le terme «immigré» renvoie surtout à des représentations à partir d'une condition sociale réelle ou imaginaire; aussi le Forum l'utilise-t-il pour désigner des populations immigrées d'origine non communautaire et donc distinctes du « national-européen », tandis que le terme « étranger » désigne simplement le ressortissant d'un pays tiers. Mais en réalité, s'agit-il uniquement d'une population immigrée n'ayant aucun droit politique ni dans le pays de résidence ni en Europe du fait de sa nationalité extra-communautaire ? S'agit-il d'une population issue de l'immigration qui, compte tenu des différences des lois sur la citoyenneté dans les divers pays de la Communauté, peut avoir acquis la nationalité du pays d'établissement ? Ou bien s'agit-il d'une autre population encore qui, compte tenu des relations coloniales, posséderait d'emblée la nationalité du pays d'établissement, mais aurait subi les mêmes rejets que les étrangers de droit en raison de ses caractéristiques religieuses, ethniques ou raciales ? Tel est le cas, par exemple, d'une partie de la population d'origine maghrébine en France, des *Blacks* en Grande-Bretagne, des Surinamiens, des Indonésiens aux Pays-Bas. Ou tout simplement, ne s'agit-il pas de toute population exclue de l'identité européenne aussi bien par sa nationalité actuelle ou passée que par sa couleur, ou par sa religion, qui dans le cas des immigrés extra-communautaires correspond d'ailleurs souvent à la nationalité ? N'assiste-t-on pas plutôt, à la construction d'une identité européenne fondée sur le rejet de l'Autre, étranger de l'intérieur, ou « minorité étrangère » en opposition aux minorités régionales ?

Où situer alors les populations émigrées de l'un des pays européens exportateurs de main-d'œuvre dans les années 1950-1960 ? Celles-ci proviennent de l'Espagne, du Portugal, de l'Italie ou de la Grèce, pays à présent tous représentés au Parlement européen, mais dont les ressortissants demeurent en France et en Allemagne, pour ne citer que ces deux pays. Ceux-ci se qualifient comme « immigrés » de par leur statut social, sont perçus comme étrangers dans leur pays de résidence et se sentent aussi concernés, tout comme les non-Européens, par les problèmes sociaux dus à ce statut. Pourtant, ces « immigrés européens » et leurs associations ne font pas partie du Forum[29].

Déjà, le fait même d'inclure les seules associations représentant les immigrés des pays tiers dans le Forum revient à les exclure de l'identité européenne en formation. Pourtant, tout comme aux États-Unis, pays d'immigration dès sa constitution, où les différentes vagues ont contribué

---

29. En France, les réactions les plus vives viennent de la part des Espagnols et Portugais, et en Allemagne de la part des Grecs. Absents du Forum, ils développent de leur côté des réseaux parallèles au Forum, tels que le CAIE (Conseil des associations immigrées en Europe), association multinationale dès sa création, émanant du Conseil des associations d'immigrés en France (CAIF). *Cf.* P. Ireland, « Facing the True "Fortress Europe" : Immigrants and Politics in the EC », *Journal of Common Market Studies*, vol. 29, n° 5, sept. 1991, p. 457-481.

à la définition de la nation américaine, les immigrés « non européens » nourrissent l'espoir que fait miroiter le Parlement européen de participer à la construction de l'Europe et de contribuer à forger son identité, d'ailleurs perçue comme « molle » en opposition aux identités « dures » nationales, ces dernières étant le résultat d'expériences communes ancrées dans la mémoire et l'histoire, difficilement pénétrables pour les immigrés venus se frotter à ces cultures nationales unifiées sans s'y rallier. Mais, dans la pratique, en créant le Forum des migrants, le Parlement européen a creusé un fossé entre « immigrés européens » et « immigrés non européens ». Tout au plus est-il possible d'imaginer à l'avenir que l'installation permanente de ces derniers puisse donner lieu à un statut officiel de « résident européen » avec des droits politiques spécifiques. Mais pour l'instant les initiatives européennes officielles n'ont abouti qu'à produire une « minorité ».

Nationalité ou citoyenneté européenne ?

Cette minorité se définit par sa nationalité extra-communautaire actuelle ou d'origine et sa représentation par le Forum des migrants revêt dans les faits un aspect ethno-religieux. Dans ce sens, elle apporte un renfort aux sentiments nationalistes exprimés par les États membres face à la construction européenne. Mais l'engagement politique des militants de l'immigration pour une égalité des droits aux niveaux national et européen s'accompagne chez eux d'un langage nouveau en ce qui concerne la citoyenneté. « Nous sommes des citoyens européens ; nous faisons partie du paysage européen », dit un responsable d'association. Dans ce domaine, le paysage européen n'est rien d'autre pour eux que cette toile d'araignée formée de réseaux de solidarité et d'intérêts, étalés sur un territoire qui recouvre maintenant quinze pays. Leur présence dans cette toile leur confère selon eux un « droit » de participer à la formation de l'Europe, justifié par leur engagement en faveur d'un nouvel espace politique qui offrirait à tous un statut légal de citoyen de l'Union ou, du moins, de résident européen installé dans l'un des pays membres depuis souvent près de trente ans.

Sans conteste, les « résidents européens » actifs dans la structuration des réseaux transnationaux qui expriment une identification avec la *société* européenne rappellent tout particulièrement la relation des Turcs avec la société allemande. Mais la différence entre l'Allemagne et l'Europe unie réside dans le fait que les Turcs qui sont arrivés en Allemagne y sont arrivés bien après la construction de l'État et ne font pas partie de la nation. Alors qu'en tant que résidents européens ils se trouvent sur le territoire allemand au moment de la mise en place d'un espace politique et contribuent, d'une façon ou d'une autre, à la formation de son identité. Leur exclusion des projets politiques n'est pas loin de rappeler celle des Noirs américains au XVIIIᵉ siècle provoqué par la révolution qui leur avait fermé l'accès à la formation de l'identité nationale. La citoyenneté implique alors de la part des «non-nationaux» de l'un des pays membres une responsabilité dans la formation de la nouvelle «communauté de destin».

Les militants associatifs qui se posent comme résidents européens ont cependant du mal à définir le statut qu'il convient. «Nous sommes quelque part européens, citoyens de l'Europe. Si nous ne sommes pas des citoyens européens, nous nous considérons en tout cas comme des citoyens d'Europe», dit un responsable d'association. «Autant pour l'acquisition de la nationalité, nous, nous aurions préféré qu'il y ait une nationalité européenne pour ce qui est de la libre circulation», ajoute-t-il. Alors que la nationalité dans le cadre d'un État-nation est porteuse d'identité et de la citoyenneté de droit, dans le discours de ce militant cette dernière revêt une portée juridique en ce sens que l'accès à la citoyenneté de l'Union devrait entraîner le droit de libre circulation qui lui est rattaché.

La confusion est significative. Imprégnée par une tradition républicaine, elle se réfère à la citoyenneté sur une base culturelle et à la nationalité comme source de droit. Telle est aussi la conception d'Alain Touraine quand il écrit, «Je souhaite moi-même acquérir une nationalité européenne et conserver une citoyenneté française», en émettant aussi l'hypothèse d'un État européen. En fondant son raisonnement sur cette séparation entre État et société, A. Touraine lie la nationalité à l'État et la citoyenneté à la société[30]. Mais en détachant la nationalité de la citoyenneté, indissociables dans la logique républicaine, il côtoie une tradition libérale d'après laquelle, selon J. Habermas, la citoyenneté «est conçue sur le modèle d'affiliation à une organisation qui assure une position juridique et situe l'individu en dehors de l'État»[31].

Ainsi, les discours sur l'Europe politique s'accumulent, se ressemblent ou se contredisent. Leur polysémie met en évidence le bouleversement du «modèle» d'État-nation et la difficulté de s'en détacher, tout en soulignant son absence de compatibilité avec la réalité européenne. Un modèle d'État européen et de société européenne recouvre nécessairement une multiplicité d'appartenances nationales, régionales, ethniques, religieuses. Selon cette logique, il revient à l'individu, au citoyen de combiner et de classifier ses loyautés. «Nous sommes

---

30. A. Touraine, *Qu'est-ce que la démocratie?*, Paris, Fayard, 1994, p. 102-103.
31. J. Habermas, *op. cit.*, 1992.

obligés aujourd'hui de ne plus nous considérer comme des "Marocains", mais comme appartenant à la communauté européenne, Français, d'origine marocaine», déclare le responsable de l'Association des Marocains en France. Il aurait pu ajouter «de confession musulmane» sans que cela porte atteinte ni à la laïcité française ni à une Europe séculière, simplement pour exprimer un attachement à une culture religieuse qui, tout comme «l'origine marocaine», traduit l'attachement à une tradition, à une histoire et bien entendu à une religion. Comme lui, ceux «d'origine» algérienne ou tunisienne ou turque, etc., pourraient faire partie d'une «minorité appartenant à la communauté européenne» : une minorité ethno-nationale et non pas régionale déterminée par les normes du Conseil de l'Europe; également une minorité religieuse musulmane dans une Europe de culture judéo-chrétienne et multiconfessionnelle.

C'est le principe de ces identifications multiples découlant de la logique de l'idée d'Europe politique qui suscite précisément les débats passionnés qui accompagnent sa construction. Ils mettent en évidence l'affaiblissement des États-nations face à des revendications identitaires qui s'expriment tant à l'intérieur des frontières nationales qu'au travers de la compétition intra-européenne, suscitées par des projets politiques distincts.

Mais, en même temps, l'irrationalité des sentiments nationaux réduits à une appartenance ethnique s'oppose à la rationalité des institutions européennes qui, dans un souci d'harmonisation, définissent des normes juridiques dans les domaines notamment des Droits de l'homme et du droit des minorités, domaines qui concernent, il est vrai, davantage les «étrangers de l'intérieur» que les ressortissants d'un pays de l'Union.

Conclusion

Exprimées souvent en termes de conflits d'identités et d'allégeances, les relations entre les États et les populations issues de l'immigration conduisent à une série d'interrogations sur la nature de la communauté nationale, sur les frontières entre l'universel et le particulier, ainsi que sur le concept de démocratie. Dans les faits, la gestion des identités comme celle de l'immigration se traduisent par la gestion des paradoxes nés du décalage entre les principes et la réalité, ainsi qu'entre les discours et les actions. C'est ce qui rend difficile la définition d'un « modèle » de politique en matière d'intégration. Le républicanisme ou le libéralisme comme règles constituant de « modèles » demeurent des idées abstraites conduisant à des programmes d'action politique souvent « irrationnels » bien qu'ils s'appuient sur un récit historique qui, lui, est pourtant rationnel. La pratique débouche plutôt sur des politiques d'ajustement; le recours aux mesures pragmatiques est la seule voie qui permette de définir un nouveau compromis historique, cela d'autant plus que la construction de l'Europe unie pose le problème de la transnationalité et celui des « communautés » qui pourraient jouir de certains avantages sans s'être encore assuré un statut politique dans le cadre des États-nations.

Cela entraîne des négociations qui guident à la fois les actes politiques des États et ceux des groupes. Ces négociations portent sur l'élaboration de nouveaux codes de coexistence en redéfinissant certaines valeurs ou en en renforçant d'autres, afin d'ajuster ainsi l'« idée » d'État-nation unitaire avec le pluralisme de « fait » des sociétés modernes et sa représentation institutionnelle, d'assurer une continuité historique et de reconnaître les particularités qui surgissent dans l'espace public, en résumé de rétablir le lien entre l'État et la société civile pour aboutir à une recomposition du pacte social et politique.

L'option de la négociation apparaît *a priori* comme une solution modérée, mais c'est qu'elle cherche surtout à répondre à un conflit qui lui-même est modéré. En effet, les revendications identitaires des populations issues de l'immigration en Europe de l'Ouest ainsi que leurs modes d'organisation n'ont rien de comparable avec la résurgence des mouvements nationalistes qui donnent lieu à des conflits ethniques territorialisés comme dans les Balkans, au Liban ou encore en Turquie. La demande de reconnaissance des particularités religieuses des Maghrébins en France ou celle d'une identité ethno-nationale des Turcs en Allemagne s'intègrent pour une grande part dans le cadre d'expressions politiques qui, sous la pression des mobilisations nationales et internationales, vont simplement dans le sens d'un « droit à la différence » comme nouveau fondement de la méthode démocratique. En effet, le projet d'émancipation fondé sur l'assimilation comme principe d'égalité, de justice et de modernité qui caractérisait autrefois la formation des États-nations et qui impliquait la participation indifférenciée des individus ou des groupes aux multiples interactions sociales et politiques exigées par la citoyenneté ne correspond plus aux attentes actuelles. Il renvoie aujourd'hui à la « reconnaissance » des différences culturelles, religieuses, ethniques comme critère des sociétés démocratiques[1]. C'est précisément cette exigence qui conduit donc les États occidentaux à définir aujourd'hui des mesures compensatoires pour les « exclus de l'assimilation ».

De là découle une série d'effets pervers et de paradoxes qui relèvent en fin de compte des paradoxes de la démocratie elle-même. Une « politique de la différence » et la reconnaissance qu'elle implique, tout en dépassant le clivage privé/public, créent d'autres clivages référés aux identités. En France, dans les années 1980, les dispositifs en faveur d'une *intégration sociale* des populations immigrées ont reposé en grande partie sur une aide publique destinée à permettre à la diversité culturelle de s'organiser et aux identités de s'affirmer. Dans la République fédérale, où l'étranger est perçu avant tout dans son appartenance à un groupe ethnonational, les programmes d'intégration visent à l'inclure dans le corporatisme allemand en tant que vecteur de communautés d'intérêts. Ainsi, dans les deux pays, les politiques destinées à faire disparaître les inégalités sociales issues de différences culturelles ont fait apparaître les identités comme seules bases légitimes d'action politique. Dans cette perspective, la formation préalable en communautés, cette fois ethno-culturelles et religieuses, est devenue une tactique nécessaire pour aboutir à une reconnaissance légale ultérieure des particularités ainsi affichées et pour

---

1. A. Touraine, *op. cit.*, 1994.

négocier celles-ci avec le pouvoir. Les États ont été conduits dès lors à rappeler de leur côté les valeurs fondatrices de la nation dont ils sont toujours les gardiens et à les négocier avec des populations qui exprimaient d'autres identifications et d'autres allégeances. Mais, en retour, ces dernières ont dû définir plus fermement les éléments identitaires à partir desquels elles pouvaient se constituer en communauté dans leur quête d'une reconnaissance dont les limites s'inscrivaient dans le cadre de la légitimité des États de résidence. Les Maghrébins ont dès lors défini des solidarités autour de l'islam face à la laïcité en France, et les ressortissants turcs se sont constitués en une minorité ethnique face à la conception de la nationalité allemande.

Par conséquent, les États français et allemand déterminent non seulement les modes d'organisation des populations issues de l'immigration, mais aussi ceux de leurs choix identitaires qui sont susceptibles d'être reconnus officiellement. Mais en même temps, les revendications correspondant ou non à ce choix reflètent en France et en Allemagne un dysfonctionnement de l'État qui remet en cause les représentations des traditions nationales et donne lieu, à certains égards, à une sorte de rapport de forces entre une communauté perçue comme « dissidente » et la communauté nationale. En France, les débats sur la laïcité et le couple religion-État, dont les relations sont ambiguës bien que très chargées affectivement, ont conduit les populations musulmanes à se situer sur le champ religieux comme champ légitime. En Allemagne, le « rêve de l'unité » a, par réaction, poussé les Turcs à revendiquer la reconnaissance d'un statut de minorité ethnique inscrit dans la nationalité turque, mais qui inclut aussi implicitement la religion musulmane. Ils défient de la sorte le lien identité-citoyenneté, tout aussi central que celui de la laïcité en France. Rappelons en outre qu'aux États-Unis également, le critère de la « race » s'est affirmé de façon permanente avec les débats sur le multiculturalisme et les mesures compensatoires d'une *Affirmative Action*, qui ne visait pourtant qu'à développer une égalité de chances entre les différentes communautés, et plus particulièrement entre Noirs et Blancs.

Négocier les identités revient ainsi à définir les limites de la reconnaissance possible des différences. La reconnaissance d'une minorité nationale telle que les Turcs la revendiquent en Allemagne maintiendrait les identités séparées, l'absence de droit de citoyenneté accentuant de plus cette séparation et remettant par là en cause le sens même de la démocratie. En revanche, la reconnaissance d'une « minorité religieuse » musulmane en France, où certains citoyens exprimeraient leur attachement à l'islam, ne s'opposerait ni empiriquement ni normativement à la laïcité définie comme la neutralité de l'État en matière confessionnelle. Au contraire, sa reconnaissance officielle pourrait permettre à l'islam de se développer dans le cadre des institutions représentatives loin de l'influence des pays d'origine. Sa non-reconnaissance pose en revanche le problème de l'égalité entre les différentes religions en France et de leur représentation. En Allemagne aussi, une reconnaissance de l'islam s'intégrerait dans le pluralisme religieux déjà institutionnellement construit et dans lequel pourrait se reconnaître une grande majorité de la population originaire de Turquie. Il reste que, dans les deux cas, il est question d'un équilibre entre la société civile et l'État ou d'un lien entre la diversité culturelle et la citoyenneté qui ne porte atteinte ni aux principes civiques, ni à l'identité finale de la collectivité dans son ensemble.

Il n'empêche que la demande de reconnaissance est source de tensions nourries de méfiances réciproques qui engendrent des discours de plus en plus exclusifs. C'est pourquoi, en France et en Allemagne, les institutions publiques ou parapubliques à vocation sociale ou culturelle ne sont perçues que dans leur rôle ou leurs effets strictement utilitaires. Bien qu'elles aient assuré la socialisation politique des acteurs qu'elles ont mobilisés dans l'immigration, elles n'ont pas réussi à convaincre les militants à s'identifier avec la communauté politique nationale. Au contraire, à cause de leur fonction limitée aux « services » rendus par des subventions dans le domaine culturel, elles ont renforcé l'affirmation identitaire dans le cadre des organisations communautaires nées de leurs initiatives. Ce phénomène s'est accompagné des rhétoriques en référence aux « traditions imaginées » de la part des pouvoirs publics qui ont écarté l'immigré, l'étranger du récit historique des nations d'accueil assimilationistes en suscitant chez lui une « réappropriation » identitaire de son propre ailleurs. Par contrecoup, ce processus alimente les campagnes électorales des partis politiques hostiles aux « différences » annoncées ou revendiquées, et contribue à transformer le thème de l'immigration et des identités en champ de bataille où se positionnent les autres partis. Parallèlement, la valorisation verbale des mesures gouvernementales en faveur ou à l'encontre des populations immigrées renforce les clivages identitaires qui débouchent alors sur la dualité classique de victime et de héros. En résumé, les politiques compensatoires qui visent à réduire les inégalités sociales encouragent paradoxalement l'expression des différences culturelles et l'identification à un ailleurs des « exclus de l'assimilation ».

Tel est le dilemme qui atteste des limites de la méthode démocratique. Si la reconnaissance des différences conduit aussi à l'exaltation de l'« exclusivité », peut-on imaginer une « indifférence inclusive » ? Indifférence qui, en matière d'identité, corresponde à un refus de principe de distinguer quelque origine que ce soit, religieuse, culturelle ou linguistique, dans le cadre du processus d'assimilation (art. 2 de la Constitution française). Mais lorsque l'expression identitaire s'appuie, dans ces circonstances même, sur des arguments sociaux tels que le chômage et la pauvreté, cette notion d'indifférence pose alors le problème de la responsabilité collective. La persistance de l'ethnicité dans des zones urbaines à forte concentration de populations immigrées apparaît comme le produit d'une *immobilité sociale* et pose le problème de la justice sociale et de la redistribution des ressources. Dans cette perspective, l'indifférence perçue et vécue comme une indifférence politique vis-à-vis des inégalités sociales cesse de pouvoir se qualifier d'« inclusive ».

Certes, la volonté de refuser la différenciation *a priori* répond légitimement à un souci de contrôler les distinctions qui sont véhiculées par le discours social, politique ou médiatique et qui font obstacle à l'identification des populations issues de l'immigration avec l'État et ses institutions. Car, comme le souligne à juste titre Charles Taylor, « Il est difficile de concevoir un État démocratique qui soit réellement dépourvu de toute dimension identificatrice »[2]. De leur côté, les acteurs politiques issus de l'immigration expriment une volonté de faire partie du « nous » politique et prennent soin de référer leur engagement à « l'intérêt général ». Ils cherchent à mettre en évidence leur appropriation de valeurs définies comme républicaines et universalistes en France ou comme démocratiques en Allemagne. En France, ils exposent des projets qui amalgament un certain « particularisme laïciste » et un « islam négocié ». En Allemagne ils s'efforcent de concilier l'exercice de la citoyenneté et la double nationalité, une citoyenneté qui renvoie à une conception juridique de droit territorial comme moyen d'accès aux droits politiques, séparée de la nationalité, qui renvoie, elle, à celle du pays d'origine, comme une référence socioculturelle, séparée de la citoyenneté revendiquée.

Cela dit, l'appartenance revendiquée à une communauté particulière, façonnée largement en fait par les politiques gouvernementales, ne remet pas en cause dans cet esprit l'allégeance à l'État-nation. Au contraire, elle prend même forme dans le cadre d'institutions reconnues par lui en Allemagne comme en France, au point que le phénomène de la reconnaissance répond en ce sens à une forme d'émancipation dans son principe. Mais contrairement à l'émancipation des Lumières qui sépare la religion de la vie publique et l'individu de sa communauté pour assurer son « identification primordiale » avec la communauté nationale, la demande de reconnaissance exprimée par une partie des populations

---

2. C. Taylor, « Les institutions dans la vie nationale », *Rapprocher les solitudes. Écrits sur le fédéralisme et le nationalisme au Canada* (textes réunis par G. Laforest), Sainte-Foy, Presses de l'université de Laval, 1992, p. 135-153.

immigrées naît d'une volonté de participation fondée sur des droits égaux qui seraient reconnus aux identités religieuses ou ethniques bien que dans le cadre de l'État au regard de sa légitimité propre. Une telle conception de la reconnaissance s'inscrit ainsi dans une nouvelle voie pour l'«assimilation politique», interprétée comme un moyen à la fois individuel et collectif d'accès à la modernité.

Ce sont ainsi les politiques d'État qui engendrent le plus de paradoxes entre les discours et les actions ou entre les principes et la réalité dans la gestion des identités. Mais, comme le souligne T.H. Marshall en relation à la citoyenneté sociale «le comportement social ne peut être gouverné par la logique [...], et la société humaine faire un repas substantiel à partir d'un ragoût de paradoxe sans pour autant éprouver une indigestion»[3]. Dans le domaine des identités, l'enjeu porte sur la découverte de moyens susceptibles d'établir une relation de confiance mutuelle entre États et populations issues de l'immigration qui répondrait au besoin d'identification des seconds et combinerait dans cette perspective l'indifférence verbale des principes politiques avec une différenciation pratique reconnue comme légitime dans le cadre des institutions nationales. De fait, les États constituent le seul cadre de référence identitaire ayant une légitimité individuelle ou collective suffisante pour permettre le dialogue et la citoyenneté — définie en termes de droit —, la seule force politique qui permette de négocier les identités. Même si la construction d'une Europe politique vient bouleverser les schémas classiques d'État-nation, c'est toujours avec les États que se négocient en dernier ressort les limites de la reconnaissance des différences et, par conséquent, les identités dont l'expression peut être admise.

---

3. T.H. Marshall, «Citizenship and social class», *Class, Citizenship and Social Development*, Essays by T.H. Marshall, Chicago University Press, éd. de 1977, p. 71-257.

Bibliograhie sélective*

– ALBA R.D., *Ethnic Identity. The Transformation of White America*, New Haven, Yale University Press, 1990

– ANDERSON A., *Imagined Communities*, Verso, 1983 (1ʳᵉ éd.).

– ANDERSON E., *Street Wise. Race, Class and Change in an Urban Community*, The University of Chicago Press, 1990.

– ARON R., *Dimensions de la conscience historique*, Paris, 1961 (1ʳᵉ éd.).

– BADE K.J., «Politik in der Einwanderungssituation : Migration – Integration – Minderheiten», *Deutsche im Ausland – Fremde in Deutschland – Migration in Geschichte und Gegenwart*, München, Verlag C.H. Beck, 1992.

– BADE K.J. (ed.), *Population, Labor and Migration in 19th and 20th Century Germany*, London, Berg, 1987.

– BADE K.J. (Hrsg.), *Auswanderer, Wanderarbeiter, Gastarbeiter. Bevölkerung, Arbeïtsmarket und Wanderung in Deutschland seit der Mitte des 19. Jahrhunderts*, bd 1, 2, Ostfilden, Scripta Mercaturae Verlag, 1984.

– BALANDIER G., *Le Désordre. L'éloge du mouvement*, Paris, Fayard, 1988.

– BEAUNE C., *Naissance de la nation France*, Paris, Gallimard, 1985.

– BIELEFELD U., *Inländische Ausländer : zum gesellschaftlichen Bewusstsein türkischer Jugendlicher in der Bundesrepublik*, Frankfurt-Main, Campus, 1988.

– BIELEFELD U., «L'État-nation inachevé. Xénophobie, racisme et violence en Allemagne à la fin du XXᵉ siècle», revue *M*, n° spécial : *Allemagne An V*, déc. 1994-janv. 1995.

– BIRNBAUM B. et LECA J. (sous la dir. de), *Sur l'individualisme*, Paris, Presses de la FNSP, 1986.

---

* Des références bibliographiques supplémentaires se trouvent dans les notes situées en bas de page.

– BOURDIEU P. (sous la dir. de), *La Misère du monde*, éd. du Seuil, 1992.

– BOURRICAUD F., « Qu'est-ce qu'un citoyen aujourd'hui ? », *Commentaire,* 10 (39), automne 1987, p. 519-523.

– BRASS P.R. (ed.), *Ethnic Groups and the State*, London-Sidney, Croom Helm, 1985.

– BRUBAKER R.W., *Citizenship and Nationhood in France and Germany,* Cambridge (MA), Harvard University Press, 1992.

– BRUMLIK M., LEGGEWIE C., « Konturen der Einwanderungsgesellschaft : Nationale Identität, Multikulturalismus und "Civil Society" », *Deutsche im Ausland – Fremde in Deutschland – Migration in Geschichte und Gegenwart*, München, Hrsg. von Klaus J. Bade, Verlag C.H. Beck, 1992, p. 430-442.

– CHAMPAGNE P., *Faire l'opinion. Le nouveau jeu politique*, Paris, éd. de Minuit, 1990.

– COHEN J.L., « Strategy or Indentity : New Theoretical Paradigms and Contemporary Social Movements », *Social Research* 52 (4), winter 1985, p. 663-716.

– COHN-BENDIT D., SCHMID T., *Heimat Babylon. Das Wagnis der Multikulturellen Demokratie*, Hambourg, Hoffmann and Campe, 1992.

– COLEMAN J.S., *Individual Interests and Collective Action : Selected Essays*, Cambridge University Press, 1986.

– CONNOLLY W.E., *Identity Difference. Democratic Negotiations of Political Paradox*, Ithaca, Cornell University Press, 1991.

– COSTA-LASCOUX J., *De l'immigré au citoyen*, Paris, La Documentation française, 1989.

– DAHRENDORF R., *The Modern Social Conflict. An Essay on the Politics of Liberty,* California University Press, 1988.

– DANN O., *Nation und Nationalismus in Deutschland, 1770-1990*, München, Verlag C.H. Beck, 1993.

– DIOP M., KASTORYANO R., « Associations islamiques en Île-de-France », *Revue européenne des Migrations internationales*, 1993, vol. 7, n° 3, p. 91-117.

– DITTRICH E.J., RADTKE F.O. (Hrsg.), « Einleitung. Der Beitrag der Wissenschaften zur Konstruktion ethnischer Minderheiten », *Ethnizität. Wissenschaft und Minderheiten, Opladen*, Westdeutscher Verlag, 1990.

– DOHSE K., *Ausländische Arbeiter und bürgerlicher Staat : Genese und Funktion von staatl. Ausländerpolitik und Ausländerrecht. Vom Kaiserreich bis zur Bundesrepublik Deutschland*, Königstein/Ts., 1981.

– DUBET F., LAPEYRONNIE D., *Les Quartiers d'exil*, Paris, éd. du Seuil, 1992.

– DUMONT L., *L'Idéologie allemande. France-Allemagne et retour*, Paris, Gallimard, 1991.

– ESSER H., « Ethnische Differenzierung und moderne Gesellschaft », *Zeitschrift für Soziologie*, Jg. 17, Heft 4, juin 1988, p. 235-248.

– *Être Français aujourd'hui et demain,* rapport de la Commission de la nationalité présenté par M. Marceau Long, La Documentation française; coll. « 10/18 », 1988, t. 1 et 2.

– EVANS P.B., RUESCHEMEYER D., SKOCPOL T., *Bringing the State Back in*, Cambridge University Press, 1985.

– FARIN K., SEIDEL-PIELEN E., *Krieg in den Städten, Jugendgangs in Deutschland*, Berlin, Rotbuch Verlag, 1991.

– FIJALKOWSKI J., « Nationale Identität versus multikulturelle Gesellschaft », *in :* Süss W. (Hgrsg.), *Die Bundesrepublik in den achtziger Jahren*, Opladen, 1991, p. 236-250.

– FIJALKOWSKI J., « Solidarités intra-communautaires et formations d'associations au sein de la population étrangère d'Allemagne », *Revue européenne des Migrations Internationales*, vol. 10, n° 1, 1994, p. 33-59.

– FRANCIS E., *Ethnos und Demos – Soziologische Beiträge zur Volks-theorie*, Berlin, Dunker & Humbolt, 1965.

– FRANÇOIS É., *Protestants et catholiques en Allemagne. Identités et pluralisme, Augsbourg 1648-1806,* Paris, Albin Michel, 1993.

– FUCHS L.H., *The American Kaleidoscope. Race, Ethnicity, and the Civic Culture*, University Press of New England, 1990.

– GANS H., « Symbolic Ethnicity. The future of ethnic groups and cultures in America », *Ethnic and Racial Studies*, vol. 2, n° 1, janv. 1979, p. 1-21.

– GELLNER E., *Culture, Identity and Politics*, New York, Cambridge University Press, 1987.

– GEERTZ C., *The Interpretation of Cultures*, New York, Basic Books, 1973.

– GIRARD A., STOETZEL J., *Français et immigrés. L'attitude française, l'adaptation des Italiens et des Polonais*, Paris, PUF, 1953.

– GLAZER N., MOYNIHAN D. (eds), *Ethnicity. Theory and Experiences*, Cambridge (MA), Harvard University Press, 1973.

– GLAZER N., *Ethnic Dilemmas 1964-1982,* Cambridge (MA), Harvard University Press, 1984.

– GLAZER N., *The Limits of Social Policy*, Harvard University Press, 1988.

– GLEASON P., « Pluralism and Assimilation : A Conceptual History », *in :* J. Edwards (ed.), *Linguistic Minorities : Policies and Pluralism*, Academic Press, 1984, p. 221-257.

– GORDON M.M., *Assimilation in American Life*, New York, Oxford University Press, 1964.

– GREEN N., « L'immigration en France et aux États-Unis. Historiographie comparée », *Vingtième siècle. Revue d'Histoire*, n° 29, janv.-mars 1991, p. 67-83.

– Habsbawm E., Ranger T., *The Invention of Traditions*, Cambridge University Press, 1983.

– Hacker A., *Two Nations. Black and White, Separate, Hostile, Unegual*, New York, Macmillan, 1992.

– Heckmann F., *Die Bundesrepublik : Ein Einwanderungsland? Zur Soziologie der Gastarbeitervölk erung als Emwanderer Minorität*, Stuttgart, Klett-Cotta, 1981.

– Herbert U., *Geschichte der Ausländerbeschäftigung in Deutschland 1880-1980. Saisonarbeiter, Zwangsarbeiter, Gastarbeiter*, Berlin, Verlag J.H.W. Dietz Nachf, 1986.

– Hervieu-Léger D., *La Religion pour mémoire*, Paris, éd. du Cerf, 1993.

– Higham J., *Strangers in the Land. Patterns of American Nativism, 1860-1925*, New York, 1963 (2ᵉ éd.).

– Hirschman C., « America's melting pot reconsidered », *American Review of Sociology*, 1983, n° 9, p. 397-423.

– Hoffmann L., *Die unvollendete Republik, Zwischen Einwanderungsland und deutschem Nationalstaat*, Köln, Papyrossa Verlag, 1992.

– Horowitz D.L., Noiriel G. (eds), *Immigrants in Two Democraties : French and American Experiences*, New York University Press, 1992.

– Ireland P., *The Policy Challenge of Ethnic Diversity. Immigrant Politics in France and Switzerland*, Harvard University Press, 1994.

– Isaacs H.R., *Idols of the Tribe. Group Identity and Political Change*, Harvard University Press, 1989 (1ʳᵉ éd. 1975).

– Jencks C., *Rethinking Social Policy. Race, Poverty and the Underclass*, Harvard University Press, 1992.

– Kastoryano R., « Formation de communautés et négociations d'identités. Les Musulmans en France et en Allemagne », *in :* Martin D.C. (sous la dir. de), *Cartes d'identité. Comment dit-on « nous » en politique*, Paris, Presses de la FNSP, 1994, p. 229-245.

– Kastoryano R., « Les États et les immigrés. France, Allemagne, Grande-Bretagne et États-Unis », *Revue européenne des Migrations internationales*, vol. 5, n° 1, 1989, p. 10.

– Kastoryano R., « Mobilisation ethnique en Europe. Du national au transnational », *Revue européenne des Migrations internationales*, vol. 10, n° 1, 1994, p. 169-181.

– Kastoryano R., « Paris-Berlin, Politiques d'immigration et modalités d'intégration des Turcs », *in :* Leveau R. et Kepel G. (sous la dir. de), *Les Musulmans dans la société française*, Paris, Presses de la FNSP, 1988, p. 141-171.

– Kastoryano R., *Être turc en France. Réflexions sur familles et communauté*, Paris, L'Harmattan, 1987.

– Kastoryano R., « Intégration politique par l'extérieur », *Revue française de Science politique*, vol. 42, n° 5, oct. 1992, p. 786-801.

– KASTORYANO R., « Integration and Collective Identity. Muslim Migrants in France and Germany », *Journal of Ethnic Studies*, vol. 19, n° 3, Fall, 1991, p. 51-64.

– KASTORYANO R., « Frontières de l'identité. Turcs et Musulmans », *Revue française de Science politique*, vol. 37, n° 6, déc. 1987, p. 833-854.

– KEPEL G., *À l'ouest d'Allah*, Paris, éd. du Seuil, 1994.

– KEPEL G., *Les Banlieues de l'islam. Naissance d'une religion en France*, Paris, éd. du Seuil, 1987.

– KNIGHT U., KOWALSKY W., *Deutschland nur den Deutschen? Die Ausländerfrage in Deutschland, Frankreich und den USA*, Straube, 1991.

– KNOKE D., « Associations and Interest Groups », *Annual Review of Sociology*, 1986, *12*, 1-21.

– KYMLICKA W., *Liberalism, Community and Culture*, New York, Oxford University Press, 1981.

– LACORNE D., *L'Invention de la République. Le modèle américain*, Paris, Hachette, coll. « Pluriel », 1991.

– LASCH S., FRIEDMAN J. (eds), *Modernity and Identity*, Blackwell, 1992.

– LAPEYRONNIE D., « Assimilation, mobilisation et action collective chez les jeunes de la seconde génération de l'immigration maghrébine », *Revue française de Science politique*, vol. 28, 1987, p. 287-317.

– LECA J., « Après Maastricht », *in : Témoin*, vol. 1, n° 1, 1993, p. 29-39.

– LENOBLE J., DEWANDRE N., *L'Europe au soir des siècles*, Paris, éd. du Seuil, coll. « Esprit », 1992.

– LEQUIN Y., *La Mosaïque France*, Paris, Librairie Larousse, 1988.

– LEVEAU R., « Éléments de réflexion sur l'islam en Europe », *Revue européenne des Migrations internationales*, vol. 10, n° 1, 1994, p. 157-169.

– LEVEAU R., *Le Sabre et le Turban*, Paris, éd. François Bourin, 1993.

– LEVEAU R., « Les partis et l'intégration des Beurs », *in :* Mény Y. (sous la dir. de), *Idélogies, partis politiques et groupes sociaux*, Paris, Presses de la FNSP, 1989, p. 247-261.

– LEVEAU R., KEPEL G. (sous la dir. de), *Les Musulmans dans la société française*, Paris, Presses de la FNSP, 1988.

– LIEBERSON S., *A Piece of the Pie : Blacks and White Immigrants since 1880*, University of California Press, 1980.

– LOCHAK D., « Les minorités dans le droit public français : du refus des différences à la gestion des différences », *Conditions des minorités depuis 1789*, CRISPA-GDM, Paris, L'Harmattan, 1989, p. 111-184.

– MARIENSTRAS E., *Nous le peuple. Les origines du nationalisme américain*, Paris, Gallimard, 1988.

– MORIN E., *Penser l'Europe*, Paris, éd. du Seuil, 1988, p. 168-169.

– MUXEL A., « Les attitudes socio-politiques des jeunes issus de l'immigration maghrébine en région parisienne », *Revue française de Science politique*, 38 (6), déc. 1988, p. 925-939.

– NICOLET C., *L'Idée républicaine en France (1789-1924)*, Paris, Gallimard, coll. « Tel », 1995 (1re éd. 1982).

– NIPPERDEY T., *Réflexions sur l'histoire allemande*, Paris, Gallimard, 1992 (éd. allemande 1986).

– NOIRIEL G., *Le Creuset français. Histoire de l'immigration, XIXᵉ et XXᵉ siècle*, Paris, éd. du Seuil, 1988.

– OBERNDÖRFER D., *Die offene Republik. Zur Zukunft Deutschland und Europas*, Herder Spektrum, 1991.

– OLSON M., *The Logic of Collective Action*, Public Goods and the Theory of Groups, Cambridge (MA), Harvard University Press, 1965.

– OMI M., WINANT H., *Racial Formation in the United States. From 1960s to 1980s*, New York, 1986.

– ORY P., *Une nation pour mémoire*, Paris, Presses de la FNSP, 1992.

– ÖZCAN E., *Türkische Immigrantenorganisationen in der Bundesrepublik Deutschland*, Berlin-West, Hitit Verlag, 1989.

– PONTY J., *Polonais méconnus. Histoire des travailleurs immigrés en France dans l'entre-deux-guerres,* Paris, éd. de la Sorbonne, 1988.

– PORTES A., RUMBAUT R.G., *Immigrant America*, Berkeley, University of California Press, 1990.

– PUSKEPPELEIT J., THRÄNHARDT D., *Vom betreuten Ausländer zum gleichberechtingten Bürger*, Freiburg im Breisgau, Lambertus, 1990.

– RADTKE F.-O., « Lob der Gleich-Gültigkeit – Zur Konstruktion des Fremden im Diskurs des Multikulturalismus », *in :* U. Bielefeld (Hg), *Das Eigene und das Fremde,* Hambourg, Junius, 1991, p. 79-96.

– ROSANVALLON P., *La Nouvelle Question sociale*, Paris, éd. du Seuil, 1994.

– ROSANVALLON P., *L'État en France de 1798 à nos jours*, Paris, éd. du Seuil, 1990.

– SELIGAM A., *The Idea of Civil Society*, New York, The Free Press, 1992.

– SCHLESINGER Jr. A.M., *The Disuniting of America. Reflections on a Multicultural Society*, New York, W.W. Norton & Company, 1992.

– SCHNAPPER D., *La Communauté des citoyens*, Paris, Gallimard, 1994.

– SCHNAPPER D., *La France de l'intégration. Sociologie de la nation en 1990,* Paris, Gallimard, 1991.

– SKOCPOL T., *States and Social Revolutions*, Cambridge University Press, 1979.

– SOYSAL Y., *Limits of Citizenship. Migrants and Postanational Membership in Europe*, Chicago University Press, 1994.

– SUDRE F., *Droit international et européen des droits de l'homme*, Paris, PUF, 1995.

– TAGUIEFF P.A., *La Force des préjugés. Essai sur le racisme et ses doubles*, Paris, La Découverte, 1988.

– TAYLOR C., *Multiculturalism and the Politics of Recognition*, Princeton University Press, 1992.

– TAYLOR C., « Les institutions dans la vie nationale », *Rapprocher les solitudes. Écrits sur le fédéralisme et le nationalisme au Canada* (textes réunis par par G. Laforest), Sainte-Foy, Presses de l'université de Laval, 1992, p. 135-153.

– TÉMINÉ É., *Histoire des migrations à Marseille*, Aix-en-Provence, Édisud, 1988.

– TILLY C., « Transplanted Networks » *in :* Yans-McLaughl (ed.)., *Immigration Reconsidered, History, Sociology, and Politics,* New York, Oxford-Oxford University Press, p. 79-95.

– TODD E., *Le Destin des immigrés. Assimilation et segrégation dans les démocraties occidentales*, Paris, éd. du Seuil, 1994.

– TOINET M-F. (sous la dir. de), *L'État en Amérique*, Paris, Presses de la FNSP, 1989.

– TOURAINE A., *Qu'est-ce que la démocratie?*, Paris, Fayard, 1994.

– TOURAINE A., *Question de Modernité*, Paris, Fayard 1994.

– TREIBEL A., *Migration in modernen Gesellschaften. Soziale Folgen von Einwanderung und Gastarbeit*, Munich, Juventus Verlag, 1990.

– TRIBALAT M. (sous la dir. de), *Insertion et mobilité géographique*, rapport INED, INSEE, mars 1995.

– TRIBALAT M., *Cent ans d'immigration en France*, Paris, PUF, 1989.

– TRIPIER M, *L'Immigration dans la classe ouvrière en France*, Paris, L'Harmattan, 1990.

– VENSKE H-T., *Islam und Integration. Zur Bedeutung des Islam im Prozess der Integration türkischer Arbeiterfamilien in der Gesellschaft der Bundesrepublik*, Hambourg, 1981.

– VON KROCKOW C., *Les Allemands du XXe siècle : 1890-1990, Histoire d'une identité*, Paris, Hachette, 1990.

– VON THADDEN R., « Allemagne, France : comparaisons », *Le Genre humain*, févr. 1989, n° spécial : *Émigrer, immigrer*, p. 62-72.

– VON THADDEN R., *Nicht Vaterland, nicht Fremde. Essays zu Geschichte und Gegenwart,* München, C.H. Beck, 1989.

– WALZER M., *What it Means to be an American. Essays on the American Experience*, New York, Marsilio, 1994.

– WEBSTER Y.O., *The Racialization of America*, New York, 1992.

– WEIL P., *La France et ses étrangers. L'aventure d'une politique d'immigration, 1938-1991*, Paris, Calmann-Lévy, 1991.

– WIHTOL DE WENDEN C., *Les Immigrés et la Politique*, Paris, Presses de la FNSP, 1988.

– YANCEY W.L., ERICKSEN E.P., JULIANI R.N., « Emergent ethnicity : a review and reformulation », *American Sociological Review*, 41 (3), juin 1976, p. 391-403.

– YOUNG C., *Politics of Cultural Pluralism*, Wisconsin University Press, 1976.

– YOUNG M.I., *Justice and the Politics of Difference*, Princeton University Press, 1990.

Table des matières

Masson/Armand Colin Éditeurs
5, rue Laromiguière, 75241 Paris Cedex 05
N° 2-200-01477-5
Dépôt légal : décembre 1996

SNEL S.A.
rue Saint-Vincent 12 – B-4020 Liège
tél. 32(0)4 343 76 91 - fax 32(0)4 343 77 50
décembre 1996